中　国　建　投　研　究　丛　书

产业结构演进与城镇化

The Evolution of Industrial Structure and Urbanization

易善策／著

社会科学文献出版社
SOCIAL SCIENCES ACADEMIC PRESS (CHINA)

总　序

一千多年前，维京海盗抢掠的足迹遍及整个欧洲。南临红海，西到北美，东至巴格达，所到之处无不让人闻风丧胆，所经之地无不血流成河。这个在欧洲大陆肆虐整整三个世纪的悍匪民族却在公元 1100 年偃旗息鼓，过起了恬然安定的和平生活。个中缘由一直为后人猜测、追寻，对历史的敬畏与求索从未间歇。2007 年，维京一个山洞出土大笔财富，其中有当时俄罗斯、伊拉克、伊朗、印度、埃及等国的多种货币，

货币发行时间相差半年。“维京之谜”似因这考古圈的重大发现而略窥一斑——他们的财富经营方式改变了，由掠夺走向交换；他们学会了市场，学会了贸易，学会了资金的融通与衍生——而资金的融通与衍生改变了一个民族的文明。

投资，并非现代社会的属性；借贷早在公元前 1200 年到公元前 500 年的古代奴隶社会帝国的建立时期便已出现。从十字军东征到维京海盗从良，从宋代的交子到曾以高利贷为生的犹太人，从郁金香泡沫带给荷兰的痛殇到南海泡沫树立之英国政府的诚信丰碑，历史撰写着金融发展的巨篇。随着现代科学的进步，资金的融通与衍生逐渐成为一国发展乃至世界发展的重要线索。这些事件背后的规律与启示、经

验与教训值得孜孜探究与不辍研习，为个人、企业乃至国家的发展提供历久弥新的助力。

所幸更有一批乐于思考、心怀热忱的求知之士勤力于经济、金融、投资、管理等领域的研究。于经典理论，心怀敬畏，不惧求索；于实践探索，尊重规律，图求创新。此思索不停的精神、实践不息的勇气当为勉励，实践与思索的成果更应为有识之士批判借鉴、互勉共享。

调与金石谐，思逐风云上。《中国建投研究丛书》是中国建银投资有限责任公司同事在瞻顾历史与瞻望未来的进程中，深入地体察和研究市场发展及经济、金融之本性、趋向和后果，结合自己的职业活动，精制而成。丛书企望提供对现代经济管理与金融投资多角度的认知、借鉴与参考。如果能够引起读者的兴趣，进而收获思想的启迪，即是编者的荣幸。

是为序。

张睦伦

2012 年 8 月

编辑说明

中国建银投资有限责任公司（中国建投）为推动研究工作不断深入，促进相关领域学术交流，编辑出版《中国建投研究丛书》。每年出版一辑，每辑若干卷。希望这些研究成果能够为政府相关部门、企业、研究机构以及社会各界读者提供参考。

《丛书》收辑中国建投本部及所属企业研究者的研究报告、学术专著和论文集等，内容涉及经济、金融、投资、企业管理等各个方面，包括投资实例、公司治理、集团管控、企业文化、人力资源、财务管理等，也包括对宏观经济、金融、行业、产业、法律、社会等相关问题的研究，以及国内外社会科学热点问题的研究。

本研究丛书仅代表作者本人或研究团队的观点，文责自负。文中若有不妥、甚至错误之处，欢迎广大读者批评指正。

序

当前，我国经济发展的内外环境将发生重大变化。“欧美消费—中国制造”的全球经济增长模式正逐步改变，世界金融体系、国际产业链结构也将面临新的调整。同时，国内资源环境约束不断强化，发展不平衡、不协调、不可持续问题日益突出，传统的“低价工业化”发展模式受到严峻挑战。调结构、促转型已成为政府的重大使命。在“十二五”期间，我国应以加快转变发展方式为主线，努力在“做大蛋糕”和“分配蛋糕”两个领域进行调结构和促转型，推进经济社会发展与资源环境可持续的良性循环、财富增长与民生需求的均衡协调，国内市场需求扩大与国际市场竞争力提升紧密结合，提高发展的全面性、协调性、可持续性，构建起“内需主导、消费支撑、均衡发展、创新驱动”的经济发展模式，实现经济协调、平稳、可持续发展。

一　从过度依赖投资推动经济增长的发展方式向以消费为主力，消费、投资、出口协调发展的方式转变

在长期的发展中，政府逐渐形成了通过政府投资和政策推动来维持经济持续高速增长的惯性思维。我国存在投资与消费失衡的问题，经济增长主要依靠投资拉动。据有关统计，2009 年投资对 GDP 的贡献

率达到90%以上。直到2010年，消费对GDP增长的贡献才有所攀升，全年消费对于GDP拉动达到5.6个百分点，贡献率达55.4%，本世纪以来首次超过投资的贡献率。但这种增长和我国政府出台的刺激消费政策，特别是家电、汽车、摩托车、农机下乡和家电、汽车以旧换新等政策的刺激紧密相关。我国居民消费率从1985年的53%降至2008年的35.3%，不仅低于发达国家，也低于一些发展中国家。居民消费率和居民平均消费倾向呈现双下降的趋势。消费需求是最终需求，能引导投资方向，是经济持续增长的根本力量。当前，我国迫切需要采取一系列政策措施，增强消费对经济增长的拉动作用，形成以消费为主力拉动的经济发展模式。要不断优化投资结构，拓宽民间投资领域，通过畅通投融资渠道，加大财税扶持，健全服务体系，建立公共投资和民间投资的合作机制等方式激活民间投资。要优化创业致富的环境，扶持中小企业发展，建设惠及全民的基本公共服务体系，刺激居民消费需求，培育更多的具有高消费能力的群体，彻底改变消费“短板”。

二　从过度依赖“两头在外”的外需拉动向出口和进口并重、吸收外资和对外投资并重的发展方式转变

“资金来自国外、产品销往国外”的出口导向型发展模式虽然在我国经济起飞阶段具有积极意义，但是也导致我国对外依存度持续攀高。据测算，上世纪90年代，我国对外贸易依存度徘徊在30%～40%，2000年达到43.9%，2007年达到66.2%，2008年和2009年受金融危机的影响有所下降，分别为59.2%和44.8%。因此，在扩大内需的同时，要坚持出口和进口并重、吸收外资和对外投资并重，积极转变外经贸增长方式，充分利用好国际市场和国际资源，实现从商品输出大国向资本输出强国转变。要推动加工贸易企业转型升级，进一

步优化进出口产品结构，发挥进口在促进经济结构调整和维持国际收支平衡中的积极作用，提高外贸增长质量和效益。积极发展新的贸易伙伴和新兴市场，减轻对欧美市场的过度依赖，实施贸易再平衡战略。通过加强海外投资立法、财税扶持、金融支持等举措鼓励中国企业“走出去”，探索如何利用高额的外汇储备支持企业海外拓展，实现从“藏汇于国”到“藏汇于民”“藏汇于企”的转变。

三　从过度依赖廉价劳动力的要素驱动方式向创新驱动、内生增长方式转变

党的十八大报告指出，要适应国内外经济形势新变化，加快形成新的经济发展方式，把推动发展的立足点转到提高质量和效益上来，着力增强创新驱动发展新动力。改革开放三十多年来，我国主要依靠廉价劳动力投入、大量资源消耗和大规模政府投资实现了经济高速增长。但随着经济发展方式和要素结构的转变，原有的“人口红利”“土地红利”优势开始减弱，外延式、粗放型发展模式难以为继。并且，过度依赖廉价劳动力也使经济增长的内在动力和发展潜力受到挑战。廉价劳动力强化了企业对劳动力要素的过度依赖，使得企业缺乏革新技术的动力，安于低价劳动成本投入，陷入“比较优势陷阱”和低端产业的恶性循环，在全球产业链和价值链上处于弱势地位，抑制了产业转型升级，导致核心技术受制于人，全球价值链受控于人。这就要求我们要全面整合创新资源，推进技术创新工程，建立起以企业为主体、市场为导向、产学研相结合的技术创新体系；大力培育和发展战略性新兴产业，运用高新技术加快改造提升传统产业，促进高技术产业发展和传统产业高技术化，提高产业技术创新能力和市场竞争力。要充分发挥人才作为第一资源的作用，坚持尊重劳动、尊重知识、尊

重人才、尊重创造的重大方针，建设一支规模宏大、结构合理、素质优良的创新人才队伍。要优化创新环境，促进科技和金融结合，加强知识产权创造、运用、保护、管理，扩大科技开放合作，推动开放式创新。

四　从过度依赖房地产业支撑的增长方式向发展战略性新兴产业和现代服务业、培育新的经济增长点，形成多元支撑的增长方式转变

近年来，房地产业在经济增长中扮演了重要角色，甚至是一些地方经济的重要支柱。据有关研究估计，如果房地产价格下降30%，将导致全社会投资增速放缓约6个百分点，GDP增幅下降约2.5个百分点，地方财政增速下降约15个百分点。从经济长期发展来看，房地产业投资回报率的持续走高和房地产投资的过快增长将吸引大量资金涌入。一方面会加剧市场过热，加大房地产泡沫产生的可能性；另一方面，将对实体经济的投资产生分流作用，挤占实体经济的资金投入，抑制实体经济的效率提升，并且造成实体经济对房地产形成更大依赖，甚至出现消费、投资、出口被房地产“钳制”的状况，影响整个宏观经济的协调发展。美国次贷危机和日本房地产泡沫的经验教训表明，如果经济过度依赖房地产，经济的可持续发展将面临巨大风险。当前，我们一方面要积极推动房地产业的健康发展，另一方面要通过“增量创造”来推动“存量调整”，大力发展战略性新兴产业和现代服务业，培育新的经济增长点，实现经济增长的多元支撑。战略性新兴产业和现代服务业的发展是创造经济增长存量的最大潜力所在，是经济增长的新动力、新源泉。为此，要健全资本市场与新兴产业的对接机制，引导过剩流动性回归实体经济，发展战略性新兴产业和现代服务业。

要发展新兴服务业态和消费业态，推动经济服务化，构建社会公共服务业、生产性服务业和生活性服务业相均衡协调的现代服务业体系。

五　从过度依靠资源消耗和环境代价的粗放增长方式向低碳、绿色、集约的发展方式转变

与发达国家相比，我国能源资源利用率和配置效率不高，单位产出的能源资源消耗量明显高于世界平均水平。据有关数据显示，我国单位GDP能耗相当于日本的8倍，美国的4倍，以占世界8%的经济总量消耗了世界能源的17.7%，成为仅次于美国的第二大能源消费国。当前，随着工业化和城镇化进程的加快，经济增长将越来越面临“资源瓶颈”和“环境瓶颈”。突破经济增长的资源环境制约，已成为我国当前乃至未来相当一段时期亟须解决的问题。我们要构建资源节约、环境友好的生产方式和消费模式，推动经济向低碳、绿色、集约的发展方式转变。要把发展绿色经济上升为国家战略高度，实施积极的能源战略，通过技术创新、规模化经营和政府补贴来破除新能源发展的高成本瓶颈，推动新能源产业发展，改善我国能源资源对国际市场的过度依赖。积极倡导绿色消费，培育绿色消费观和绿色消费行为，推进绿色建筑、绿色家庭和绿色交通建设，形成绿色消费与绿色生产的互动机制。同时，要加强公共监督和制度约束机制建设，为发展方式的积极转变提供保障。

六　从过度依赖部分人先富的非均衡发展方式向均衡共享、包容性增长方式转变

党的十八大报告指出，要着力解决收入分配差距较大问题，使发展成果更多更公平地惠及全体人民，并首次明确提出居民的收入要在

十年的时间里实现倍增，到2020年，实现国内生产总值和城乡居民人均收入比2010年翻一番。这是一个重大的突破。当前，我国已步入经济建设和社会发展关键时期，这一时期既是推动我国经济发展迈上新台阶的重要战略机遇期，也是各种不和谐、不协调因素日益增多的社会矛盾多发期。但是，我国收入分配制度在初次分配和再分配两个层次上都存在制约分配公平的缺陷，导致收入分配格局存在严重失衡。如果“穷人想消费但没有钱，富人有钱却不消费”，消费将长期低迷。据统计，我国城乡之间收入差距达3.3倍，收入最高行业与最低行业的收入差距扩大到15倍，全国收入最高10%人群和最低10%人群的收入差距达到23倍之多，人均GDP最高的地区与最低地区的收入差距达13倍。如何趋利避害迈过“中等收入陷阱”、实现新跨越新发展，关键就在于积极转向均衡共享、包容性增长。这就要求我们必须加快推进收入分配改革进程，建立居民收入跟经济增长挂钩、劳动所得与企业效益挂钩、工资与物价水平挂钩的机制，逐步提高居民收入在国民收入中的比重和劳动报酬在初次分配中的比重，改变财政收入和企业利润增速远快于城乡居民收入增速的现状。要调节收入差距，深化垄断行业收入分配制度改革，扩大中等收入阶层比重，构建“橄榄型”社会格局。要积极实施“化税为薪”或“提薪让税”，与企业联手推进收入倍增计划。加快完善教育、医疗、养老等社会保障体系，加快建设保障性住房建设，解除居民消费的后顾之忧。还要深入量化改革目标，制定分配制度改革的时间表，提高改革政策的执行力，加快推进收入分配改革的进程。

党的十八大报告提出要推动工业化和城镇化良性互动、城镇化和农业现代化相互协调，促进工业化、信息化、城镇化、农业现代化同步发展。这是保障经济可持续发展最具实践意义的战略对策。在我国经济发展的过程中，城镇化不仅与工业化相联系，而且同市场化和市场化取向的改革紧密相关；不仅要实现与工业化协调发展，而且要实现与农业现代化协调发展，同时还要适应经济服务化的趋势。易善策博士这本著作恰是对产业结构演进与城镇化发展进行的深入研究。作者选取“互动”这个主题，对产业结构演进与城镇化的同步发展、协调发展进行了充分论述。选题本身具有重要的理论现实意义。该书背靠理论，面向现实，在探究产业结构演进与城镇化之间的互动机制、运行状态与影响因素等问题的基础上，对照我国的发展实际进行了诠释和分析，并提出了一些自己的观点和看法。如，“城镇化应当是数量外延与质量内涵的统一”“实现产业结构演进与城镇化的良性互动关键是要逐步增强互动的内生性”。这些研究结论及对策建议具有启发性和参考价值，有助于我们进一步开拓思路，深化对产业升级、城镇化发展的认识。

中国经济转型的大棋已至中局，未来遇到的困难越来越多，面临的问题也越来越复杂。我衷心地希望这些青年同志在今后的工作中继续保持勤于思考的习惯，坚持务实求真的精神，为中国经济的发展贡献自己的力量。

2012 年 12 月

目　录

导 言

结构因素是影响一国经济发展的重要变量。经济结构是否合理、结构转变是否适时、各种结构之间是否协调，这都直接关系到经济发展的质量。产业结构演进与城镇化发展是一个国家经济发展过程中必然经历的两个重大的、深刻的结构转变过程。研究产业结构演进与城镇化发展以及两者之间的相互关系，对于正确把握新形势下世界发达国家结构调整的趋势，清醒认识我国内部存在的结构性矛盾，进而谋划后金融危机时代的经济发展战略、培育增强经济持续增长的内生活力和持久动力都具有重要意义。

一 产业结构演进与城镇化发展是互动的而非单向的

产业结构演进与城镇化发展是两个联系紧密的经济发展过程。说它们之间联系紧密，几乎没有人会对此提出质疑。因为按照传统的解释，产业结构变动过程是城市化现象的动因，正是有了工业化，城镇化才得以发展。但是可以看出，这种解释所指的“联系”是带有偏向性的，注重的是产业结构演进对城镇化的主导作用，而不太提及城镇化发展对产业结构演进的影响。

长期以来，产业结构演进与城镇化发展的研究以发展经济学的结构转型理论为指导，形成了比较固定的研究范式。经济增长可以理解为生产、需求、贸易和就业等一系列相互联系的经济结构发生的变化。比如，当工业化的大生产代替手工作坊，生产领域的变化传导至工业品的需求，并引发贸易的扩张以及制造业工人的增加，在这一过程中经济增长也就发生了。从宏观角度来看，工业化与城镇化是结构转型的两个重要方面。但是，在结构转型理论中，工业化是主导，城镇化只是配角。对于广大发展中国家而言，作为产业结构演进的重要阶段，工业化可以说是经济增长的代名词，也是一国经济的核心问题。只有有效推动工业化才能实现经济发展、人民富裕。而城镇化则是这一过程的自然结果，是工业化发展的伴生物。伴随着工业企业逐渐在城市集中、经济重心向城市转移，劳动力资源顺应工业化发展的需要在城市与农村之间进行重新配置，大量人口从农村向城市流转，城镇化也就理所当然地发生了。如钱纳里等所说，在一个连续均衡的国民经济中，城镇化可能表现为因果链条上的各类事件的最后结果，以导致工业化的贸易和需求的变化为开端，以农村劳动力向城市就业的平缓移动为结果。[①] 因而，在结构转型理论中，产业结构演进与城镇化之间的关系总体上表现为一种单向线性的模式：产业结构演进推动了城镇化的发展，城镇化发展是产业结构演进的必然结果。

但事实上，产业结构演进与城镇化发展的单向联系并非故事的全部。产业结构演进不只是通过人口或者就业结构影响城镇化发展，城镇化发展也会对产业结构演进产生作用，两者的互动才是完整的故事。

如果把城镇化只是抽象为人口的流转或者生产要素的重新配置，那么理解产业结构演进对城镇化的影响就必然受到限制。事实上城镇

---

① 钱纳里、赛尔昆：《发展的型式（1950～1970）》，经济科学出版社，1988。

化发展不仅仅是由乡到城的转变过程，还应当包括城市本身的发展过程。一方面，城市在发展，人口由农村向城市的转变并非一成不变。即使处于相同的经济发展阶段，我们现在所谓的城镇化与一两百年前的城镇化势必有所不同。现在进入城市的农村人口不可能再过着工业革命时期的生活，此时的城市景观、城市功能与彼时也存在很大差异。另一方面，城市发展贯穿于城镇化整个过程。如果说工业化时期城镇化的典型特征是城市人口比例的显著增加，那么在城镇化率达到一定水平之后，城市完善与功能转型开始逐渐取代人口转移成为城镇化最主要的表现形式。因而，仅仅强调由乡村向城市的转变过程或者以城镇化率来衡量城镇化发展是不够的，不仅对于理解城镇化的内涵是有失偏颇的，而且也会在实践中形成误区和偏差。我们看到，从工业革命至今，城市经历了翻天覆地的变化。在农业社会，城市还只是政治宗教中心或者军事堡垒，“城”的意义大于“市”的意义，经济功能很弱。到了工业社会，机器和飞转的齿轮将城市变成工业生产中心。当第三产业占据主导地位的时候，城市的服务功能逐渐取代生产制造功能，很多城市成为企业总部集聚的中心。伴随着知识经济的到来，城市又摇身一变成为知识中心、信息中心和创新中心。因而，产业结构的演进也在推动着城市的发展变化，这很难说与城镇化的发展没有丝毫关系，或者说就是城镇化发展的一部分。那么，从这个角度来看，对于产业结构演进如何影响城镇化发展就需要重新进行全面的研究。

同时，也有一些研究表明，城镇化的发展能够带来充足的劳动力资源，提供大量的市场需求。比如，改革开放以来，我国城镇化率不断提高，为制造业的发展提供了大量从农村转移出来的廉价劳动力。因而，城镇化发展能为产业结构演进提供一些支撑。但这只是对城镇化作用的静态分析。其实，城市本身是经济空间不均衡分布的表现，城镇化发展的一个重要结果就是相对匀质分散的资源被组织在一个有限的空间内，进而能够产生集聚经济效应，带来生产效率的提高。从这个角度来理解，通过城镇化的发展，各种经济要素在城市空间范围内的集聚不仅仅只是“满足”了生产的需要，更重要的是集聚的结果使这些要素能够“高效率”地被利用。比如，城市专业的劳动力市场能够使企业能够在比较短的时间内雇用到所需的专业人才。同时，城市化发展的积极作用还表现在增进了地理上的邻近（proximity），促进了分工专业化，极大地便利了知识的产生、积累和扩散，有利于技术创新的开展。这些现象又为我们进一步研究产业结构演进与城镇化的互动发展提供了新的思路。

二　产业结构演进与城镇化互动发展面临新趋势和新挑战

不论是发达国家还是发展中国家，产业结构演进与城镇化是经济发展的两大主题。如何优化产业结构并推动产业结构向更加高级化的方向演进、如何实现城镇化的健康推进、如何实现产业结构演进与城镇化在相互促进中协调发展，这是处于任何一个发展阶段的国家都需要积极考虑并妥善解决的重大命题。因而，研究产业结构演进与城镇化发展的良性互动具有重要的现实意义。当前发达国家普遍进入后工业化阶段，其产业结构演进的方向、城镇化发展的任务以及两者互动的重点均呈现出新的发展趋势；同时，对于广大发展中国家而言，基于多方面的差异其工业化、城镇化过程也绝非仅仅是发达国家时空上的重复，这些国家产业结构演进与城镇化发展的互动面临着新的挑战。

发达国家的产业结构演进与城镇化互动呈现出新的特点和趋势。当前，发达国家已经普遍进入后工业化阶段，经济总体上向着服务化、信息化的方向发展，产业结构演进与城镇化发展之间的互动已经与工业化阶段有所不同。发达国家的城镇化率水平已经处于诺瑟姆城镇化“S”型曲线的高位缓慢提高的阶段，2010 年世界高收入国家和地区的城镇化率水平为 77.57%，与十年前相比仅提高 2 个百分点左右。这说明发达国家的城镇化率水平的变动已不再是后工业化阶段城镇化发展的显著标志。或者换句话说，在后工业化阶段，产业结构的演进对城镇化的影响已不再主要表现为城镇化率水平的变化。其实，伴随着产业结构的高级化，尤其是在服务化、信息化、全球化的过程中，发达国家城市的发展日新月异，一大批工业制造城市失去了往日的光环，而一些城市则成为新兴的服务中心、信息中心、创新中心，在区域经济甚至是全球经济中大放异彩。发达国家的城市实现了或者正在经历的功能转型是伴随产业结构不断演进而产生的一个重要现象，这成为推动城市新发展的重要动力。同时，反过来看，发达国家在产业结构高级化的演进中越来越依靠技术创新的推动，而城市在创新中扮演着无可替代的角色。据美国小企业管理局数据，1982 年在 3969 项创新中只有 150 项不是在大都市区产生的，也就是说有 96% 的创新都来源于大都市区。[①] 在 1990～1999 年间，确认的 581000 项专利申请中有 92%（大约 534000 项）的专利与城市有关。[②] 城市在创新方面的优势以及进而推动的产业发展和产业结构的演进成为两者互动中的重要方面。因而，发达国家产业结构演进与城镇化发展的互动已经不仅仅再局限或侧重于农村要素向城市的流动，而是将重点放在城市发展、城市功能

---

① Maryann P. Feldman, David B. Audretsch. Innovation in cities: Science-based diversity, specialization and localized competition, European Economic Review, 1999, 43, pp. 409 - 429.

② Gerald A. Carlino, SatyajitChatterjee, Robert M. Hunt. Urban Density and the Rate of Invention, Journal of Urban Economics, 2007, (61), pp. 389 - 419.

转变以及城市对创新、对产业结构的积极作用等方面。

发展中国家的产业结构演进与城镇化互动面临着新的问题与挑战。尽管先行的发达国家在产业结构演进与城镇化发展方面提供了可供借鉴的经验，但一个不容忽视的事实是发展中国家正面临着不一样的发展背景。Williamson 在 1988 年的研究中曾指出，英国 1776 ~ 1871 年近 100 年间的人口增长率仅相当于当时第三世界国家的一半左右。[①] 所以，发展中国家在工业化、城镇化启动之初就面临着不同的人口禀赋条件。同时，技术条件也在 20 世纪发生了翻天覆地的变化。伴随着技术水平的不断提高，在产业结构演进的过程中，第二产业对人口城镇化的推动作用也明显减弱。再者，全球化日益向深度和广度发展，全球竞争空前激烈，跨国公司、国外直接投资空前活跃，全球范围内的分工体系有"固化"的趋势。在这种条件下，一方面发展中国家产业结构演进和城镇化发展受到严重冲击和干扰，另一方面演进发展的历程在时间上被高度压缩，出现多个阶段的特征共存的现象。而这些都是发达国家过去所不曾经历的。因而，发展中国家的产业结构演进和城镇化互动与西方发达国家可能会有相似的地方，但绝非仅仅是发达国家时空上的重复，甚至是完全不同。比如，作为"金砖四国"之一的印度，通过融入全球产业链条，服务外包产业发展迅猛，第三产业占经济比重超过 50%。但是，在服务业光鲜的外衣下面，印度的工业占比并不高，仅有 26%，尤其是制造业占比不到 15%。这种经济结构比较独特，从发达国家的发展历史中也很难找出相似的结构。但是问题也同样突出，缺乏坚实的制造业基础，印度的农业占比仍高达 17%，城镇化率水平甚至只有 30%，并且第三产业的发展也只能将眼光放在

---

① Williamson, J. G. Migration selectivity, urbanization, and industrial revolutions. Population and Development Review, 1988, (14), pp. 287 - 314.

海外市场。

以往的研究对工业化与城镇化发展的互动进行了一些讨论。但是工业化毕竟只是产业结构演进的一个阶段，尤其是发达国家普遍进入后工业化阶段以后，经济的服务化、信息化如何与城镇化发展互动，这需要进行深入的研究。那么对于一些问题，也需要重新进行思考：后工业化社会，乡—城人口流动逐步趋于动态均衡，在高水平的城镇化率下城镇化的发展主要以什么为表征。进而，应该如何系统描述产业结构演进过程中对城镇化发展的影响。同时，城镇化发展不仅仅具有静态效应，基于城市聚集经济形成的规模报酬递增效应，城镇化发展到底能够形成哪些积极作用，进而影响产业结构演进。另外，不同国家经济发展的差异表明两者的互动存在不同的状态，是什么因素造成了产业结构演进与城镇化发展互动状态的不同。产业结构演进和城镇化发展的研究能够对以上理论问题和现实问题进行一些探讨，以便帮助我们更好地理解新的阶段下产业结构演进和城镇化发展的机制与过程。

三 我国产业结构演进与城镇化发展的互动水平有待提升

我国不仅是一个发展中国家，面临着从农业国向工业国转变的一般性发展问题，而且是一个转型中的国家，面临着市场经济改革等问题。受到这些因素的影响，我国的产业结构演进与城镇化发展具有一定的特殊性，两者的互动也存在一些新问题。

从产业结构演进来看，我国总体上进入工业化发展的中后期，一方面仍面临着工业化的艰巨任务，另一方面东部沿海地区经济服务化的趋势日益显著，知识经济的发展也摆在重要的战略地位。具体而言，我国三次产业呈现“一产不稳、二产不强、三产不足”的特点，产业结构演进的技术创新动力相对不足，自主创新能力不强。并且通过参与国际竞争，我国的产业结构在某种程度上被竞争优势所“固化”，产业升级十分缓慢。有学者就认为，在低廉的劳动力竞争优势下，浙江块状经济通过开拓国际市场，在“体外循环”式的国际分工模式下，高速增长近30年，人均GDP从300美元增长到4000美元，却没有发生明显的产业升级，这是世界经济史上的一个奇迹。[①] 一般认为，产业结构研究的目的在于制定产业政策。产业结构理论的实用性集中体现在其为产业政策的制定服务上，产业结构理论的现实意义也就突出表现为产业政策的现实意义。[②] 但是我国优化产业结构、推动产业升级的战略已提出多年，各种各样的产业政策虽然发挥了一定的积极作用，但总体上来看，产业政策的绩效、产业结构调整的效果依然不尽如人意。这是因为产业结构并非是独立的，它是整个经济系统的一个组成部分。因而，产业政策虽然能够针对产业结构部分解决其中的问题，但是如果缺乏联系、系统的思考，产业结构调整的效果就会大打折扣。尤其是在整体需求结构、创新能力仍不能满足需要的情况下，即使以产业政策超前配置或者强制干预，其效果也可想而知。因而，推动我国产业结构优化升级需要新的思路。

从城镇化发展来看，统计显示我国目前的城镇化率水平已经超过50%，但总体上我国城镇化发展一定程度上仍然滞后于产业结构的变化。尽管改革开放30多年来，我国城镇化率提高迅猛，但是城市短缺的问题仍未更本改变，城市发展仍然相对滞后。但是也有一些学者认为，目前我国城镇化的速度过快。比如，与其他国家漫长的城镇化进程相比，我国城镇化率水平提高得偏快，近年来我国城镇化率水平每

① 韦黎兵：《浙商升级》，《南方周末》2007年9月20日。

② 刘伟：《工业化进程中的产业结构研究》，中国人民大学出版社，1995，第17～18页。

年提高超过 1 个百分点。从 20% 提高到 40% 的城镇化水平，英国用了 120 年时间，法国 100 年，德国 80 年，美国 40 年，苏联 30 年，日本 30 年，而我国只花了 22 年时间。[①] 如果从产业结构演进与城镇化发展互动的角度来审视这个问题，当前我国城镇化发展存在的问题不仅仅是城镇化率高或者低、城镇化发展滞后或者过快的问题，关键是如何发挥城镇化效应的问题。因为之所以认为城镇化过快，真正的原因则在于城镇化发展过于粗放，只追求数量外延的扩张，而缺乏质量内涵的提升，因而城镇化的积极效应并不能完全发挥。

目前，理论界和决策层都逐步认识到城镇化对未来中国经济的巨大影响。2009 年中央经济工作会议提出：要以扩大内需特别是增加居民消费需求为重点，以稳步推进城镇化为依托，优化产业结构，努力使经济结构调整取得明显进展。2010 年中央一号文件进一步把城镇化升格为保持经济发展的持久动力。中国社会科学院经济增长前沿课题组的研究指出，中国的经济增长已经由工业化单引擎向工业化和城市化的双引擎推动转变，但低价工业化和高价城市化在加快经济发展的同时，也对未来经济增长的可持续性构成了挑战。[②] 美国著名经济学家、2001 年诺贝尔经济奖得主斯蒂格利茨曾预言，影响未来世界经济发展的两件大事中，其一是美国高科技的发展，其二就是中国的城市化。因而，这就需要积极思考我国如何在进一步加快人口转移、提高城镇化率水平的同时提升城市功能、推动城镇化的内涵发展，实现产业结构演进与城镇化发展高水平的互动。

从两者的互动关系来看，改革开放以来，我国产业结构演进与城

---

① 程开明：《当前我国城市化速度的论争与审视》，《城市发展研究》2009 年第 10 期。

② 经济增长前沿课题组：《经济增长、结构调整的累积效应与资本形成——当前经济增长态势分析》，《经济研究》2003 年第 8 期。

镇化发展的协调程度在不断提高，两者的互动关系显著增强，但是在资本深化、向创新驱动转变的条件下，产业结构演进与城镇化之间的互动还存在着一些矛盾，互动水平也还有待提高。一方面，产业结构演进与城镇化发展的协调性还需要进一步增强。这主要表现在：产业结构仍存在一些结构性偏差，第三产业发展明显不足，城镇化发展的后续动力相对不足；城镇化的投资带动效应显著，但消费需求效应有待提高，尤其是在半城镇化状态下消费不足问题成为制约产业结构演进的一大瓶颈；城市建设还不能很好地适应经济的信息化、服务化的要求，城市功能相对滞后，对产业发展的支撑能力有待提高。另一方面，产业结构演进与城镇化之间互动发展的内生性相对不足。改革开放以来，虽然外资、外贸对产业结构演进与城镇化的发展产生了重要的推动作用，但是对外资外需的依赖在一定程度上也弱化了两者之间的互动关系。对外需的过度依赖一定程度上替代了国内需求对产业结构演进的拉动作用，对技术引进的过度依赖一定程度上替代了国内技术创新对产业结构演进的推动作用，产业结构实现进一步演进的内生动力不足。而解决这些问题，则需要对产业结构演进与城镇化互动的机制、影响因素等问题进行探讨。

四　本书的内容安排

产业结构研究多为经验性总结和对发展史实证性的比较与概括。基于产业结构研究方法的这一特点，本书坚持规范研究与实证研究相结合、静态分析与动态分析相结合，并采用文献研究、结构分析、比较研究和对策研究等方法。本书将研究的重点集中于产业结构演进与城镇化的互动发展上，以产业结构理论、城镇化理论、结构转型理论、集聚经济理论为支撑，探究产业结构演进与城镇化发展的互动机制，尝试构建两者互动的框架模型，进而讨论互动模型的运行状态与影响因素，并在此基础上对照我国的发展历程进行诠释和实证分析，以期对我国的产业结构调整和城镇化发展提供可供参考的政策建议。

本书章节结构及具体内容安排如下：

第一章对产业结构演进与城镇化发展的概述，分别研究界定了产业结构演进与城镇化的概念，本书认为产业结构演进的概念是数量比例与结构高度的统一，城镇化概念应是数量外延与质量内涵的统一。同时，对产业结构演进规律以及城镇化发展进行了介绍。

第二章是关于产业结构演进与城镇化的互动发展的理论研究。通过对以往研究讨论的梳理，本书认为两者之间关系的研究经历了从单向线性模式向双向互动模式的转变。单向线性模型的理论背景是发展经济学结构转型理论，这一模式思路下的相关研究侧重于从工业化发展出发，强调产业结构演进是城镇化的根本动力，城镇化发展是产业结构演进的必然结果。双向互动模式是基于集聚经济理论对城镇化作用的再发现，城镇化的作用逐步被认识和强调。

第三章构建了产业结构演进与城镇化互动发展的理论框架。首先讨论了产业结构演进与城镇化互动发展的必要性，并构建了两者基于“技术创新—要素流动—集聚”的互动机制。然后详细研究了产业结构演进与城镇化互动发展的三条路径。在产业结构演进、要素流动与城镇化发展的研究中，从流动的维度、要素的层次考察了产业结构演进对要素流动的影响，并以欧洲、美国为例讨论了基于产业结构演进的要素流动与城镇化发展。在产业结构演进、功能转型与城镇化发展的研究中，重点分析了伴随着产业结构演进的城市功能转型过程，并以美国“去工业化”阶段中的城市发展为例，阐述了城市功能转型推动城市向更高水平发展进而带来的内涵型城镇化发展。在城镇化发展、城市集聚经济与产业结构演进的研究中，论文首先分析了城镇化发展与城市集聚经济的关系，进而分别从静态集聚经济效应、动态集聚经济效应两个方面分析了城镇化对产业结构演进的作用。

第四章介绍了英美等早期发达国家、东亚新兴工业化国家和地区、计划经济国家以及拉丁美洲国家四类国家产业结构演进与城镇化发展的历程，研究了典型国家的产业结构演进与城镇化互动发展模式，并总结了互动可能存在的状态。在此基础之上，讨论了互动发展的四个方面的影响因素：要素禀赋、外向程度、制度安排、政策导向。

第五章对我国产业结构演进与城镇化发展进行了具体分析。本书将新中国成立后六十多年的时间划分为两个阶段：改革开放前三十年，我国的产业结构演进与城镇化发展存在一定的联系，但是总体而言两者的互动处于一种不健康的状态。改革开放以后三十多年，我国的产业结构演进与城镇化发展之间的互动关系显著增强，基于市场机制的内生动力逐步成为推动两者互动发展的主导力量。

第六章分析了我国产业结构演进与城镇化互动发展存在的问题和面临的挑战，并形成推动我国产业结构演进与城镇化互动发展的研究结论与基本观点：改革开放的前三十年和后三十多年，我国产业结构演进与城镇化的互动很大程度上受到外力作用的影响，不同在于：前三十年的互动是在封闭环境下完全听命于政府行政计划干预；后三十多年的互动在开放环境下对外资外贸过度依赖。当前，推动我国产业结构演进与城镇化互动发展实现良性互动，关键就是要在完善互动机制的同时逐步增强互动的内生性。进而提出对策建议：以增强技术自主创新能力为根本立足点，从战略性新兴产业和服务业着力；以发挥城镇化的积极效应为重要切入点，从外延性城镇化与内涵型城镇化同步发展着眼。

第一章　产业结构演进与城镇化发展概述

当提到产业结构演进与城镇化发展，很多人认为就是某一产业在经济中的比重不断提高，城市人口在总人口中的比重不断提升。这种理解本身没有错，只是不全面。这两个比重的变化确实是产业结构演进和城镇化发展的重要表现，但是并不是产业结构演进与城镇化发展的全部。概括来讲，产业结构演进是结构高度与数量比例的统一，城镇化发展是数量外延与质量内涵的统一。

第一节　产业结构演进的含义与规律

一　产业结构演进的概念

产业结构演进是产业结构动态发展变化的过程。对这一过程的理解首先需要准确把握“产业结构”的具体内容。其次，要从“演进”的角度考察产业形态结构变化的特点与趋势，并且深入考察产业形态结构变化背后的内在逻辑。

（一）产业结构：微观还是中观

准确界定产业结构演进的前提是确定产业结构的研究对象。产业结构的概念形成时并没有严格的定义，因研究对象的不同产业结构就存在内涵和外延上不同的理解。具体来讲，主要存在三个层面上的“产业结构”：（1）以同一产业内部企业之间关系结构为研究对象的产业结构；（2）以产业体系内不同产业之间关系结构为研究对象的产业结构；（3）包括产业空间分布结构的产业结构。

研究产业内部企业间关系结构的产业结构实际上基本等同于市场结构。西方产业经济学创始人之一、哈佛学派（Harvard School）的代表人物贝恩曾经针对产业结构进行过国际比较研究。他在比较 19 世纪 50 年代美国和英国工业结构差异时，主要研究的内容是比较分析了 32 个行业的集中度问题。[①] 英国学者多纳德·海（Donald A. Hay）、德理克·莫瑞斯（Derek Morris）在编写的牛津大学经济学专业教材《产业经济学与组织》一书中也使用过“产业结构”这一概念。他们用专门一章研究“企业发展、市场及产业结构”问题。但是与贝恩相同，他们在这一章中讨论的是市场结构、集中度、规模经济、兼并、多元化等企业行为。[②] 很显然，这里所说的产业结构实际上仍从属于产业组织理论，对产业结构问题的研究其实也就是市场结构的市场集中度、产品差异、市场进入等具体问题的研究，与本书研究的与城镇化互动发展的产业结构演进有着本质上的差异。

专指产业间关系结构的产业结构，从结构转变的角度阐述产业结构转变与经济发展之间逻辑关系。如 20 世纪 30 年代的德国经济学家霍夫曼（Walther G. Hoffmann）、英国经济学家克拉克（Colin

---

① J. S. Bain. International Differences in Industrial Structure, New Haven, Conn., 1966.

② 〔英〕多纳德·海、德理克·莫瑞斯：《产业经济学与组织》，经济科学出版社，2001。

G. Clark)，以及后来20世纪50年代的美国经济学家库兹涅茨（Simon S. Kuznets)、里昂惕夫（W. W. Leontif)、钱纳里（H. B. Chenery）等人，都研究阐述了整个产业系统中不同产业之间的结构关系以及这种结构关系的变化如何推动经济发展。研究产业间（Inter-industrial）的关系结构与研究产业内部、企业间（Inter-firm）的关系结构不同，研究层面、结构内容、分析方法上两者都有巨大差异（见表1-1)。前者是介于宏观与微观之间的中观分析，重点对三次产业、轻重工业、主导产业等的发展变化、演进规律进行研究，而后者则更加侧重于微观层面。本书研究产业结构演进与城镇化的互动发展，实际上关注的是经济发展中的两个结构转换过程，是一个发展经济学命题。因而，产业间的关系结构应当是本书产业结构演进的研究对象。

表1-1 不同学科对产业结构研究的差异

定　义	研究层面	结构内容	分析方法
产业间关系 Inter-industrial	介于宏观与微观之间的中观分析	产业结构:如三次产业	投入产业法发展经济学
产业内、企业间关系 Inter-firm	微观分析	产业结构 = 市场结构（产业组织）	SCP 范式博弈论

资料来源：于立、肖立志：《产业经济学的学科定位与理论应用》，东北财经大学出版社，2002，第2页。经作者修改。

那么专指产业间关系结构的产业结构又怎么具体理解？它的外延包括什么？这就又涉及另一个层面上的产业结构：包括产业空间分布结构的产业结构。这种产业结构概念强调由产业部门之间的技术经济联系与联系方式构成的产业结构应当有时空两个维度的理解，不仅包括产业部门间的关系结构，还应当包括空间地域上的分布。产业结构作为一个系统是产业部门结构和区域结构的统一，不仅仅反映资源要素在部门间的配置状况，而且表现为一定的地域分布和空间上的依存关系。[①] 将产业在空间上的分布结构也划入产业结构范畴的做法使产业结构的概念更加广义化。从内涵的界定和理解上来看，如果包括了产业布局理论，这会在某种程度上形成产业结构演进内涵上的不统一，给产业结构演进内容上的分析带来不必要的混乱。因而，基于这种考虑，本书从概念内涵上将产业的空间分布与产业结构演进相独立以区别对待。

综合以上三种观点，本书将“产业部门间的关系结构”作为产业结构演进的直接研究对象，同时在研究中将涉及产业结构演进对产业空间布局的影响。

（二）产业结构演进的内涵

“演进”，《现代汉语词典》解释为“演变进化”；《韦伯字典》（Merriam-Webster）解释为“一个从低级、简单的状态向高级、复杂的状态不断变化的过程”。因而，从字面理解，现有文献一般都将产业结构演进定义为产业结构由低级向高级变化的过程。但是，这种字面意义上的解释比较笼统，并不能准确把握产业结构演进的内涵。

我们认为，产业结构演进是指在经济发展过程中产业结构逐渐高度化及其带来的产业数量比例关系相应变化的一个动态过程。具体来讲，产业结构演进的概念包括以下四个方面的内涵：（1）产业结构演进是一个阶段性、有序的动态过程；（2）产业结构演进包括结构高度、数量比例两个方面的变化；（3）产业结构演进的方向是产业结构向更加高级的水平发展；（4）产业结构演进的最直观表现形式是主导产业的循序转换。

---

① 王宝林、刘海泉：《工业经济学教程》，山西经济出版社，1993，第119～120页。

1. 产业结构演进是一个阶段性、有序的动态过程

演进本身是一个动态过程，这不难理解。产业结构演进的动态过程还具有阶段性、有序性的特征。第一，产业结构演进的阶段性。产业结构演进必然经历由量的积累到质的变化。在量变阶段，未来占据主要地位的产业相对原有占据主要地位的产业呈现出较高的增长速度，但在数量比重上仍比较低。随着产业继续发展，拥有高增长率的产业在国民生产总值中的比重不断提高，最终超过原来占据主要地位的产业，从而实现产业结构质的变化。这就使得产业结构的演进呈现出明显的阶段性，即产业结构要在一段时间内以某一产业为主，而后才能演进至以另一产业为主。第二，产业结构演进的时序性。产业结构演进的各个阶段并非是混乱、随意的，而是具有一定的逻辑序列。这种演进的顺序是由多种因素决定的。从总体来看，产业结构必然对应于特定的经济发展阶段，伴随着经济发展水平的提高，产业结构的演进顺序便由此决定。从具体原因来看，需求变化、技术改进是产业结构演进的秩序因素。需求层次变化的顺序性、技术水平提高的逻辑性都使产业结构演进呈现出先后有序的规律。以美国三次产业结构为例（见图 1－1），大概 19 世纪中期以前美国以第一产业为主，而此时第二产业已经呈现出较高的增长速度。19 世纪中期至 20 世纪中期第二产业比重超过第一产业，占据主要地位。而在这一阶段中后期第三产业增速提高，并在 20 世纪后半个世纪占据主要地位。

2. 产业结构演进包括结构高度、数量比例两个方面的变化

国民经济中各个产业部门之间都存在着错综复杂的联系。比如在投入产出关系上，某一产业部门与其他产业部门之间就存在着或大或小的前向关联关系和后向关联关系。当产业技术、需求结构等因素发生变化时，这种产业间的前向、后向关联关系也会随之发生变化。同

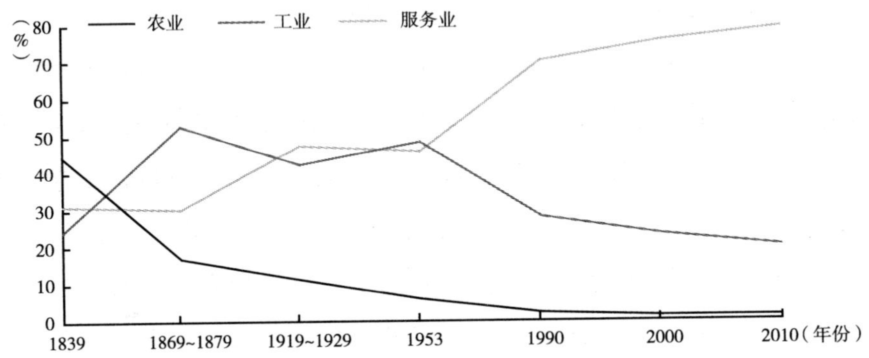

图 1-1　美国三次产业结构演进历程

资料来源：库兹涅茨：《各国的经济增长》，商务印书馆，1985，第 154 页。世界银行：《世界发展报告》，1982，2001，2011。

时，由于各个产业部门之间的投入产出关系也决定了各产业在量的方面存在一定的比例关系。因而，产业结构需要从产业间的技术经济联系与数量比例关系两个方面进行理解。相应地，产业结构演进也应当有两个方面的内容：一方面是产业结构内在的技术经济联系本身向更高的水平发展，即产业结构高度上的演进；另一方面是产业结构高度变化引起的产业间技术经济联系调整进而带来的产业数量比例关系变化。产业结构演进本质上是产业结构高度上的变化，而外在地通过一些比例关系表现出来。

3. 产业结构演进的方向是产业结构向更加高级的水平发展

产业结构演进的方向是确定的，即产业结构向着高度化的方向发展。产业结构高级化本质上表现为产业部门技术水平不断提高、生产要素构成逐步高级以及产业关联由松变紧，具体表现为高加工度化、高附加值化、技术集约化、知识化、服务化。从结构高级化的直接结果来看，产业结构演进带来产业部门效益的提高。但是从产业结构演进的总体结果来看，演进的结构效益却存在不确定性。这主要与产业结构演进的方式有关。产业结构演进有递进式、跃进式两种，既可以在自然状态下平稳有序进行，也会在系统外因素的作用下跨越阶段发展。比如，一些后发国家通过产业政策超前配置产业以较快的速度直接迈向更加高级的产业结构水平。但是，这可能会形成超前配置产业形成的产业结构并不一定符合当时经济的需求结构和供给结构，产业之间的比例关系被扭曲，使产业结构在一种不合理的状态下演进。在这种情况下，实际上是以某些产业的效益损失来换取某一产业的效益提高，总体上演进的结构效益就不确定。这样的产业结构高级化也就存在"虚高"的问题。

4. 产业结构演进的最直观表现形式是主导产业的循序转换

主导产业具有三个方面的特性：依靠技术进步获得新的生产函数，形成持续的高增长的速度，具有较强的扩散效应进而能对其他产业乃至所有产业的增长起着决定作用。[①] 主导产业引入技术创新成果进而形成较高的生产率和附加价值，使得主导产业与产业结构的高级化紧密相关，主导产业的转换也就体现出产业结构的演进发展方向。主导产业持续的高增长速度也使得主导产业的发展必然影响产业的数量比例关系。同时，主导产业较强的回顾效应、旁侧效应和向前效应使得主导产业在产业结构演进中具有特殊的重要地位。因而，主导产业转换过程也就从"质"与"量"的角度同时反映了产业结构演进的过程。一般认为，经济发展至今主导产业的循序转换经历以下几个阶段：（1）以农业为主导的阶段；（2）以轻工业为主导的阶段；（3）以基础工业为重心的重工业主导阶段；（4）以高加工度工业为重心的重工业主导阶段；（5）以第三产业尤其是现代服务业为主导的阶段；（6）以信息

---

① 〔美〕W. W. 罗斯托：《从起飞进入持续增长的经济学》，转引自方甲《产业结构问题研究》，中国人民大学出版社，1997，第42页。

产业为主导的阶段。由此可见，主导产业的转换比较完整地反映了产业结构的演进过程，是产业结构演进的最直观表现形式。

二 产业结构演进的规律

从经济发展史来看，产业结构的演进呈现出一定的规律性。很多学者多通过不同国家截面和时间序列的数据对这些规律进行了研究。

（一）早期经济学关于产业结构演进的思想

早在古典经济学时期，许多研究就已经将社会生产部门区分为农业、制造业（工业）、商业三个产业部门，并对经济增长中产业结构的变化趋势以及演进规律进行了阐述，形成了一些初步的思想。这些思想和有关的阐述概括起来主要包括以下五个方面：

第一，从人口流转的角度描述产业结构变动规律。英国古典政治经济学创始人威廉·配第（William Petty）第一次描述了人口因产业间存在的收入差异而在“农业—制造业—商业”之间转移的现象。他发现制造业和商业相对发达的荷兰人均“盈余收益”比法国多出好几倍，即使在英国一个海员的收入也大概相当于三个农民的收入。他分析认为造成这种差距的原因在于“制造业的收益比农业多得多，而商业的收益又比制造业多得多”。[①] 配第进而还指出，这种收入差距会使人口“从穷困悲惨的农业方面转移到更有利的手工业”，最终改变一国“农业占多数，工人占少数”的状况。配第的这一思想较早地初步揭示了劳动力在产业间转移和产业结构演进的一般规律，并指出了收入差异在其中发挥的重要作用。当然，配第是从重商主义的角度来分析这一问题的，具有一定的局限性。

---

① 〔英〕威廉·配第：《政治算术》，商务印书馆，1978，第19~20页。

第二，从报酬递减规律出发揭示产业结构变动规律。李嘉图（David Ricardo）、马尔萨斯（T. R. Malthus）等在讨论经济发展前景的问题时认为，土地数量有限、质量各异，长期趋势下农业生产存在报酬递减。西尼尔（N. W. Senior）在承认农业报酬递减的同时进一步认为，工业不同于农业，工业存在报酬递增，“工业劳动者的人数每有一次增加，与之同时存在的不仅是对应的生产力，而且是越来越大的生产力。”① 因而，随着经济增长，增加的资本和劳动会流向工业。

第三，从平衡增长的角度阐释产业按比例协调发展规律。法国古典政治经济学的创始人布阿吉尔贝尔（Boisguillebert）以及亚当·斯密（Adam Smith）、马尔萨斯等都强调工业的发展是以农业发展为前提，从均衡协调增长的角度表述了社会各个产业部门之间的内在联系。布阿吉尔贝尔形象地指出，“一个文明和宏伟的王国之所以富裕，在于保持王国内的各行各业的共存共荣，并使他们彼此相互依靠，相互推动，如象一个时钟的部件那样”，并且“没有一种行业的失调能够不同时将它的不幸立刻地或逐渐地反映到其它一切行业上去，只有组成链条的各个环节连接在一起的时候才有价值，一旦从中脱掉一个环节，它们就会失去价值，至少会失去最大部分的价值。”② 这种均衡增长思想在某种程度上揭示了产业按比例协调发展的规律。但同时需要指出，上述思想主要是为了强调农业的基础性地位，并未从整体上对各个产业进行详尽论述。

第四，从经济发展阶段的角度对产业结构演进规律的揭示。德国历史学派的代表人物李斯特（Friedrich List）提出了以工业进步为中心的经济发展阶段论。他认为，从经济方面来看，国家都必须经过如下

① 〔英〕西尼尔：《政治经济学大纲》，商务印书馆，1977，第134页。

② 〔法〕布阿吉尔贝尔：《布阿吉尔贝尔选集》，伍纯武、梁守锵译，商务印书馆，1984，第170、205页。

发展阶段：原始未开化阶段—畜牧业阶段—农业阶段—农业和制造业阶段—农业、制造业和商业阶段。[①] 这五个阶段是依次递进的，后一阶段在发展层次上高于前一阶段。李斯特重点关注后三个阶段，即一个农业国变成一个工业国的过程，并阐述了对外贸易和工业进步在后三个阶段发展中的作用。其中，工业进步在他看来是最重要的因素，不仅是衡量经济发展水平的标志，而且是驱动阶段更替上升的动态要素。因而，有学者认为，他的阶段论是一种以工业进步为中心内容的经济发展阶段论。

第五，通过对产业两大部类的划分研究产业结构变化。马克思在对社会再生产过程进行研究时将社会部门分为生产生产资料的产业部类和生产消费资料的产业部类。马克思认为，两大部类之间相互依赖，存在紧密联系。但伴随着生产力发展，资本有机构成是不断提高的，社会再生产得以实现的一个重要条件就是生产资料生产相对于消费资料生产更快增长。他指出：随着资本主义生产的发展，投在机器和原料上的资本部分在增加，花在工资上的资本部分在减少，这是不容争辩的事实。随着机器体系的每一进步，由机器、原料等构成的不变资本部分不断增加，而用于劳动力的可变资本部分则不断减少。[②] 列宁在此基础之上进一步分析了两大部类的变动趋势，认为资本发展的规律就是不变资本比可变资本增长得快，在扩大再生产过程中，增长最快的是制造生产资料的生产资料生产，其次是制造消费资料的生产资料生产，最慢的是消费资料生产。[③]

---

① 〔德〕李斯特：《政治经济学的国民体系》，1959 年德文，第 177 页；转引自谭崇台《西方经济发展思想史》，武汉大学出版社，1993，第 147 页。

② 《马克思恩格斯全集》第 26 卷，第 402 页；第 23 卷，第 492 页。

③ 《列宁全集》第 1 卷，人民出版社，1961，第 71 页。转引自简新华《产业经济学》，武汉大学出版社，2001，第 53 页。

（二）产业结构理论框架下对产业结构演进规律的分析

关于产业结构问题的针对性研究开始于20世纪30年代，在第二次世界大战以后显现出与传统经济学分析范式不同的特点，并从研究对象、研究方法上逐步使产业结构问题的研究系统化，进而形成了产业结构理论。关于产业结构演进规律的研究是产业结构理论的主要内容，一大批学者在大量实证研究的基础上揭示并验证了产业结构演进的规律。

1. 关于产业结构演进规律

关于产业演进规律的分析主要包括以下五个方面的内容：

第一，关于三次产业演进规律。费希尔（Fisher）最早提出了三次产业的分类方法。在三次产业分类的理论模型下，克拉克沿着配第关于产业间收入差异引起劳动力分布变动的思路，在1940年出版的《经济进步的条件》一书中第一次比较明确指出了劳动力配置在三次产业间变化的一般趋势：伴随着人均国民收入水平的提高，劳动力逐步从农业转向制造业，再转向商业和服务业。[①] 他总结出经济发展过程中的三次产业的演变规律：经济发展逐渐经历从第一产业为主向以第二产业为主，继而向第三产业为主转变的过程。克拉克不仅对产业结构进行了开创性的研究，提出了著名的“配第—克拉克定理”，而且使三次产业分类的方法得到了极大的普及。对随后一个阶段的产业结构研究产生了重要影响。

库兹涅茨通过对50多个国家历史数据的研究，不仅考察了劳动力分布的变化，而且还从各产业在国民生产总值中的比重变化直接研究了伴随着人均国民生产总值变化而发生的产业结构变化，进一步验证

① 方甲：《产业结构问题研究》，中国人民大学出版社，1997，第27~28页。

了克拉克关于三次产业变动的规律。他还采用比较劳动生产率的概念，指出第一产业比较劳动生产率基本呈现下降而第二、三产业的比较劳动生产率出现上升的趋势。由此可见，与配第、克拉克相比，库兹涅茨不仅更加完整地揭示了产业结构演进的规律，并且更进一步阐述了伴随产业结构演进劳动生产率的变化所形成的结构演进效益，对产业结构演进的认识更进了一步。

从研究方法上来看，克拉克、库兹涅茨等人使用的是传统的统计方法，因而只能通过大量数据的分析比较揭示出产业数量比例的变化，而不能深入地分析产业间内在的关联，因而也只能局限于得出事后归纳的结果而不能探究背后原因。里昂惕夫（W. W. Leontief）通过对产业结构的深入分析，建立了投入—产出分析体系，为后来更近一步的研究提供了方法上的支撑。钱纳里借助于投入产出分析方法、一般均衡方法和经济计量模型，对产业结构变动进行动态研究，对若干国家建立多部门模型进行比较研究，并建立了一个标准产业结构进一步揭示三次产业结构变动。这使得他的研究和结论更具有实践指导意义。

第二，关于工业内部结构的演进规律。霍夫曼（Hoffmann）较早研究了工业部门内部结构变动的规律。他认为，工业不同性质部门之间的发展趋势并不相同，消费品工业在整个工业产值中的比重趋于下降，资本品工业所占比重则稳步上升。钱纳里（Chenery）把工业部门分为早期工业（如食品、皮革、纺织工业等）、中期工业（非金属矿产品生产与加工、橡胶、木材加工、石油、化工等）和后期工业（金属制品、机械制造、纸制品等）。这种分类实际上已经表明了工业部门时序发展的规律。

第三，关于主导产业转换规律。罗斯托把经济成长阶段划分为传统社会、起飞前提、起飞、成熟、高额群众消费、追求生活质量六个阶段，并认为近代经济增长实质上是一个部门发展的过程，经济阶段的演进以主导产业部门的更替为特征。与发展阶段相对应，罗斯托列举了战后世界上五种“主导部门综合体系”：（1）食品、饮料、烟草、水泥、砖瓦等工业部门是起飞前提阶段的主导部门综合体系；（2）纺织业等替代进口货的消费品制造业是起飞阶段的主导部门综合体系；（3）钢铁、煤炭、电力、通用机械、肥料等重型工业和制造业是成熟阶段的主导部门综合体系；（4）汽车工业是高额群众消费阶段的主导部门综合体系；（5）服务业、城市和城郊建筑等生活质量部门是追求生活质量阶段的主导部门综合体系。[①] 佐贯利雄也认为，战后日本工业的发展先后出现过三组带头的主导工业：电力工业——石油、石化、钢铁、造船等工业——机械工业（尤其是汽车和家电工业）。

第四，关于生产要素密集型产业地位变换的规律。摩拉维茨较早地使用了劳动密集和资本密集的概念。[②] 国内一些学者受此启发，以资本、劳动力和技术三大生产要素在产业经济活动中的结合方式和密集程度为特征将产业划分为劳动密集型产业（labor-intensive）、资金密集型产业（capital-intensive）和技术密集型产业（technol ogy-intensive），并研究了生产要素密集型产业呈现出的顺序演进规律和演进加速规律。根据顺序演进的规律，产业的最初形态是劳动密集型；通过资金积累，进而转向资金密集型；随着技术进步和集约化形式的革新，社会产业结构就会不断地向技术密集型方向发展。同时，产业从劳动密集型演进为资金密集型，再演进为技术密集型的顺序成长过程是不断加速的。

---

① 〔美〕罗斯托：《从起飞到持续增长的经济学》，四川人民出版社，1988，第 8 页；罗斯托：《战后二十五年的经济史和国际经济组织的任务》，《经济史杂志》，1970 年 3 月。转引自李悦《产业经济学》，中国人民大学出版社，2008，第 489 页。

② 大卫·摩拉维茨：《评述发展中国家工业化的就业含义》，《现代国外经济学论文选》第八辑，商务印书馆，1984 年 7 月，第 156 页。

第五，关于知识经济信息时代的产业结构演进。伴随着经济的发展，知识产业和信息产业日益成为经济发展中新的主导产业。经济合作与发展组织（OECD）在其1996年发表的报告中指出，以知识为基础的经济已经占其主要成员国国内生产总值的50%以上。面对这些新的特征，不少学者开始跳出三次产业的划分，采用第四次产业的概念对产业结构的演进进行描述。斯蒂格利茨（Joseph Stiglitz）、马克卢普（Fritz Machlup）分别提出了信息产业、知识产业的概念。波拉特（Mac Uri Porat）进一步将信息产业同传统的农业、工业、服务业并列，称为“第四产业”，并按产业分化和各产业发展速度的快慢，提出了第一次产业、第二次产业、第三次产业、第四次产业的概念。美国社会学家丹尼尔·贝尔则提出“后工业社会”的概念，认为“如果资本与劳动是工业社会的主要结构特征，那么信息和知识则是后工业社会的主要结构特征”，并在后来明确“后工业社会”实际上就是“信息社会”。[①] 四次产业分类方法的提出本身就揭示了产业结构变动的新趋势。国内学者也就较早地引入了第四产业的概念[②]，并在随后普遍接受信息产业成为后工业化阶段国民经济的支柱产业和主导产业的观点。

2. 关于产业结构演进的影响因素

产业结构演进的影响因素较多。霍夫曼认为，工业不同性质部门之间不同的发展趋势是由于各部门的成长率不同造成的，而影响成长率的因素则主要包括：生产要素、国内市场与国际市场的资源配置、

---

① 〔美〕丹尼尔·贝尔著《后工业社会的来临》，高铦译，商务印书馆，1984。

② 哈尔滨工业大学自然辩证法研究室，1984年编著的《新技术革命资料选辑》在介绍“新技术革命有关名词简释”时有“第四产业”词条：有人把“情报部门”从三大产业中划分出来，称为“第四产业”；也有人把为提高前三类产业经济水平和能力的科学、技术、教育事业称为第四产业。（见哈尔滨工业大学自然辩证法研究室编《新技术革命资料选辑》，哈尔滨工业大学出版社，1984，第303页。）

技术进步、劳动者的技术熟练程度、消费者的兴趣爱好等。库兹涅茨也认为国内需求结构、对外贸易结构和生产技术水平及其变量影响着产业结构变动。钱纳里等人则将这些因素的研究归纳为三种：需求说、贸易说、技术说。

李嘉图从比较优势出发阐述了国际分工的思想。因比较成本的差异而形成的国际分工对各国产业结构产生重要影响。赤松要通过研究日本棉纺工业史提出了雁行形态理论，最初用以解释后起国特定产业的发展过程。而后经过小岛青等人的拓展，雁行形态理论被用来解释和分析随着比较优势变化，国际间产业转移形成的后起国与先行国之间存在的产业结构上的关系。雁行形态理论不仅揭示了国际产业转移对一国产业结构的影响，并且为产业结构转变方式提供了新的思路和政策依据。但发展经济学结构主义思路从“累计循环”、“中心—外围”理论出发、激进主义思路从“支配—依附”理论出发都指责国际分工所形成的不平等格局，以及发展中国家贸易条件的恶化趋势。如缪尔达尔所说：“市场力量趋向于累积地加剧国际的不平等，在一方为工业国而另一方为不发达国的两类国家间自由贸易的十分正常的结果，就是后一类国家走向贫困和停滞的累积过程的开始。”① 实际上，他们认为在这种国际分工下，发展中国家的产业结构是被“固化”了。

第二节　城镇化的内涵及发展理论

一　城镇化的概念

城镇化是一个内涵十分丰富的概念，不同的学科对城镇化有不同

① 谭崇台主编《发展经济学》（研究生教学用书），山西经济出版社，2001，第125～139页。

的定义。因而在研究中往往需要首先界定城镇化概念，并明确其内涵。基于与产业结构演进互动研究的需要，本书主要从“发展”的角度研究城镇化概念和内涵。

（一）城镇化的定义

一般认为，城镇化是一种转变的过程。从已有的研究来看，这一转变过程至少或者最主要地表现为以下几个方面的内容：（1）人口从农村向城市的转移过程，即人口不断由分散的农村地区向相对集中的城市地区集聚，从而导致城市集聚点的增加和城市规模的扩大，并最终使城市人口所占比例不断提高。（2）非农生产活动向城市集中的过程，即以人口稀疏、空间上相当均匀遍布、劳动强度很大且个人分散为特征的农村经济，转变成为具有基本对立特征的城市经济的变化过程。[①] 这包含了以农业为主向非农产业为主转变的经济结构转换过程，是城镇化最本质的内容。（3）农村地域空间结构向城市地域空间结构的转变过程，包括土地占有方式和使用途径、地域景观等方面的变化。这一过程是伴随经济结构、人口分布变化城镇化发展在空间地域上的反映。（4）由农村生活方式向城市生活方式转变的过程。城市不仅具有空间、经济特性，还表现为社会特性，包含了一种不同于农村的生活方式。那么，城镇化的过程也就包含了价值观念、生活态度、行为方式等方面的无形转变。同时，从更加广义的角度来看，价值观念、生活方式等的转变背后必然是制度安排的变迁。因而，这一过程又可以被描述为人类社会经济活动组织及其生存社区制度安排由传统制度安排向新型制度安排转变的过程。[②] 基于以上这些过程的认识，大量学者从一个方面或者综合几个方面给出了城镇化的定义。

---

① 沃纳·赫希：《城市经济学》，中国社会科学出版社，1990，第26页。

② 刘传江：《中国城市化的制度安排与创新》，武汉大学出版社，1999，第47页。

从以上的归纳可以看出，尽管侧重的方面有所不同，但是现有研究都不约而同地将城镇化限定于由乡到城的转变过程。从相对静止的角度来看，如果纯粹是两种状态之间的转变，而不考虑两种状态本身，那么把城镇化发展仅仅局限于由乡到城的转变过程是可以的。但是，从动态发展的角度来考虑，这就需要对城镇化过程到底包含哪些内容进行重新思考。我们认为，城镇化不仅包括人口、生产方式、生活方式、地域景观等由乡村向城市的转变过程，而且还应包括城市本身的发展过程。这主要基于以下几点认识：

第一，从理论上来讲，城镇化应当包含城市发展内容。一般意义上的由乡到城转变过程中的“城”是抽象的，并不具体。如果将其具体化，就可以发现城市本身是处于发展变化中的。由于城市不断完善，功能不断健全，发展水平不断提高，由乡到城的转变过程也势必是动态变化的。不难理解，当代的城市与工业革命时期的城市相比，不论在城市经济、城市功能还是地域景观、生活方式方面，都发生了巨大的变化。因而，工业革命时期的城镇化过程与当今的城镇化过程也必然存在很大不同。那么在研究城镇化时，如果忽略了城市本身的发展，城镇化所形成转变过程就会被限定在一个固定的水平上。

第二，从城镇化发展历史来看，城市发展贯穿于城镇化整个过程，并在城镇化率达到一定水平之后城市完善与功能转型开始逐渐取代人口转移成为城镇化最主要的表现形式。从数量的角度考虑，基于人口流动的城镇化也必然涉及一个问题：城镇化水平必然存在极限。根据一些将城乡人口差异化的自然增长率、乡城之间的人口迁移率引入分析进而构建的模型①，

① 研究详见：Rogers, A. Matrix Analysis of Interregional Population Growth and Distribution. Berkeley, California: University of California Press, 1968. 以及 United Nations Population Division. Patterns of Urban and Rural Population Growth. Forthcoming, 1979。

城乡人口比率最终将处于均衡状态，城镇化率最终将稳定在某一较高水平。这也就意味着城镇化率会出现一个较高水平的平稳值，乡城人口的迁移率逐渐减小，此时人口迁移将不再显著。这种现象在发达国家已经形成。那么，这是不是说城镇化就走到尽头了，城镇化发展就结束了？显然，这是不符合实际的。发达国家的经验表明，伴随着经济发展，城市在不断向更高水平发展演进。尤其是在高度信息化，服务业十分发达的经济中，城镇化的发展更加突出地表现为城市职能的转变、基础设施的完善、功能的增强等方面。

第三，从概念对实践的指导来看，仅以由乡到城转变过程来指导城镇化容易形成实践中的误区和发展上的偏差。尤其在城镇化率增速提高的时期，人口转移是最显著、最直观的表现形式。因而，发展城镇化就容易过分注重城镇化率指标，而简单片面追求人口的集聚，而忽略了其他方面。例如，一些拉美国家城市化率虽然很高，但是人口过快向城市集聚引发了一系列经济社会问题，形成了“拉美陷阱”，城市化发展质量并不高。再如，我国城镇化发展也存在偏重于外延扩张的问题，甚至出现通过行政干预征用城市临近地区的土地吸纳当地人口提升城镇化率的现象。1990～2005 年，在新增的 3.18 亿城市人口中有 1.18 亿人属于城市外延扩张实现的，占 37.1%（见图 1－2）。在城市本身并未实现发展的情况下，这种“摊大饼”的方式也形成了诸多问题。这种情况下，虽然城镇化率有所提高，但是城市功能、城市管理依然相对落后。因而，在强调劳动力转移的同时需要与之相匹配的城市发展，两者不可偏废其一。

第四，从我国现实情况来看，城镇化发展需要完成统筹劳动力转移和增强城市功能双重任务。当前，我国的城市功能相对滞后。一方面，由于城市现代化起步较晚，我国的很多城市基础设施还严重不足。

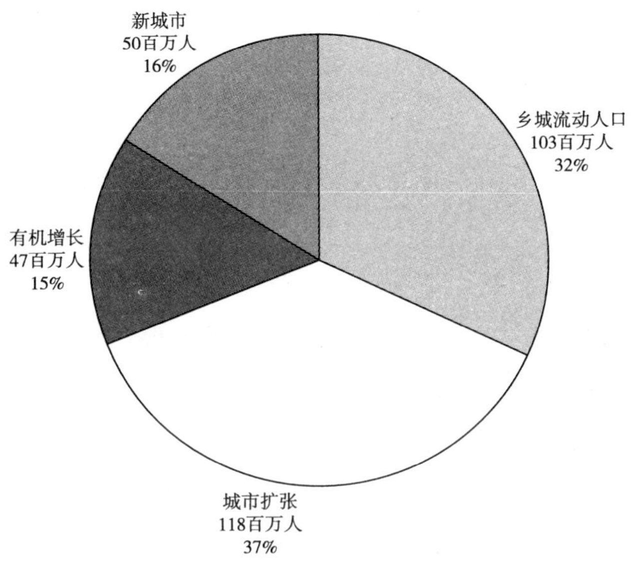

图 1－2　1990～2005 年中国城市人口增长的来源

资料来源：麦肯锡全球研究院：《迎接中国十亿城市大军》，2008 年 3 月。

尤其是在新中国成立后曾经出现的建设“生产型城市”的思路下，城市服务功能严重滞后于生产和生活的需要。另一方面，伴随着经济发展，尤其是在世界信息化浪潮、现代服务业的快速发展以及世界城市崛起的背景下，我国城市功能转型相对滞后，大部分城市功能结构不尽合理，辐射能力不强，支撑体系还很不完善。因而，加快城市发展、增强城市功能是今后城镇化发展过程中不可回避并需要格外重视的问题。

总之，人口城市化并不是城市化研究的全部，还应该对诸如城市性质、城市个体等加以分析。[①] 约翰·弗里德曼（John Friedman）曾指

① 薛凤旋、蔡建明：《研究中国城市化理论学派述评》，《地理研究》1998 年第 2 期，第 209～216 页。

出："我们需要通过双向透镜看待城市化，同时包含乡村和城市现象。尽管如此，现在我们必须优先考虑城市，而且城市要进入我们思维的前台。……我称这是'从城市出发的观点'。"① 因而，城镇化具有多面性，要对城镇化有一个全面的理解还需要拓宽视野，从更加广义的角度去理解。

基于以上认识，我们认为，城镇化是指人类生产和生活方式由乡村型向城市型转化，并伴随着城市不断完善发展、城市在社会经济中的作用不断增强的历史过程。

（二）两种类型的城镇化

由以上的分析可知，城镇化是两个过程的复合与叠加。相应地，城镇化也就突出地表现为两个具体的过程，即乡村人口向城市人口转化以及城市不断发展和完善的过程。从发展结果来看，前一过程最终将导致城市数量的增加、城市规模的扩大以及城镇化率的提高；后一过程最终将提高城市发展水平，提升城市功能，增强城市对经济发展的作用。因而，对城镇化来讲，如果说前者是一种侧重数量、外延型的城镇化，那么后者则是一种重视质量、内涵型的城镇化。

1. 基于数量含义的外延型城镇化

基于数量含义的外延型城镇化强调的是城镇化率的提高，关注的是经济要素向城市的集聚，是城镇化发展的最基本形态。

第一，从主要内容来看，农村人口向城市转移是基于数量含义的外延型城镇化的核心。城市人口比重不断上升是外延型城镇化最显著的表现。城市化率的提高必然以人口的城市化为条件，采取多种措施促使农村人口，尤其是农村劳动力进入城市是外延型城镇化的根本任

① 约翰·弗里德曼（John Friedman）：《中国城市化研究的四个主题》，《现代城市研究》2007年第7期，第4~6页。

务。在人口转移的同时，生产方式、生活方式以及居住模式也将随之改变。

第二，从实现方式来看，城市数量增加和城市规模扩大形成的城市外延扩张是主要途径。外延型城镇化的结果是人口进入了城市，这客观上就需要提高城市载体的容纳能力。因而，要么通过原有城市向周边地区的扩容，要么形成新的城市以增加可容纳的城市人口数量。城市外延扩张既可以是市场自发型的，也可以是政府主导型的。例如，工业革命时期，在交通便利、水源丰富的地区聚集了大批工业企业，因而兴起了许多新兴城市。再如，我国计划经济时期政府通过工业化项目安排、政府所在地的行政指向和相应制度安排推动了一批工业城市。

第三，从发展趋势来看，数量含义的外延型城镇化存在极限，会实现一个相对稳定的高城镇化率水平。实证研究表明，乡城人口的净迁移率是逐渐减小的。因而在城镇化率相对较低的水平，外延型城镇化比较显著。而伴随着城镇化率的提高，乡城人口的净迁移率减小直至为零，外延型城镇化将达到极限。对于广大发展中国家来讲，其二元结构比较显著，农村人口数量较大，数量含义的外延型城镇化的任务还比较艰巨。

2. 基于质量含义的内涵型城镇化

基于质量含义的内涵型城镇化强调城市的发展，突出城市载体自身完善促进城镇经济效益提高进而对城镇化发挥积极作用。

第一，从主要内容来看，城市功能的不断提升是基于质量含义的内涵型城镇化的核心。人口之所以向城市转移，主要由于城市能够形成高于农村的经济效益，形成人口流动的拉力。而城市较高的经济效益则有赖于城市功能的发挥。同时，城市功能的提升不仅有利于强化城市的集聚效应，而且能够提高城市在区域经济中的辐射范围和辐射能力，带动周边较低等级城市的发展，并将城市文明扩散至农村腹地，进而实现城乡融合。因而，提升城市功能、发挥城市在区域经济中的集聚辐射效应是内涵型城镇化的根本任务。从总体上来说，城市发挥的是一种空间载体的功能，城市功能也就体现为城市的软件与硬件是否满足生产生活的需要，是否对人口、对经济活动具有足够的承载力。具体来说，城市的硬件包括资源环境、基础设施、空间形态、发展腹地等，软件包括公共服务、治理机制等。而内涵型城镇化的发展过程就是城市的软硬件不断适应城市人口变化、城市经济发展，实现城市功能不断提升的过程。

第二，从实现方式来看，城市功能的适时转型形成的城市内涵发展是重要途径。与古代城市化相比，现代城市化的最大特征在于城市职能的转变。[①] 城市只有不断适应经济发展的需要，城市功能才能够不断得到提升，城市才能不断增强吸引力。相反，如果一个城市的功能没有适时转型，那么这样的城市必将在竞争中逐渐没落。因而，伴随着经济发展，城市功能要向更高级的方向提升，这样城市功能才能不断增强。同时，城市功能的提升还依赖于城市设施的支撑。作为城市的硬件系统，完备、高效、现代化的城市设施是城市功能得以充分发挥的关键。在不断完善现有城市设施的基础上，要根据城市功能转型的需要，及时更新升级城市设施，进而提升内涵型城镇化发展水平。例如，伴随着信息化的发展，城市逐步知识化和高科技化，并成为信息源以及信息流动、管理和服务的中心，这就要求城市进行以计算机和通讯网络为代表的信息基础设施的建设。

① 张雷、朱守先：《现代城市化的产业结构演进初探——中外发展研究对比》，《地理研究》2008 年第 4 期，第 863 ~ 872 页。

第三，从发展趋势来看，伴随着产业结构的演进，城市功能在不断变化中逐步提升，内涵型城镇化将会与时俱进，无限发展。从根本上来讲，城市功能决定于城市的经济发展。伴随着城市主导产业的转变和升级，城市功能相应发生转型和提升。从前工业社会到工业社会再到以服务化为主要特征的后工业化社会，城市职能经历由政治军事职能为主转变为以生产、分配工业品为主的制造中心职能，再转变为以生产者服务业为主的服务中心职能。尤其是在经济服务化的阶段，城市的支配性地位主要来自于服务中心在广阔领域内（越来越国际化）组织和扩展生产力的能力，而不像以往来自于它们售出货物的能力。① 总之，城市功能是随着经济发展而变化的，这就使得内涵型城镇化并不存在发展极限。

3. 两种类型城镇化之间的关系

外延型城镇化与内涵型城镇化相互作用，相互影响，并统一于城镇化发展过程。一方面，外延型城镇化是内涵型城镇化的前提和基础。没有人口转移的外延型城镇化，城镇化进程就无从谈起，而内涵型城镇化的发展也就失去了意义。同时，外延型城镇化的发展也内在要求内涵型城镇化的发展。人口向城市的转移对城市的承载力提出了新要求，这需要提升城市功能。另一方面，内涵型城镇化是外延型城镇化的重要保障。内涵型城镇化的发展能够提高城市集聚能力，扩大城市辐射范围，增强对人口转移的拉力，进而带动外延型城镇化的发展。

外延型城镇化与内涵型城镇化保持适度协调的关系是提高城镇化发展水平、实现城镇化健康发展的必要条件。不论是外延型城镇化还

---

① Noyelle T., The implications of industry restructuring for spatial organization in the United States, in regional analysis and the new international division of labor, Moulaert and Salinas, Editors, 1983, p. 126.

是内涵型城镇化，太过于超前都不利于城镇化健康发展。如果内涵型城镇化严重滞后于外延型城镇化，则会出现虚假城镇化的问题；相反，如果外延型城镇化严重滞后于内涵型城镇化，那么这说明城镇化正常发展势必受到了干扰，例如实行城市偏向政策等等。因而，讨论的外延型城镇化，必须是与内涵型城镇化相适应的外延型城镇化；研究的内涵型城镇化，也势必是外延型城镇化基础上的内涵型城镇化。

（三）城镇化水平

经过上面的讨论，本书认为城镇化水平不能再用城镇化率来简单代替，需要由外延型城镇化与内涵型城镇化的发展状况来表示。城镇化水平主要取决于两个方面：一方面，外延型城镇化与内涵型城镇化的发展水平越高（可以分别用城镇化率和城市功能的优化程度表示），城镇化的整体水平越高；另一方面，外延型城镇化与内涵型城镇化之间适度协调，则城镇化的整体水平越高（见图 1－3）。

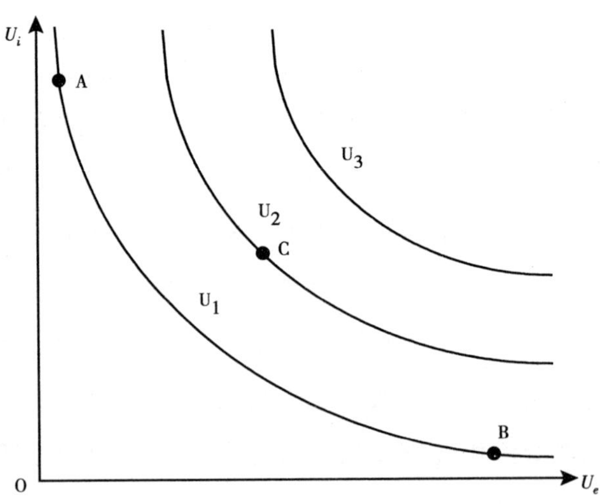

图 1－3　城镇化水平示意图

用数学函数则可以表示为城镇化水平（U）是外延型城镇化（U_e）与内涵型城镇化（U_i）的函数，即 $U=f(Ue, Ui)$。函数具有凸函数性质，并且$\frac{\partial U}{\partial Ue}>0$，$\frac{\partial U}{\partial Ui}>0$。$U_1$、$U_2$、$U_3$ 分别代表三条等城镇化水平曲线，那么 $U_1<U_2<U_3$，即 U_e、U_i 越大，U 的值越大。同时，由于函数具有凸函数性质，那么在任意既定的城镇化水平 U 上（如曲线 U_1），存在任意的 $x, y \in Ue$，$t \in (0, 1)$，使得 $f(tx+(1-t)y) < tf(x) + (1-t)f(y)$。也即 U_e 与 U_i 相协调，则城镇化水平越高。如图中 A、B 两点代表的城镇化水平不如 C 点高。

二　人口流动与城镇化发展理论

城镇化是经济发展的必然结果，是一种社会历史现象。从城镇化现象来看，农业革命使城市诞生于世界，如果从最早的城乡分离开始算起，那么，“在公元前 6000 年前已经开始城市化”[①]。但工业革命才最终使城市主宰了世界，西方工业化国家的城镇化率随之以前所未有的速度发展。阿德纳·韦伯（Adna Weber）指出 19 世纪最为显著的社会现象就是人口在城市的集中，不断集中或聚集的趋势在西方世界几乎是普遍的。[②] 尽管城镇化早已有之，但是城镇化的理论研究是在工业革命之后。马克思 1859 年第一次使用了“城市化”的概念，并针对当时的情形精辟地描述为“现在的历史是乡村城市化，而不是像古代那样，是城市乡村化”。[③] 城镇化概念诞生之后，城镇化研究开始蓬勃发展。

---

① ［英］K. J. 巴顿：《城市经济学》，商务印书馆，1984，第 14 页。

② Adna Weber. The Growth of Cities in the Nineteenth Century. New York: Macmillan Publishing Co., 1889, p. 1.

③ 《马克思恩格斯全集》第 46 卷，人民出版社，1979，第 480 页。

人口逐渐向城市的集聚是城镇化过程中的重要现象，也是不同学科关注城镇化问题时必须解答的问题。国内外的一些学者认为，城镇化就是人口集中的过程。有些学者虽然从空间地理的角度认为城镇化是城市和农村之间竞争使用土地，从而土地占有方式和使用途径逐渐从农村转变向城市的过程，但同时也承认，这一进程源于人口趋于集中，其程度也取决于集聚人口的规模和密度。[①] 因而，城镇化发展与人口流动有着天然的联系，有必要从城乡人口流动角度对城镇化发展进行认识。

20 世纪中期以前，从人口流动的角度，一些学者借助于莱温斯坦（E. G. Ravenstein）等人提出的人口迁移规律，研究了乡—城人口迁移以及由此产生的城镇化问题。赫伯尔（R. Herberle）1938 年最早提出了“推—拉理论”，后经过博格（D. J. Bogue）等人的发展，已经成为一个颇具解释力的理论框架。在这一框架下，城乡的人口流动就被认为是：一方面，马尔萨斯力量（Malthusian Forces）、农地稀缺性以及诸如圈地运动等形成的农村“推力”使无地农民向城市迁移；另一方面，经济力量拉动劳动力流向城市。城镇化发展中经济因素发挥着主导作用。恩格斯分析认为，19 世纪初英国曼彻斯特城市的蓬勃增长以及市区老化、城市病等问题都是由于资本主义制度下制造业的发展。也有一些学者详细研究了美国南方的城市发展后也认为，相对于以前主要以商业为主、作为广大农业地区的中心以及农业主义（agrarianism）的旧城市，新型工业城市的产业与发展都是工业主义（industrialism）的结果，制造业发挥了重要作用。[②] 这一时期的研究对

① Larry F. Diehl. Major Aspects of Urbanization in the Philadelphia Metropolitan Area. The Journal of Land & Public Utility Economics, Vol. 19, No. 3 (Aug., 1943), pp. 316 – 328.

② Walter J. Matherly. The Urban Development of the South. Southern Economic Journal (pre – 1986); Feb. 1935; 1, 4; ABI/INFORM Global, pp. 3 – 26.

现象的描述多于理论上的探讨，人口流动与城镇化都还未形成比较系统的理论体系。真正从理论上对城镇化进行比较系统的研究是在 20 世纪中期以后。

工业革命时期，快速发展的城镇化毕竟只是少数工业化国家发生的事情。而第二次世界大战以后，大量的发展中国家开始谋求经济发展，城镇化这一结构转型开始成为世界经济的普遍现象。20 世纪中期以后，城镇化研究逐渐成为重要热点问题之一，并形成了一些比较系统的城乡人口流动的城镇化理论与模型。

刘易斯（W. A. Lewis）开创了二元经济理论①，为发展中国家劳动力转移进而实现工业化、城镇化提供了一个具体的分析框架。刘易斯认为，发展中国家一般都同时存在着传统生产方式生产的农业部门和现代生产方式生产的城市工业部门。两种部门之间的劳动生产率存在差异，因而工资水平也存在着差异。更为重要的是，刘易斯还认为发展中国家的传统农业部门存在大量处于隐性失业状态、边际劳动生产率为零的剩余劳动力，这就使得工业部门只要提供略高于农业部门“生存工资”的工资水平就能够获得无限的劳动力供给。在此基础之上，刘易斯分析研究了伴随着城市工业部门扩张的劳动力转移过程以及同时实现的城镇化过程（见图 1－4）。最初，工人工资水平为 W（高于农业部门提供的平均收入 S），工业部门投入的资本与雇用的劳动力数量分别为 K_1、L_1。此时，工业部门的企业家将获得利润 N_1G_1W 的利润。企业家通过将一部分利润用作投资以进行扩大再生产。在 K_2（$K_2>K_1$）的资本量下，企业的边际生产曲线将向外移动。但工人工资水平仍然维持不变，资本量增加是工业部门扩张多吸纳 L_1L_2 数量的农

① Lewis W. A. Economic Development with Unlimited Supplies of Labor. Manchester School of Economic and Social Studies，1954，22，pp. 141－145.

村剩余劳动力。这一过程不断进行直到农村剩余劳动力 L_n 全部被工业部门吸纳完毕，也即达到所谓的“刘易斯拐点”。之后，农村劳动力将不再剩余，城市工业部门的供给曲线将不再维持水平，工业部门如果要继续扩张必须提供更高的工资水平才能获得劳动力供给。刘易斯模型将工业化、人口流动与城镇化紧密融合为一个过程，高度概括了发展中国家伴随工业化的人口流动与城镇化发展，对后来的研究产生了巨大影响。

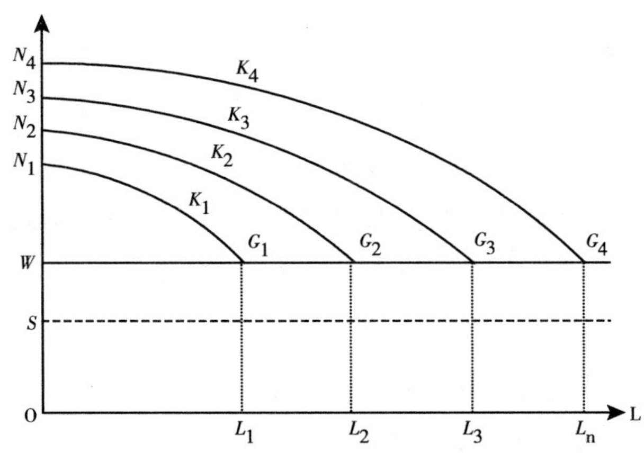

图 1-4 刘易斯模型示意图

刘易斯模型虽然被奉为经典，但同时也存在许多缺陷。许多学者针对这些缺陷进行了进一步的研究，形成了一些更贴近现实、更具解释力的模型。刘易斯模型只描述了现代工业部门的扩张，并没有涉及工业化与城市化过程中的农业部门发展的问题。针对这一问题，拉尼斯、费景汉在刘易斯模型的基础上发展了一个新的劳动力流动模型。①

① J. Fei and G. Ranis. Theory of Economic Development. American Economic Review, 1961, 57, pp. 65-70.

不同于刘易斯简单的“两阶段”，拉尼斯和费景汉强调农业部门的作用，引入了不变制度工资概念（即剩余劳动力全部转移至工业部门前，由制度因素决定的不变的农业平均收入水平），并区分了边际生产率为零的农业劳动力与边际生产率低于不变制度工资的农业劳动生产力（前者称为多余的劳动力或显性失业者，后者称为剩余劳动力或隐性失业者），进而将劳动力流转过程划分为三个阶段（见图1－5）：第Ⅰ阶段，与刘易斯的劳动力无限供给阶段相同，农业边际劳动生产率为零的多余劳动力转移至城市工业部门。他们强调，在多余劳动力流向城市工业部门时农业部门中就产生了农业剩余，但是这时的农业剩余仅仅满足转移至工业部门的劳动力的需要。第Ⅱ阶段，农业部门的边际劳动生产率将不再为零，开始出现上升但仍低于不变制度工资。这时剩余劳动力仍会流向工业部门，但农业部门的产出将随之减少，进而引发粮食短缺，带动城市工业部门工资水平的提高。因此不同于刘易斯模型，在仍然存在剩余劳动力的情况下，拉尼斯—费景汉模型中的劳动力供给曲线就由于粮食短缺已经开始向上倾斜。第Ⅲ阶段，剩余劳动力转移殆尽，农业部门的工资水平完全由边际劳动生产率决定，

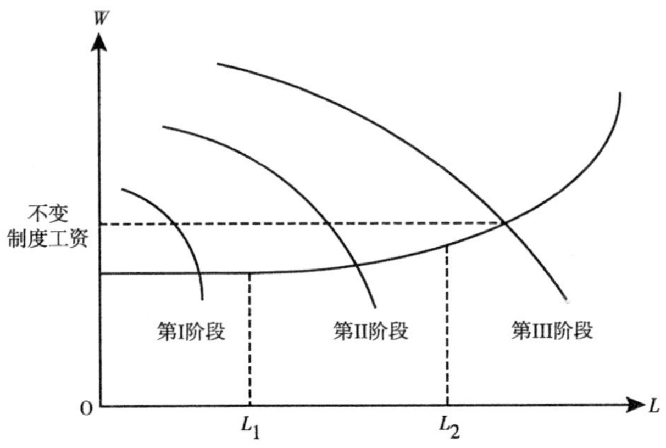

图1－5　拉尼斯—费景汉模型示意图

工业部门如果希望雇用更多劳动力必须支付更高的工资水平。因此，可以看出，拉尼斯、费景汉认为农业不仅为工业部门提供劳动力，而且提供农业剩余。提供农业剩余的能力，即农业劳动生产率是保证工业部门扩张和农业剩余劳动力转移的必要条件。

同样，针对刘易斯忽视农业作用的问题，乔根森也在二元经济框架下构建了一个新古典经济学的理论模型。乔根森（D. Jorgenson）指出，“在古典理论方法中，实际工资率被假定是按照农产品价格固定的，从工业的角度看，劳动在一个固定工资率下可以无限地利用。在新古典理论方法中，如果不牺牲农业产出，劳动是绝不能为工业所利用的，从工业部门的角度看，实际工资率在长期稳定地上升，主要取决于两部门的技术进步率和资本积累率，伪装的失业是被假定不存在的。”[①] 与刘易斯、拉尼斯—费景汉模型存在根本不同，乔根森认为农业部门并不存在边际生产率为零的剩余劳动力，而且工业化过程中也不存在固定不变的工资水平。他在分析农业剩余与人口增长、工业部门扩张的关系后认为，农业部门人均产出增长率大于人口增长率时农业剩余才会出现，而农业剩余出现后才会引发农业劳动力向工业部门的转移，工业部门的增长也才会随之开始。因而，与刘易斯将剩余劳动力作为理论基础不同，乔根森将农业剩余作为其理论基础。同时，乔根森还十分重视技术进步的作用，他认为工业部门的扩张总是伴随着技术的进步和资本积累的提高，因而工业部门的工资水平趋于不断上升。此外，乔根森还强调了消费结构对劳动力流向的引导作用，认为经济发展过程中农村劳动力之所以源源不断地流向城市，是由于对工业品需求增加而导致的消费结构的改变。

---

① D. W. Jorgenson. Surplus Agricultural Labour and the Development of a Dual Economy. Oxford Economic Papers，1967，19，pp. 288 – 312.

无论是刘易斯、拉尼斯—费景汉，还是乔根森，在他们的模型中转移的农村劳动力必然进入城市工业部门，而不会在城市中处于失业状态。一方面，这与实际情况并不吻合，20 世纪六七十年代发展中国家的城市普遍面临着失业和就业不足的问题。另一方面，即使如此，这些国家乡城人口流动的规模和速度都依然保持一个较高的水平上。原有的模型无法对这些问题提供令人满意的解释，更无法给出相应的对策建议。托达罗（M. P. Todaro）则针对这一问题通过引入就业概率因素进而构建了一个颇具解释力的模型。[①] 托达罗认为，迁移决策主要取决于预期的城市和农村的实际收入差额，农业劳动力是否进入城市就不仅仅是由城乡实际收入差距决定的，而且与在城市就业的概率也有直接关系。因而，对于决策者来讲，即使在短期内找到高报酬工作的可能性很小，预期的城市收入在短期内低于预期的农村收入，迁移也许依然是完全合理的决定。因为从长远来看，迁移者永久性收入的前景（考虑到绝大多数迁徙者都是青年人），或者由于他改善了自己的城市联系，或者他指望找到工作的可能性随时间而增加，那么，只要在他的计划期限内预期的城市收入净流量的现值超过预期的农村收入净流量的现值，就可以证明迁徙的决定是正确的。[②] 托达罗还进一步认为，在城市的就业概率与两个因素有关，一个是城市现代部门新创造的就业机会，另一个是城市的失业人数。而现代部门工作创造率则与该部门的劳动生产率呈负相关。据此，托达罗指出，通过资本积累实现工业扩张并不能解决城市失业问题，因为资本积累会提高劳动生产率；开创城市就业会增加城市就业概率，因而无助于消除城市失业；

① Todaro M. P. A Model of Labor Migration and Urban Unemployment in Less Development Countries. American Economic Review, 1969, 59, pp. 139 - 147.

② 贾塔克（S. Ghatak）:《发展经济学》，卢中原等译，商务印书馆，1989，第 302 页。

同样，带有城市偏向的认为增加城乡收入差距的措施必然吸引更多的农村劳动力进入城市；解决城市失业问题最重要的是大力发展农村经济，减少收入差距。

针对发展中国家的失业问题，哈里斯和托达罗（Harris and Todaro）还研究了城市非正规部门，对原有的两部门框架进行了拓展。① 他们认为，之前的模型关于劳动力可以直接进入城市工业部门的假设是不成立的，城市也出现了传统部门与现代部门并存的“二元结构”。托达罗将城市中的传统部门定义为非正规部门，并指出大量进入城市的农村劳动力实际上首先进入了城镇传统部门或非正规部门。区别于正规部门，非正规部门具有以下特征：（1）容易进入或没有进入障碍；（2）主要依赖于本地资源；（3）家庭所有制或自我雇佣；（4）经营规模较小；（5）采用劳动密集型的适用性技术；（6）劳动技能不需要在正规学校获得；（7）较少管制或竞争比较充分。② 发展经济学的奠基人张培刚先生也指出，劳动力从农村到城市绝不是直接的、立即的、畅通无阻的。③ 针对孟买的一项研究也指出，迁移到城镇的迁移人口首先取得工资很低的临时性的工作和小规模的企业的辅助性工作，工作几年后才开始进入大工厂。④ 这样，在理论框架上，以前的二元结构就此被拓展为三部门结构，即农业部门、城市非正规部门和城市正规部门；在农村劳动力转移方式上，农村劳动力进入城市往往要经过从“农业部门—城市非正规部门—正规部门”的途径。

---

① J. R. Harris, M. P. Todaro. Migration, Unemployment and Development: A Two-Sector Analysis, American Economic Review, 1970, Vol. 60 March, pp. 126 - 142.

② ILO. Employment, Incomes and Equity; A Strategy for Increasing Productive Employment in Kenya. Geneva, 1972.

③ 张培刚：《农业与工业化》，华中工学院出版社，1984。

④ 转引自辜胜阻、刘传江《人口流动与农村城镇化战略管理》，华中科技大学出版社，2000，第78页。

第二章　产业结构演进与城镇化的关系模式

产业结构演进与城镇化发展的关系研究由来已久。通过对以往文献的梳理，对于两者关系的认识经历了一个转变，即从城镇化发展从属于产业结构演进转变为产业结构演进与城镇化之间的相互作用、相互影响。如果将前者概括为单向的线性模式，那么后者就是一种双向的互动模式。

第一节　产业结构演进与城镇化的单向线性模式

单向线性模式下的产业结构演进与城镇化的关系总体上表现为：产业结构演进推动了城镇化的发展，城镇化发展是产业结构演进的必然结果。这一模式思路的理论背景是发展经济学结构转型理论，相关研究侧重于工业化发展，强调产业结构演进是城镇化的根本动力（见图2－1）。

一　经济增长的结构因素与结构转型理论

新古典经济学认为，自然资源（土地）、资本、劳动力、技术进步是影响增长的经济要素，经济增长就是这些要素作用的结果。在新古

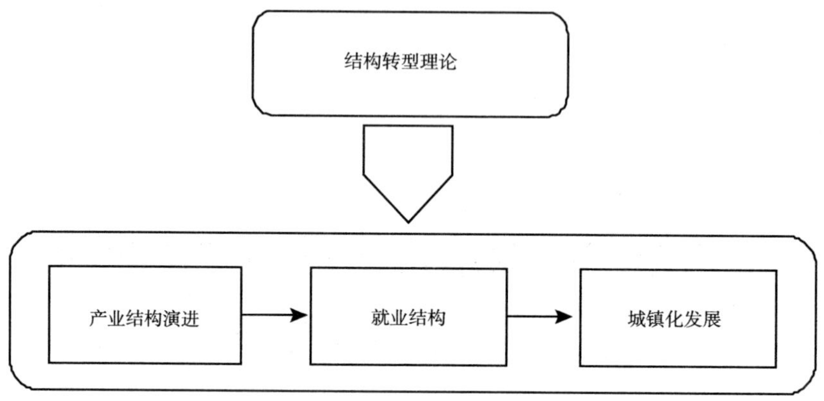

图 2－1　单向线性模式下的产业结构演进与城镇化发展关系

典经济学框架下，分析经济增长的重要前提是假设竞争性均衡的存在，也即经济体系中总存在一个有效率的价格体系，能够让市场保持出清状态进而实现供需均衡。因而，不论是强调资本投入的哈罗德—多马模型，还是在技术外生条件下的索罗新古典增长模型以及后来的强调技术内生的罗默、卢卡斯模型，都是在均衡思路下进行的研究。而发展经济学在思考经济增长问题时独辟蹊径地从结构因素出发，形成了不同于主流经济学的理论观点。

发展经济学家将经济视为一个系统，并把这一系统解剖成几个构成部分，通过分析各个部分之间的相互关系及演变来揭示经济发展的真实情形。他们强调结构或部门的变动以及经济中特定的结构刚性或部门刚性对经济发展的影响。由于部门间存在结构上差异，尽管各个部门都会谋求利润的最大化和效用的最大化，但是对刺激的反应快慢和反应机制，各个部门是有所不同的。[①] 例如，纳克斯（Nurkse，

① 引自谭崇台主编《发展经济学》（研究生教学用书），山西经济出版社，2001，第125～139页。

1957）认为由于供求弹性因产品的不同而发生变化，某些部门自然将会比其他部门增长得更快，由此引起结构性非均衡。因而，发展经济学认为，新古典经济学的竞争性均衡假设是存在缺陷的，现实世界并不存在所谓的竞争性均衡。发展中国家经济中普遍存在的不是自我均衡的体系，而是持续的不均衡状态。那么，在承认经济非均衡状态的条件下，与新古典经济学认为所有部门的劳动和资本都能带来相同的边际收益、部门之间劳动和资本的转移不可能增加总产出不同，结构主义的观点指出，劳动和资本从生产率较低的部门向生产率较高的部门转移能够加速经济的增长，也即结构效应是经济增长的一个源泉（吕铁、周叔莲，1999）。

发展经济学家对结构转型与经济增长之间的关系进行了大量的论证。钱纳里（Chenery，1979）认为经济增长是生产结构转变的一个方面，经济增长可视为持续增长所必需的经济结构的一系列相互关联的变化。辛格（Singer，1950）也认为，经济发展根本就不是边际增量的问题，而是一个结构变动和全面增长的问题。麦迪森（Maddison，1997）通过实证分析也证明结构变化是经济增长的一个重要的独立源泉。国内学者金泓汎（2005）则认为，总量与结构是经济增长的两个方面，是不可分割的。首先，结构是与总量结合在一起的，有总量就有结构，不存在没有结构的总量。其次，经济发展是总量增加和结构演变的综合反映，总量增加会引起结构演变，结构优化也会带动总量增加。再次，经济发展是通过总量与结构之间的非均衡与均衡的互动关系来实现的。对于结构转型如何作用并影响经济增长，塞尔昆（Syrquin，1994，1998）认为结构转变是经济发展过程的中心特征和解释经济增长速度和模式的本质因素。如果结构转变的频率太慢或者方向无效率，它将阻碍增长；但如果结构转变改善了资源配置，如降低产业部门之间要素回报的不均衡，或促进规模经济的发展，它也能对增长做出贡献。

根据石川秀（Shigeru Ishikawa，1987）研究，结构转型的文献存在两种不同的方法：第一种方法试图使用经过选择的若干国家之间的横断面数据和时间序列数据，从统计上确认经济增长与结构变化之间的某些普遍联系；第二种方法从一开始就集中研究在相似的起始条件与经济制度下的一批国家的历史经验，并探索能够最好说明所发生的结构变化过程的特殊理论。前者的代表人物就是费希尔、克拉克、库兹涅茨以及钱纳里、塞尔昆。后者的代表人物是刘易斯、托达罗。他们的相关理论在第一章已有回顾，这里不再赘述。

总之，发展经济学将结构因素纳入经济增长的分析框架中，形成了结构转型理论，这从方法论和经济理论两个方面对研究经济增长问题做出了重要贡献。

二　结构转型理论下的工业化与城镇化

结构转型或者结构变化（Structural Change），被认为是指“需求、生产、贸易和就业构成的一组互相关联的变化，而需求、生产、贸易、就业构成的各自的变化又反映了因收入水平提高而产生的资源配置格局转移的不同方面”①。结构转型包含多方面的内容。库兹涅茨（1989）曾指出，绝大多数增长常伴随着人口增长和结构的巨大变化。这些变化主要包括：产品的来源和资源的去处从农业活动转向非农业生产活动，即工业化过程；城市和乡村之间的人口分布发生了变化，

① 钱纳里：《结构转换：经济发展的实质研究程序》，载耶鲁大学经济增长中心第25届发展经济学年会论文精选《发展经济学的新格局——进步与展望》，经济科学出版社，1987，第14～15页。

即城市化的过程；以及各个集团相对经济地位变化、产品分配的变化等等。概括来讲，工业化与城镇化是结构转型的两个重要方面。工业化作为产业结构演进的重要阶段，是经济结构转变的最直接内容，也是结构转型最本质的内容。而城镇化则从空间地理角度反映了经济发展中的结构转型。经济发展是在特定的空间维度中进行的，经济活动的空间形态也在伴随经济发展不断演进变化。城镇化以产业和人口在特定空间地理范围集聚为特征，是经济活动空间变化的最直接表现，反映了生产布局结构的变化，也是结构转型的重要方面。因而，工业化、城镇化作为任何一个国家经济发展必经的阶段，分别从不同的角度诠释了结构转型。钱纳里等（1988）也更加明确地指出，伴随着经济增长社会经济结构会发生一系列转变：一是工业化，即从以农业为基础的经济向以工业和服务业为基础的经济转变；二是城市化，即人口连续不断地从农村地区向城市迁移。但是，发展经济学家在研究经济发展等具体问题时往往将关注的焦点放在工业化上，而将城镇化发展视为工业化的伴生物。

工业化与经济增长是结构转型理论研究的核心问题。从根本上来讲发展经济学最为关注的是经济发展问题，尤其是发展中国家如何从相对落后、贫困的状态迈向经济发达的状态。一方面，大量对发达国家经济结构的研究表明，发达国家一般都是实现了工业化的国家，工业化带来了经济发展的较高水平、人均收入的提高。因而，工业化可以说是一国现代化的基础和前提。[①] 另一方面，发展经济学家不仅承认经济发展中存在非均衡，同时在谋求经济发展的途径时也主张非均衡的增长。例如，赫希曼（1991）提出“非均衡增长理论”，认为

① 金碚：《中国工业化60年的经验与启示》，《求是》2009年第18期。

“发展是一连串不均衡的锁链”，指出“发展确实是按照主导部门带动其他部门增长，由一个行业引发另一个行业增长的方式进行的”，那么发展中国家应将有限的资源按照引致投资最大化原则、联系效应最大化原则，重点优先发展工业。因而，在结构主义思路下，一个国家经济发达与否的重要标志就是是否建立起了现代化的工业。有效推进工业化成了实现经济发展的代名词，相应工业化便成了结构变迁的中心过程。

在结构转型理论中，城镇化是工业化发展的伴生物。发展经济学的研究框架下，城镇化只是劳动力资源在城乡之间重新配置的结果。引发劳动力重新配置的根本原因在于工业化的发展，只要推进工业化的发展，城镇化便会理所当然地发生。城市化的发展水平是在农业部门与工业部门（包括制造业、服务业及相关产业）的互动增长中内生地决定的（钱陈、史晋川，2006）。因而，一个国家工业化程度越高，城市化的水平自然也就越高。在相关的理论模型中，城镇化也是隐含在工业化进程中分析的。配第—克拉克定理和库兹涅茨的研究阐明了在经济发展中，产业结构的顺序演进规律。但是这种关系背后隐含着一个条件：在产业结构高度化的过程中，必须伴有相应城市化的发展。再如，刘易斯的二元经济模型本质上讨论的是工业化发展过程，只是城市工业部门的扩张带来了劳动力的向城市的流动，这样工业化的发展也就与城镇化进程在模型中合二为一了。

三　产业结构演进与城镇化关系的具体研究

基于结构转型理论视角，单向线性模式下两者关系的相关研究大致可以概括为三个方面：（1）关于产业结构演进影响城镇化发展的总体性研究；（2）从结构状态研究各次产业分别对城镇化发展的影响；（3）从动态演进研究产业结构与城镇化发展的时序关系。

（一）关于产业结构演进影响城镇化发展的总体性研究

大量的研究文献指出，产业结构演进或者工业化的发展是城镇化的动力机制。钱纳里等指出，在一个连续均衡的国民经济中，城镇化可能表现为因果链条上的各类事件的最后结果，以导致工业化的贸易和需求的变化为开端，以农村劳动力向城市就业的平缓移动为结果。[①]他随后又在《工业化和经济增长的比较研究》一书中指出，工业化与城镇化密切关联，工业化过程即是产业结构变动过程，这是城市化现象的动因。还有学者更加鲜明地指出：没有工业化就不可能有城市化（Berliner，1977），工业化（制造业增长）过去是、将来仍继续是城镇化的引擎（Kelley and Williamson，1984）。

关于产业结构演进为何能够带来城市化发展，研究学者主要从就业结构进行了阐述。产业结构演进通过资源要素在空间上的重新配置带动城市化的发展，就业结构的转变是实现这一过程的途径。钱纳里等（1988）通过对大量统计数据的观察发现，劳动力在三次产业的配置与城镇化率具有高度的相关性，城市人口增加的过程，工业与服务业中的劳动力份额也在不断增加。中国社会科学院“工业化与城市化协调发展研究”课题组（2002）通过对不同收入水平国家的实证考察得出结论，产业结构的变动趋势之所以直接关系到工业化进程中城市化的速度，是因为生产结构影响着就业结构，而就业结构作用于城市化进程。Moir（1976）通过城镇化水平与劳动力就业结构之间的关系进一步发现，发达国家与中等发展水平国家第二产业就业比例与城镇

① 钱纳里、赛尔昆：《发展的型式（1950～1970）》，经济科学出版社，1988。

化水平的关系不如低发展水平的国家高。同时，发达国家和最不发达国家的城镇化水平与第三产业就业比例的关系要强于第二产业；而在发展中国家则恰好相反。

（二）从结构状态研究各次产业分别对城镇化发展的影响

由于产业属性不同，演进至不同阶段的产业结构对城镇化发展的影响也必然存在着差异。库兹涅茨（1989）就明确指出，产业结构变动对城市化的影响是由产业的不同属性引起的。第一产业大量使用土地，是分散经营的（field-oriented）；而制造业和服务业则具有集中分布（center-oriented）的特征（Hoover，1948；Isard，1956）。分别来看，农业发展是城镇化的基础，工业化则是城镇化的核心动力，第三产业发展给城镇化提供了后续的动力，而信息化则带动城镇化进入新的发展水平。

1. 农业发展对城镇化发展的影响

农业对城市发展、城镇化的影响比较早地受到经济学家的注意。城市规模的扩大、工业的发展都是以农业发展为前提的。斯密写道：“生活资料必先于便利品和奢侈品，所以，生产前者的产业，亦必先于生产后者的产业。提供生活资料的农村的耕种和改良，必先于只提供奢侈品和便利品的都市的增加。要先增加农村产物的剩余，才谈得上增设都市。”[①] 辜胜阻等（2002）还认为，农业的发展主要表现为农业的商品化、农业剩余的增加、农业资源的开发和集约化经营，它们分别构成了城镇化发展的基本条件、首要条件和重要制约因素。陈柳钦（2005）则进一步将农业发展对城市化的支持作用概括为六个方面的贡献：食物贡献、原料贡献、市场贡献、人力资源贡献、资金贡献、土地贡献。

---

① 〔英〕亚当·斯密著《国民财富的性质和原因的研究》，郭大为、王亚南译，商务印书馆，1972，第346页。

2. 工业发展对城镇化发展的影响

如果说农业革命使城市诞生于世界，那么工业革命引发了城镇化趋势，使城市成为世界主宰（辜胜阻、刘传江，2000）。工业发展或工业化是研究产业结构演进过程对城镇化发展影响的重点。从理论上来看，工业革命加速城镇化过程主要由于产业革命扩大了生产规模，要求生产走向集中，使小城镇迅速发展为大城市；同时，产业革命使人口迅速增加，并带来交通革命（辜胜阻，1991）。后来的学者围绕工业趋于集中的特点进行了解释：工业以机器大生产为标志大规模地进行，导致生产的社会分工精细，也对相互协作提出更高要求，从而导致劳动力、人口、市场等的集中（刘传江，1998；姜爱林，2002）。

从实证的角度来看，一大批文献分析了工业化与城镇化发展的相关程度。如戴维斯和金（Davis and Golden，1954）的早期的国别研究；张正河（2000）测算了工业化与城镇化的相关系数；中国社会科学院"工业化与城市化协调发展研究"课题组（2002）考察了不同收入水平的工业化与城镇化关系；李艳梅等（2008）对中国城市化发展与重工业扩张进行了协整分析。这些研究都证实了两者之间的紧密关系。

从两者关系的表现形态来看，最初的研究文献认为，工业化过程与城镇化发展是同一过程，两者携手共进。但是后来的研究发现，这种现象只发生在一些发达国家，而对于发展中国家来讲，两者之间的步调并不一致（Breese，1966）。通过研究两者之间的关系，一大批文献集中讨论了工业化与城镇化协调关系以及形成的城镇化发展模式。辜胜阻等（2000）从城市化与非农化发展水平关系的角度考察了世界城市化的发展模式，比较系统地总结了城市化发展模式：同步城市化（Synchro-urbanization）、过度城市化（Over-urbanization）、滞后城市化（Under-urbanization）。戴维斯和金（Davis and Golden，

1954）最早提出了发展中国家过度城市化的问题。苏瓦尼（Sovani，1964）进一步指出过度城市化是由于农村劳动力是被农村地区巨大的人口压力推（pushed）至城市，而不是被工业和经济发展拉（pulled）至城市的。与之相类似的概念还有伪城市化（Pseudo-urbanization）（Mcgee，1971）、生存城市化（Subsistence urbanization）（Breese，1966）。而一些社会主义国家，为了节约城镇化成本（economize on urbanization costs），农业中劳动力所占比重比一般的正常水平要大，而制造业劳动力份额却比偏低（Gur，1976）。因而，这就出现了在高速工业化进程中城市化并未相应发展，出现了滞后城市化问题（Konradand Szelényi，1977）。也有学者认为，社会主义国家在特定的发展战略下控制城市发展，实施的是一种反城市化（Anti-urbanism）政策（Laurence，1976）。

关于产业结构进入第三产业为主的阶段时，工业发展对城镇化还发挥着怎样的作用，学者们存在不同的观点。大部分学者认为，在此阶段第三产业尤其是现代服务业会对城镇化产生重要作用。但 Scott（1986）认为，即使是在后工业化社会，工业化作为催生产业组织变革的过程仍然是现代城市发展的基础，劳动社会分工、生产的交易结构、地方化的动态劳动力市场对大都市区的空间结构产生重要影响。

3. 第三产业对城镇化发展的影响

生产性服务业和生活性服务业的发展为城镇化注入了新的活力。刘传江（1998）认为在工业化完成后，或在所谓后工业社会里，第三产业发展尤其是新型的、以高科技为依托的第三产业的发展业已上升为城市化进一步发展、完善的主角产业和后劲力量所在。现代服务业的发展不仅推动了城镇化率的提高，而且对城市经济的发展也具有重要作用。Hansen（1990）通过对美国大都市区的实证分析认为，生产者服务业的发展可以扩展和深化劳动分工，提高城市的劳动生产率和人均收入。夏普（Sharpe，2000）也认为，20 世纪 90 年代美国所有行业中生产者服务业的劳动生产率的增长率保持在最高水平。布莱克和亨德森（Black and Henderson，1997）通过研究城市规模的影响因素得出结论，现代服务业发达的城市一般规模较大，而制造业发达的城市规模相对较小，进而认为现代服务业对城市的推动作用更大。

现代服务业对城市化发展另一个十分重要的影响是改变了城市的功能。服务业是城市化特别是城市现代化的载体和依托，制造业发展对城市发展的影响基本上是量的影响，即影响城市规模的扩大，城市人口的增加。而服务业的发展对城市发展的影响则基本上是质的影响，即强化城市的功能，提升城市形象（洪银兴，2003；干春晖、余典范，2003）。从服务业引发的城市功能变化的角度出发，“城市转型”研究成为当前的热点问题，吸引了国内外一大批学者，并形成了一批有分量的文献。

4. 信息产业对城市化发展的影响

城镇是信息化栖身之地，信息化是城镇化的提升机和倍增器（姜爱林，2002）。进入信息时代，信息产业对城市化发展的影响就主要集中在城市功能上，城市从工业制造中心、商务贸易中心转变为信息流动中心、信息管理中心和信息服务中心。卡斯泰尔（Castells）较早地系统研究了信息城市，他指出：“在这个过程中，城市失去了原来的城区概念，突破了原来的物理空间，向郊区扩展，由信息网络构成的流动空间正取代原有的城市空间。在流动空间中，新的产业和新的服务型经济通过信息交流系统重新整合；新的专业管理阶层控制了城市、乡村和世界之间相互联系的专用空间；生产和消费、劳动和资本、管理和信息之间发生着新的联系，从而创造出新的全球化经济。”① 辜胜阻等（2002）认为在信息时代，城镇发展在经历了城镇化、郊外化和逆城市化三个阶段以后，转向以信息化为特征的第四阶段，把这一阶段称作基于信息化的城镇化阶段。他还具体研究了信息化对城市发展带来的革命性变革：扩散与集聚并存；城市功能信息化和智能化；信息流成为城市主导要素流；信息基础设施成为最重要的城市基础设施；人与自然和谐发展成为城市人居环境的主旋律。

（三）从动态演进研究产业结构与城镇化发展的时序关系

从动态演进研究产业结构与城镇化发展的时序关系的文献可以分为两个方面：一是研究产业结构演进过程及城镇化发展相应的变化；二是研究产业结构变化下的城镇化发展阶段。

第一类文献一般采用的方法是以工业化进程来代替产业结构演进过程，并将这一动态过程描述为：工业化初期，主导产业为劳动密集型产业，工业化对城市化产生直接和较大的带动作用；当工业化接近和进入中期阶段之后，制造业就业人数就呈现出比较稳定的状态，主导产业转变为资本密集型和技术密集型产业；当工业化演进到较高阶段之后，对城市化进程的主导作用逐步由工业转变为服务业，城市化与第三产业存在着很强的相关关系（“工业化与城市化协调发展研究”课题组，2002；安虎森、陈明，2005；许成安、曾媛，2006）。Moir（1976）进一步解释了制造业吸纳劳动力就业的能力下降的原因。技术进步在第二产业发展最快，因此第二产业的就业创造能力将随之发生巨大变化。当技术达到一定程度，第二产业劳动力的就业份额将出现一个最高的上限（ceiling），因而之后的城镇化率提高将与第三产业有

---

① 曼纽尔·卡斯泰尔：《信息化城市》，江苏人民出版社，2001，第4页。

密切联系。蒋满元（2007）认为，如果轻工业的大规模发展是工业化进程吸纳劳动力的第一次浪潮的话，那么伴随着重工业和第三产业的迅速发展则掀起了非农产业吸纳劳动力就业的第二次浪潮，进而将这一过程概括为经济结构的梯次升级带来了两次劳动力的转移浪潮，进而加速了城镇化进程。

第二类文献重点研究了产业结构演进过程中的城镇化发展阶段问题。就城镇化率水平来看，诺瑟姆（Northam，1975）首次把世界城市化发展过程的共同规律形象地概括为一条被拉平的S型曲线，并将其划分为城镇化水平较低发展速度较慢的初级阶段、中期高速发展阶段和高度城镇化以后的缓慢甚至停滞阶段。杜特和诺贝尔（Dutt and Noble，1996）将S型曲线与罗斯托的经济增长阶段相对应：在传统社会阶段，城镇化率提高缓慢；在起飞前提阶段、起飞（工业化早期）阶段、成熟（工业化）阶段，城镇化发展迅猛；在高额群众消费（后工业化）阶段，城镇化率又开始高水平地缓慢提高。就人口流向来看，根据产业结构的变化，城镇化发展相应经历了典型的城市化、郊区化（suburbanization）和逆城市化（counterurbanization）阶段（范登堡，1982）。贝里（Berry，1976）较早地发现大都市区人口分散趋势，并提出了逆城市化的概念。随后，发达国家新的证据表明人口流向又发生转变，开始重新向大都市区集中，出现了再城市化（reurbanization）现象（Frey，1988；Frey and Speare，1992）。托尼（Tony，2001）对城市化、郊区化、逆城市化和再城市化进行了比较系统的研究。

总之，在发展经济学结构转型理论视角下，工业化是经济发展的根本动力，工业化水平决定了城镇化水平，城镇化作为资源配置的结果只能被动地服从于工业化的发展。因而，这一时期发展经济学家忙于探索实现工业化的途径，强调资本积累、强调计划手段，推行进口替代等战略。而针对城镇化的发展，他们只是在这一逻辑思路下研究人口结构的变化与城镇化水平、劳动力在国家和国际层面上的迁移等问题，并通过构建城市偏向、经济依附等理论被动地解释出现的过度城市化问题，而对谋划城镇化的发展进而“主动”影响工业化的进程一直束手无策。事实上，关于工业化与城镇化之间的关系也有学者提出了不同的观点。尽管城镇化率的快速提高是在工业革命之后的事情，尽管工业化与城镇化经常齐头并进，但是这并不是说两者之间就存在必然的联系，两者不能被认为是同一过程，在工业革命之前就存在城市，也并不是所有的城市都是高度工业化的（Heberle，1948；Hoselitz，1955）。那么，也就是说产业结构的变动并不是城镇化进程的全部原因，城市的壮大与城镇化的发展还会由什么因素来推动。基于城市本身的研究给出了另一番答案。

第二节　产业结构演进与城镇化的双向互动模式

在双向互动模式下，城镇化的作用逐步被认识和强调。尤其是在城市集聚经济研究兴起后，城市所形成的动态集聚经济效应成为研究城市发展、城镇化与经济发展、产业结构转变关系的重要理论依据（图 2－2）。

一　城市发展研究的变化

在古典经济学时期，关于城市发展问题已经有所讨论。亚当·斯密在《国富论》中就论述了城市的重要作用。斯密以分工为基本的理论分析工具，认为城市产生源于分工的发展，而城市的发展促进了分工的深化。斯密指出“市场要是过小，那就不能鼓励人们终生专务一

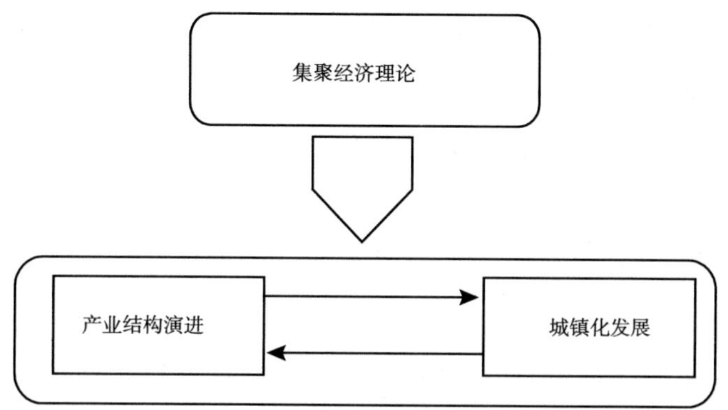

图 2-2　双向互动模式下的产业结构演进与城镇化发展关系

业。有些业务，那怕是最普通的业务，也只能在大都市经营。例如搬运工人，就只能在大都市生活。小村落固不待言；即普通墟市，亦嫌过小，不能给他以不断的工作。在人口众多的地方，那些小事情一定会雇请专业工人帮忙。"① 显然，斯密认为城市拥有足够的人口规模和人口密度，提供了较大的市场规模，进而能够增强交换能力，提高分工的程度。城市的发展还有利于农业的改进和农村的改良。斯密认为，"农业的推广与改进，又是国外贸易和直接由此而产生的制造业的最后和最大的结果。""工商业都市的增加与富裕，对所属农村的改良与开发，有所贡献。为农村的原生产物提供一个巨大而便宜的市场从而鼓励了农村的开发与进一步的改进。"② 萨伊也指出，把人口集中在最有利于分工和使用记忆的地方会有利于工商业的繁荣；同时，城镇的发展还可以为农业增长提供市场。"一个国家非到城镇在全国星罗棋布，

① 〔英〕亚当·斯密著《国民财富的性质和原因的研究》，郭大为、王亚南译，商务印书馆，1972，第 16 页。

② 〔英〕亚当·斯密著《国民财富的性质和原因的研究》，郭大为、王亚南译，商务印书馆，1972，第 370 页。

就不能生产出来能够生产的那么多农产品。没有城市提供便利设备，工业产品不能臻于完善。"[①]

但是，伴随着马歇尔新古典经济学理论体系的建立，关于城市发展的研究逐渐淡出了主流经济学的视野。尽管新古典经济学关注"生产什么"（What）、"怎么生产"（How）、"为谁生产"（Who）的问题，但是他们对"在哪儿生产"（Where）的问题却毫不关心，空间因素被主流经济学家们忽略了。[②] 由于城市和城市化问题历来被经济学看作是人口和产业的空间布局问题，所以在缺乏空间维度的传统经济学中城市和城市化的经济学分析始终处于边缘地位。如同企业视为一个"黑匣子"一样，城市在主流经济学中也是一个未被开启的"黑匣子"。尽管也有学者指出，"城市中心具有对外经济活动的功能，工业、贸易会很快在市中心形成汇集。都市社会文明及物质消费自然会把大量农村人口吸引到城市来。城市人口对工业品及城市服务的需求量有一个相对弹性，所以上述发展过程可以不断持续下来。"[③] 但这些论述背后基

---

① 萨伊：《政治经济学概论》，商务印书馆，1982，第432页；转引自谭崇台《西方经济发展思想史》，武汉大学出版社，1993，第88页。

② 关于主流经济学为何忽视空间因素，一些学者对此进行了解释。K. J. 巴顿在《城市经济学》的绪论中列举了城市问题长期被主流经济学忽视的四个原因：一是英国几世纪以来存在着强烈的"反城市主义"情绪，回避任何有关城市问题的讨论；二是早期的城镇规划工作者不承认社会科学在规划中的重要地位；三是传统经济学领域主要关注的是如何获得资源的最佳分配效率，而城市经济学讨论住房、污染、犯罪、种族和贫困问题，格外地接近政治经济学；四是马歇尔学派的微观经济分析强调完美市场和政府最低限度的干预，这一基本方法是建立在一些假设之上，而这些假设就城市背景而言是难以成立的（第6~7页）。克鲁格曼则在《地理和贸易》一书中指出，经济学倾向于沿着一条不抵制数学的方向发展，对于不能模型化的方面，经济学家就将它们抛之脑后了。从本质上来讲，对于经济活动在空间的区位，任何讨论都必须偏离规模报酬不变和完全竞争的方法。只要经济学家缺乏分析工具来严谨地思考收益递增和不完全竞争，对经济地理的研究就仍会徘徊在主流之外（第4~6页）。

③ 拉瓦蒂：《城市革命》，陈一筠：《城市化与城市社会学》，光明日报出版社，1986，第89页。

本上没有明确的理论支撑。因而，新古典经济学关于城市对经济发展、产业发展的作用也就缺乏更加深入的研究。

二　城市集聚经济提供新视角

“空间不可能定理”（Starrett theorem）认为，完全竞争模型不可能成为研究城市经济的基石（Starrett，1978），也无法解释企业、人口的集聚分布以及第二、三产业在城市布局的空间特征。因而，要将空间要素引入经济学分析，就必须引入报酬递增。至20世纪70、80年代，伴随着新古典经济学将报酬递增引入模型分析以及内生增长理论的兴起，城市集聚经济的研究得到了更加广泛的关注，并逐渐诞生新经济地理学等一些新的理论流派。这为城市发展与城镇化对产业发展作用的研究提供了理论基础。

（一）集聚经济理论渊源

集聚经济（Agglomeration Economies）是研究城市和城镇化的一个重要理论基础。缺乏集聚经济的区域增长会导致趋同的均质化状态，而伴随着集聚经济的增长必然出现异质化的非均衡状态，集聚经济塑造了空间结构（Maier，2000）。城市就是一种重要的空间结构，Haig早在1926年就借助纽约的城市统计数据描述了集聚经济对城市形成的影响。对于城市经济而言，城市本身是空间不均衡分布的表现。人口或经济活动之所以没有在空间范围内平均分布就是因为集聚经济在发挥作用。城市是集聚经济的重要载体，很难想象一个缺乏集聚经济的城市还能够发挥怎样的作用。对于城镇化发展而言，在产业结构的演进中，第二、三产业的发展必然吸引劳动力的转移。但这一过程为什么就必然推动了城镇化的发展，或者换句话说，为什么第二、三产业偏偏要选择在城市。这需要集聚经济来解释。

集聚经济是指由于企业或人口在空间地理范围内相对集中而带来的生产效率提高。这一概念最早可以追溯至马歇尔、韦伯等人。马歇尔将“因任何一种货物的生产规模之扩大而发生的经济分为两类：第一是有赖于这工业的一般发达的经济；第二是有赖于从事这工业的个别企业的资源、组织和经营效率的经济。前者为外部经济，后者为内部经济。”外部经济“往往能因许多性质相似的小型企业集中在特定的地方——即通常所说的工业地区分布——而获得。”[①] 韦伯（Weber，1909）使用集聚力的概念将集聚因素作为企业区位的影响因子，并将集聚因素分为特殊集聚因素（如优越的地理位置、特殊的资源禀赋等等）和一般集聚因素（因企业集聚而产生的外部经济，如基础设施共享等等），指出一般集聚因素的影响更大。

此后，关于集聚经济的研究主要沿着两条思路展开：一个思路是研究城市内部的企业、家庭的布局模式；另一个思路是强调城市和大都市地区增长的总体格局。前者主要形成了以克里斯塔勒、勒施以及艾萨德、阿朗索为代表的城市区位理论。后者主要是基于增长角度的研究。这里主要研究第二个思路下的城市集聚经济。

（二）集聚经济的层次与分类

集聚经济可以存在于不同的层次上，也可以从不同的维度进行理解。俄林（Ohlin，1933）将集聚经济划分为四种类型：（1）企业内部规模经济，当企业扩大生产规模并能够降低单位成本时就出现了内部规模经济；（2）地方化经济，对于产业部门是内部的，但对于产业部门内的企业是外部的；（3）城市化经济，对于整个地方产业以及企业都是外部的；（4）产业间联系，出现于购买中间投入品时的运输成本

① 马歇尔：《经济学原理》（上册），商务印书馆，1974，第279~280页。

节省。胡佛在俄林的基础上重点研究了地方化经济和城市化经济这两种外部规模经济。胡佛（Hoover，1937）认为，小企业相互临近布局能够享受到专业化的市场服务、共享劳动力资源等带来的正外部经济，进而形成地方化经济。而城市化经济能够带来惠及范围更加广泛的规模优势，这种优势不仅仅存在于某一个产业，而是全部产业部门。

通过强调运输成本以及内部规模经济来解释企业集中布局和大工业城市形成的历史原因是可行的。但是，如果运输成本和内部规模经济是唯一的理由，那么城市以及城镇化发展对经济增长的影响必然是有限的。事实上，城市对现代经济增长的重要性已经根本不是内部规模经济，而是外部效应、溢出效应以及外部规模经济（Quigley，2009）。张永生（Zhang，2000）也通过研究否定了企业规模与城市规模之间存在的正相关关系，而认为驱动城市化的是外部规模经济，不是内部规模经济。20世纪50年代后期，美国区域规划协会和哈佛大学的经济学家联合开展了一项为期3年针对纽约大都市区的研究。这促成了城市经济研究的一个高潮。这些研究的显著特点就是使用了“外部规模经济”（External Economies of Scale）的概念①（Quigley，1998）。基于胡佛对地方化经济和城市化经济两个概念的推广以及外部规模经济的重要作用，随后大量的研究对地方化经济和城市化经济两种集聚经济进行了讨论。雅各布斯（Jacobs，1969）着重研究了城市化经济，认为城市也是重要的经济机构，并指出城市的多样化能够促进思想的交流，有利于创新与知识外溢。一部分文献则进行了实证分析。Shefer（1973）通过研究发现，城市规模翻番将会带来生产率14%～27%的提

---

① 例如，霍尔（Hall，1959）在书中写道：“在与和他们一样的公司以及专门为他们提供服务的公司交往的过程中，通过共用的空间、劳动力、原材料和服务，这些公司有效地满足了他们各种需求。用更简洁的话来说，他们可以利用外部经济。”

高。中村（Nakamura，1985）和亨德森（Henderson，1986）分别通过日本、美国和巴西的数据证实了地方化经济与城市化经济的存在，但是证据结果更加支持地方化经济。亨德森的另一项研究还表明地方化经济相对于城市化经济的效应更强（Henderson，2003）。一些针对发展中国家的研究也同样表明两种集聚经济是确实存在的。

Rosenthal Strange（2004）通过总结以前的研究，认为集聚经济产生的外部经济至少存在于三个方面：产业范围、空间范围和时间范围。集聚经济关于地方化经济与城市化经济的划分就是属于产业范围的研究。区分动态集聚经济则是时间范围的研究。而在空间范围上，空间距离是集聚经济最重要的因素，集聚经济将会伴随着空间距离的扩大而衰减。

（三）城市集聚经济的效应

城市之所以能够在经济增长中发挥作用关键在于城市能够形成集聚经济。学者们对城市集聚经济的效应进行了具体研究。

马歇尔（Marshall，1890）认为集聚经济带来的利益主要来源于三个方面：（1）知识外溢。集聚有利于新思想、新技能的诞生和扩散，"行业的秘密不再成为秘密；而似乎是公开了……如果一个人有了一种新思想，就为别人所采纳，并与别人的意见结合起来，因此，它就成为新的思想之源泉。"[①]（2）辅助行业的发展。产业在某一地域的集聚能够形成专业化的供应商，提供专业化的投入品。这种前后向的联系形成了中间产品或者最终产品的可获得性，进而降低了企业的运输成本。(3）存在一个广阔的专业技能市场。在共享的劳动力市场上，专业化的劳动力以及企业专业化的生产能够高效率地匹配。马歇尔关于

① 马歇尔：《经济学原理》（上册），北京：商务印书馆，1974，第281页。

集聚经济形成的外部效应的研究给后来的学者以极大的启发。Viner（1931）、Scitovsky（1954）将外部性区分为货币外部性和技术外部性，并指出市场规模是产生外部经济的重要因素，进一步明确了空间集聚的效应。Quigley（2009）则认为城市集聚经济产生的外部性来自于分工专业化、交易成本的降低、知识和模仿以及空间地理上临近其他众多的经济主体。城市的专业化生产可以降低生产成本，例如中间品生产的标准化，最终产品的机械化、自动化，专业化服务的提供等。城市也有利于技术工人与工作需求之间、中间投入品与生产需求之间的匹配，降低交易成本。由于城市的高密度，城市更有助于技术的扩散、模仿和创新的进行。在大数定律下，城市内数量众多的经济主体不相关的决策能够在某种程度上降低企业的风险。K. J. 巴顿（1986）则比较全面地概括了集聚经济效益，并将其划分为十大类：（1）本地市场的潜在规模；（2）大规模的本地市场能够促成较高程度的专业化，减少实际生产费用；（3）满足了某些公共服务的人口门槛；（4）有助于促进一些辅助性工业的建立；（5）日趋积累起来的熟练劳动力汇聚和适应于当地工业发展需要的一种职业安置制度；（6）有才能的经营家和企业家的集聚；（7）金融和商业条件更为优越；（8）提供范围更广泛的娱乐、社交、教育及其他设施；（9）工商业者可以面对面打交道，增进思想交流；（10）给予企业很大的激励去进行革新。

由于技术外部性形成的规模报酬递增效应，城市集聚经济的重要性日益提高。内生增长理论认为，影响经济长期增长的技术进步是由逐渐积累的人力资本和知识外溢所内生决定的。城市集聚经济形成的知识外溢也就必然使集聚经济具有动态效应。知识外溢逐渐成为研究集聚经济最核心的内容。亨德森（Henderson，1995，2003）根据知识外溢方式的不同进一步明确了集聚经济的两种形态：马歇尔—阿罗—

罗默外部性经济就是动态化的地方化经济（MAR economies），在这种外部性经济中相同活动的临近导致知识外溢；而城市化经济的动态形式就是雅各布斯外部性经济（Jacobs economies），不同活动集聚在一起将成为知识外溢的来源。区别于马歇尔强调城市集聚经济形成的分工专业化，雅各布斯重点论述了多样化。雅各布斯（Jacobs，1969）认为城市人群、商品以及服务的多样化能够带来效用的增加。城市的多样化能够增加效用的关键就在于知识外溢，也即城市多样化促进知识外溢，这是雅各布斯外部性经济最核心的要素。雅各布斯强调，城市中人与人的交往促进了创新，推动了生产率的提高，城市是新思想扩散产生的重要媒介。大量的实证研究都表明，知识外溢是确实存在的，而且创新与集聚存在紧密联系（Glaeser et al.，1995）。

此外，Rosenthal 和 Strange（2004）在分析马歇尔集聚经济三个来源之外，还在文献研究的基础上概括归纳了本地市场效应、消费和寻租另外三个来源。冯云廷（2001）把集聚经济产生的原因归结为五大效应：规模效应、近邻效应、分工效应、结构效应及场效应。规模效应是由于不可分投入及分工专业化程度提高而提高综合要素生产率；近邻效应包括基础设施及服务共享、劳动力市场共享、信息共享三大方面；分工效应主要指分工和专业化程度提高带来的交易费用下降和交易效率提高；结构效应是指集聚要素的聚集方式及要素间的聚合程度对城市集聚的作用，分为结构关联效应、结构成长效应和结构开放效应三方面；场效应指城市与腹地之间由于能级不同而产生相互吸引、相互补充带来的高效益。

20 世纪 90 年代保罗·克鲁格曼（Krugman）、藤田（Fujita）等人创立了新经济地理学理论，为集聚经济产生的微观基础提供了很好的解释。之前关于集聚经济的研究往往是描述性的，新经济地理学正式将空间维度纳入主流经济学中，为早期文献提供了更加规范的微观解释。Duranton 和 Puga（2004）通过总结归纳，指出不同来源的微观机制可以归结为共享、匹配和学习。城市能够提供不可分投入品、风险以及多样化与专业化带来收益的高效率的分享机制；能够提供雇主与雇员、消费者与生产者、项目合作者、创业者与金融家之间高效率的匹配机制；能够有利于发挥学习机制，促进知识的产生、扩散与积累。克鲁格曼等人还提出了具体研究集聚经济的成本。Fujita，Krugman 和 Venables（1999）提出了一个新经济地理学的理论菜单，在解释空间经济结构时强调向心力与离心力之间的冲突。向心力来源于联系效应、厚市场、知识溢出和其他纯外部经济等集聚收益，离心力来源于不可流动要素、地租和通勤以及拥堵和其他的纯不经济等集聚成本。城市就是集聚经济或地区性总报酬递增与城市拥挤成本之间的两难冲突的结果（Duranton and Puga，2004）。

总之，集聚经济为城镇化发展提供了新的视角，尤其是城市所具有的报酬递增效应赋予了城市化研究新的内容，也使得城镇化发展能够摆脱受制于其他变量的单向思维范式，而从互动的双向范式研究城镇化对经济发展、产业结构演进的作用。

三　当前关于互动研究的进展

（一）国外学者对产业结构演进与城镇化互动的研究

伴随着对城镇化作用的新发现，城镇化又成为新的研究热点。当前，国外关注城镇化发展的研究除了原有的发展经济学外，还有新古典经济学、新经济地理学以及新兴古典经济学等流派。这些新的流派形成了一些包含城市化发展的理论模型。例如以知识和人力资本的外部性规模经济为基础的内生经济增长的城市化模型（Black and

Henderson，1999)、要素迁移驱动模型（Krugman，1991)、基于规模经济和交易成本两难冲突的 Fujita-Krugman 城市化模型（Fujita and Krugman，1995)、基于分工专业化的超边际城市化模型以及工业化分析（杨小凯，2003）等等。

但是在研究上他们往往关注的是城镇化与经济增长之间的互动关系，对城镇化与产业结构演进的互动关系并未有详尽的研究。杨小凯(2003）认为，Fujita-Krugman 城市化模型中包含了工业化的分析。但是，这种认识是基于将模型中得到均衡的工业品数目视为工业化程度的处理方法。杨小凯用分工专业化、迂回生产将工业化形式化时对工业化做以下描述：工业化由下面这些并发的现象来刻画：分工演进、每个人的专业化水平增加、商品化程度和贸易依存度增加、新产品和相关技术从分工的演进中出现、经济结构的分散程度、内生比较优势的程度、市场一体化以及生产集中的程度同时上升、企业制度和劳动力市场在分工演进中出现并发展。更重要的是随着分工的演进，不仅迂回生产链的链条种类数增加，而且结构的一些新连接也出现了。由此可见，从这些角度来的界定比较宽泛和松散。尽管如此，这些模型对我们研究城市化与产业结构的互动，尤其是城市化在互动中如何发挥作用方面，提供了有益的启发。

（二）国内学者对产业结构演进与城镇化互动的研究

当前，国内关于两者的互动研究已经形成了一批文献。国内学者基本上从“两分法”的角度既强调产业结构演进是城镇化的根本动力，同时也承认城镇化对产业结构演进的推动作用，并尝试构建了一些理论模型。

国内学者关注城镇化作用最初并非源于对城市集聚经济的研究，他们是从城镇化与工业化协调发展的角度进行论述。由于新中国成立后我国一度实行重工业优先发展战略，进而内生出户籍制度等阻碍劳动力流动的制度安排（蔡昉，2000），形成了城镇化滞后于工业化发展的状况。那么，为什么要大力推动城镇化的发展，实现城镇化与工业化相协调？简新华（2007）比较全面地总结了长期滞后的城镇化的弊端：延缓工业化进程；无益于农业现代化；抑制了第三产业的发展和就业的扩大；妨碍经济结构的优化；阻碍城市功能的发挥和城市文明的普及；不能更好地发挥市场有效配置资源的作用；不利于扩大需求；难以实现可持续发展。很多学者也充分论证了城镇化的积极作用。从我国城乡二元结构出发，有的学者所指出的，“三农”问题的解决不能依靠农村内部，而必须要从城市的角度来想办法、找对策（陆学艺，2000）。干春晖、余典范（2003）也指出解决和突破“三农”问题的根本出路应该是在发展农村经济的基础上，走城市化的道路，通过城市化的发展逐步将农村剩余劳动力转移到城镇。曾芬钰（2002）进一步指出城市化可以减少农村人口，增加对农产品的需求，使以种植业为主的传统农业向多元化、高级化的现代农业转变，促进农业内部的结构转变。城镇化发展有利于突破生产要素的约束，推动农村经济发展，促进城乡统筹，实现城乡良性协调发展（曹萍，2004；朱铁臻，2008）。也正是从这个角度来讲，胡鞍钢（2005）指出，加快城市化和农民工市民化将成为继土地改革、大包干之后中国农民的“第三次解放”。

在城镇化对第二、三产业的作用方面，城市化推动第二产业的结构升级，对第三产业具有支持和推动作用。辜胜阻等（2000）也指出城镇化并不是工业化的消极反应，城镇化的经济效益可以归纳为：（1）城市基础设施可以产生生产上的规模效应；（2）城市可以找到高素质的生产者；（3）城市中存在的竞争有利于技术的进步和基本建设成本的节省；(4) 城市有较大的市场；(5) 城市使工业生产用原料市场和销售市场紧密相连。除此之外，他还认为，城镇化还带来人们的思想观念、生活方式及社会结构的巨大变革。简新华（2007）认为，城市化是第三产业发展的强大动力，是知识经济发展的客观要求。干春晖等（2003）进一步指出，城市化发展使城市的竞争力加强，有利于引进外资和先进的技术，推动其向高级化方向发展；同时，劳动生产率的提高有利于内部结构的优化，加快产业结构的转型。程开明（2007）指出，城市化促进服务业规模不断壮大，效率不断提高，使服务业作为一个独立的产业走上自我发展、自我提升的高级阶段。此外，成德宁（2004）还比较全面地研究了城市化、劳动分工与经济增长以及城市化、创新与经济增长之间的循环演进关系。

通过文献的梳理，这里简单介绍几个具有代表性的互动模型。

（1）周维富（2002）在其博士毕业论文《中国工业化与城市化协调发展论》中构建了工业化与城市化的互动关系模型。这一模型借鉴了克鲁格曼要素迁移驱动模型（Krugman，1991）。他认为，企业厂商在城市的集聚有利于提供更多种类的消费品，并通过真实收入效应提高了工人收入水平，这将进一步吸引更多的劳动力进入城市。而劳动力的迁入就必然扩大内地市场的需求，进而吸引更多厂商进驻城市。这样工业化和城市化都得到了发展，并形成不断增强的因果循环的累积效应。

（2）李铁立、李诚固（2003）从产业结构演变城市化响应的角度构建了两者之间的互动机制模型。他们认为，区域产业结构的有序演变必然带来城市化动力机制、城市化模式及城市化地域形态等城市化体系的变化，从而推动区域城市化的历史进程；同时随着城市化的发展，必将影响区域的供给、需求和资源要素的空间配置，并以此作用于区域产业结构的有序演变。他们进而从资源要素的产业部门间转移、空间转移研究了产业结构对城镇化发展的影响；从要素支撑、需求拉动、空间载体方面研究了城镇化的反馈机制。在这一框架下，刘艳军、李诚固等（2008）又具体研究了产业结构演变的城市化响应变化趋势：产业结构整合化与区域空间地域重组、产业结构知识化与城市功能空间优化、产业结构服务化与城市核心区功能升级、产业结构生态化与区域生态空间构建、产业结构国际化与区域外向型地域建设等问题。这一研究框架比较清晰地反映了产业结构演进与城市化发展的互动机制，是这一方面比较深入的研究。

（3）景普秋、张复明（2004）构建了工业化与城镇化互动发展机制与模型。他们认为，专业化经济与交易费用的两难选择交织在一起，就把工业化与城镇化紧紧联系在一起，成为密不可分的经济发展过程的两种表现形式。而分工专业化的深入与寻求交易费用的节省成为工业化与城镇化的互动发展的机制。这一机制模型从微观的视角对互动进行了解释，是十分难得的。

通过以上对相关文献的回顾和梳理可以发现，当前对产业结构演进与城镇化的互动关系判断基本是一致的，在两者之间如何实现互动，或者说互动机制是怎样的等方面也有了一些研究，而且也得到了其他学者的认可。但是目前的研究也存在以下几个问题：

（1）相关研究整体上比较全面，但是存在相对分散、不够系统的问题。采取“两分法”的方式来总结产业结构演进与城镇化的关系是可行的，但是在具体研究两者之间的互动关系时就会存在分析难以构建一个统一的理论框架的问题，这就使得两者的互动研究只能局限于抽象概括归纳，而不能基于统一的理论分析。而伴随着国外从集聚经济研究城市化的兴起，这种研究的困境有望得到改观。

（2）当前的互动分析中往往注重城镇化静态作用（如要素支撑、市场规模、空间载体等等）的分析，这就使得城镇化对产业结构演进作用的分析并不全面，因为对产业结构真正发挥作用的因素是技术进步、需求结构等。因而对城镇化的知识外溢、技术创新等动态作用的分析还有待加强。

（3）研究两者的互动，就必然涉及城市功能的问题。相对国外，国内对这一领域的研究起步较晚，把城市功能转型纳入到两者互动的研究也较少。

（4）在具体分析我国产业结构演进与城镇化问题上，当前构建的互动模型还难以很好地解释改革开放 30 多年来两者的互动历程，因而对指导未来我国产业结构演进和城镇化发展也就存在一定的困难。

第三章　产业结构演进与城镇化的互动发展：机制与途径

产业结构演进与城镇化的互动发展并不是简单地相互影响、相互作用，而是有内在的逻辑将两者紧密地联系在一起。如果将两者的互动看成一种映像，那么揭开产业结构演进与城镇化的面纱，两者的互动实际上是技术创新、要素流动与集聚之间相互作用的结果。本章就来分析产业结构演进与城镇化互动发展的机制与途径。

第一节　产业结构演进与城镇化互动发展的内涵与机制

一　互动发展的内涵

从字面含义来理解，“互动”是指“相互作用、相互影响”。“互动发展”也就指各主体在互相作用、互相影响的关系中实现向更高水平的演进变化。那么，产业结构演进与城镇化的互动发展是指，在经济发展的过程中，产业结构的演进推动城镇化的发展，城镇化水平的提高有力支撑产业结构的演进，两者协调配合，相互作用，进而实现产业结构的循序演进和城镇化的持续发展。

具体来看，产业结构演进与城镇化的互动发展包括以下四个方面的内涵：

第一，互动发展过程中的相互作用、相互影响具有明确含义。产业结构演进与城镇化的互动发展总体上表现为相互作用、相互影响。但是这种相互作用和相互影响并非是随意的，其基本内容是非常明确的。产业结构演进对城镇化的作用和影响体现在，产业结构的演进推动了经济要素的流动，并重新塑造城市的功能，进而直接推动城镇化的发展。而城镇化对产业结构演进的作用和影响则体现在，城镇化的发展通过要素、需求等途径有力支撑了产业结构的演进。因而，在这一对互动关系中，相互作用的方式是不同的。

第二，互动发展的根本目的是实现产业结构的循序演进和城镇化的持续发展。产业结构演进与城镇化的相互作用和影响只是互动发展的途径。从根本目的上来讲，互动发展最终是要实现产业结构的循序演进和城镇化的持续发展，否则互动的结果就没有实际的意义。但是仅就相互作用和影响的性质而言，产业结构演进与城镇化之间可能出现相互促进或者相互制约的客观结果。当产业结构演进与城镇化出现相互制约的情况时，两者之间的关系状态就需要进行及时矫正调整。

第三，互动发展的重要前提是产业结构与城镇化两者之间适度协调。由于互动发展最终是通过两者的相互作用而实现持续演进和发展，这也就要求两者关系的性质应当是积极的而非消极的。而要使产业结构演进与城镇化之间相互促进，其中一个重要前提条件就是保持两者之间的适度协调。很难想象在城镇化滞后或者超前的情况下，产业结构演进所发挥的作用或者城镇化产生的效应。因而，只有产业结构演进与城镇化协调配合，才可能出现互动实现的发展。或者说，互动发展内在地要求产业结构演进与城镇化适度协调。当产业结构演进与城镇化在互动的过程中实现了持续发展，那么互动发展的过程也就必然地表现为两者之间的适度协调。

第四，互动发展具有一定的阶段性特征。产业结构演进与城镇化发展都具有显著的阶段性。产业结构演进至不同的阶段对城镇化的影响是不同的。反过来，城镇化对产业结构演进的效应在不同的产业结构阶段也呈现出不同的侧重点。在轻工业阶段，劳动密集型产业的发展带动了城镇化率的迅速提高，并使城市成为生产中心，而城镇化的发展则供给了大量的非熟练劳动力，并提供了工业品的消费市场；在重化工业化阶段，相关产业的发展使得城市规模不断扩大，并促进了大都市区的成长，而城市的快速发展则带来了需求的扩张，不仅仅是消费品需求，更重要的是基础设施以及公共物品的需求，对重化工业的发展产生了较强的带动作用；在服务经济阶段，“去工业化”以及城市经济活动空间的重新布局使得郊区化和逆城市化十分显著，服务业的发展推动了城市化率的进一步提升，城市化进入扩散与集聚同时并存的阶段，城市的服务、管理及知识创新中心的功能非常显著，城市化的发展集聚了大规模有高消费能力的人口，并且城市发展水平的提高使城市成为创新的温床，通过市场需求和要素支撑为产业技术创新提供了有利的环境。

二　互动发展的必然性与必要性

产业结构与城镇化的互动发展既具有必然性，也有必要性。从必然性来讲，互动发展既是基于两者内在联系的必然结果，也是从发达工业化国家经济发展历程中归纳总结的客观现象。从必要性来讲，不论是产业结构的循序演进，还是城镇化的持续健康发展，都需要从互动发展中得以实现。

1. 产业结构演进与城镇化之间存在内在的联系，两者在发展的过程中必然产生互动

在不受外界干扰的情况下，虽然产业结构演进与城镇化发展是两个相对独立的过程，但这两个过程往往天然地交织在一起。在产业结构演进的过程中，产业结构演进的一个突出表现就是产业数量比例的变化，由此带来了要素的重新配置。在要素重新配置的过程中，要素不断向城市流动也就形成了城镇化的发展。从城镇化发展来看，城镇化发展的过程本身就是一个需求不断扩大的过程，同时伴随着城市的不断完善发展，城市化孕育了产业结构实现演进所需的多个条件。因而，城镇化是产业结构演进的直接结果，也是产业结构进一步演进前提条件。产业结构演进是城镇化的原因，也是在城镇化发展过程中才能实现的结果。

2. 经济史表明产业结构演进与城镇化之间存在着一般性的关系模式

发展经济学家从经济史中的大量数据中抽象出，一国经济结构发生转变时，不同的经济发展水平分别对应着不同的产业结构和城镇化率水平，两者之间存在着一般性的关系模式。从表 3 - 1 钱纳里和赛尔奎因总结的规律来看，两者之间存在这种一般性的对应关系，或者说适度同步的协调性。这正是产业结构演进与城镇化之间存在的内在联系的外在表现。

3. 产业结构的循序演进客观上需要城镇化的支撑

在封闭的环境中，产业结构的演进背后的推动力量主要来自于技术创新和需求的变化。通过技术进步改变部门间的生产率或变化的需

表 3 - 1　产业结构演进与城镇化的一般关系

级次	人均 GNP（1997 年美元）	GNP 结构变化（%）		就业结构变化（%）		城镇化率（%）
		制造业	非农产业	制造业	非农产业	
1	350	12.5	47.8	7.8	28.8	12.8
2	500	14.9	54.8	9.1	34.2	22.0
3	1000	21.5	67.3	16.4	44.3	36.2
4	1500	25.1	73.4	20.6	51.1	43.9
5	2000	27.6	77.2	23.5	56.2	49.0
6	2500	29.4	79.8	25.8	60.5	52.7
7	4000	33.1	84.4	30.3	70.0	60.1
8	5000	34.7	86.2	32.5	74.8	63.4
9	7500	37.9	87.3	36.8	84.1	65.8

资料来源：钱纳里等《发展的格局》，中国财政经济出版社，1989，第 22 ~ 23 页。转引自"工业化与城市化关系协调发展研究"课题组，《工业化与城市化关系的经济学分析》，《中国社会科学》2002 年第 2 期，第 45 页。

求改变部门产品的供求关系，产业部门的构成呈现出规律性变化，由此带来产业结构的演进。那么，技术进步、需求变化由何而来？从更加基本的问题来看，产业结构的循序演进实际上是不同产业部门由量变到质变动态发展的结果。没有产业的发展也就谈不上产业结构的演进问题。那么，诸如市场需求、要素供给等支撑产业发展的基本条件如何满足？显然，产业结构的演进需要在一定的条件和环境下进行。而城镇化的发展则有效地提供了这些条件和环境。没有城镇化发展的产业结构演进是难以实现的。

4. 城镇化的持续发展需要产业结构的循序演进提供根本性动力

不论是城镇化率水平的提高还是城市本身的提升，其背后的根本动力都是产业结构的演进。离开产业结构演进的推动，城镇化发展只能是无本之木、无源之水。对表 3 - 1 中就业结构数据做简单处理，每两个相邻次级就业结构的变化与城镇化率水平比较，可以发现，在2500美元之前，制造业就业比重在非农就业比重上升中占比较大，对城镇化率提升的贡献较大；而在2500美元之后，制造业就业比重在非农就业比重上升中占比较小，服务业对城镇化率进一步提升的贡献较大。从城市自身发展来看，城市功能的提升也离不开城市特定的产业。伴随着城市主导产业的变化，城市的功能才能实现转型。

5. 良性互动是优化经济结构、实现经济健康发展的基础

良性互动是产业结构持续演进、城镇化健康发展的重要保证，也是优化经济结构、经济健康发展的基础。世界发达国家的发展历史和当前发展中国家的追赶实践都表明：产业结构演进与城镇化发展的相得益彰是经济发展的助推器，而两者之间的不协调或者难互动则会成为经济发展的重大障碍。从横向的国别比较来看，对于英国、美国等早期发达国家以及德国、日本等稍晚的工业化国家，城镇化在产业结构不断演进的过程中相应同步发展，同时产业结构也在城镇化的有力支撑下不断演进，在这种良性的互动中，经济结构不断优化，经济实现持续增长。而对于巴西等拉美国家，这些国家的产业结构过早地第三产业化（Tertiarization）。2008年巴西、阿根廷、智利的城镇化率水平已经分别高达85.6%、92%、88.4%。[①] 尽管传统的服务业推动了人口向城市的流动，但在产业结构“虚高”的情况下，一方面大量“无土地、无保障、无固定岗位、无一技之长”的农民成为新市民，城镇化率虽然迅速提高，但是城市承载力有限，个别大城市的城市首位度过高，城镇化发展质量并不高。另一方面，这种过度城市化也并不能有效推动产业结构的演进。拉美国家的城市化是“无工业化的城市

---

① 数据来源：世界银行数据库（http：//databank. worldbank. org）。

化”，以牺牲农业发展为代价、造成严重城市病，不仅没有带来高度工业化和经济繁荣，相反还使农业衰败、乡村凋敝。[①] 从我国改革开放前后30年发展历程的纵向比较来看，改革开放前，在重工业优先发展的战略下，城镇化滞后发展，产业结构演进与城镇化发展之间存在着断裂，经济发展障碍重重；改革开放后，基于比较优势形成的发展战略下，城镇化发展为工业发展供给了大量的劳动力，并带动了城镇居民消费结构的提高，产业结构演进与城镇化发展的互动机制开始运转，带动了经济的快速发展。

三　互动发展的内在机制

当我们把互动发展理解为相互作用、相互影响时，产业结构演进与城镇化的互动发展就表现为产业结构的演进推动城镇化发展、城镇化水平的提高支撑产业结构演进。那么，这两个相互的作用之间是否有内在的联系可以统一起来，或者互动的内在机制是什么，也即产业结构演进与城镇化的互动发展实质上是什么因素连接在一起所形成的外在结果。在这里，本书构建了基于“技术创新—要素流动—集聚”的互动机制，认为在技术创新、要素流动与集聚相互作用的过程中实现了产业结构演进与城镇化的互动发展。我们分两个步骤来阐述这一机制：（1）阐释技术创新、要素流动与集聚三者之间的关系；（2）阐释技术创新、要素流动与集聚的相互作用如何体现为产业结构演进与城镇化的互动发展。

1. 技术创新、要素流动与集聚三者之间的关系

不论出于何种原因，当一项新的技术创新出现时，高于行业平均

---

① 辜胜阻、刘传江：《人口流动与农村城镇化战略管理》，华中理工大学出版社，2000，第111～112页。

水平的利润将吸引更多的投入，引发要素的重新配置，进而促使要素的流动。要素在地域上的分布并非是均衡的，流动的结果往往也是非均衡的，即在一定的空间内集聚。这主要是基于集聚的经济效益，比如劳动力供给、分工专业化、知识外溢、投入共享、本地市场等等。一旦集聚形成并产生集聚经济效应，集聚反过来会进一步吸引要素的流动，并对技术创新产生积极作用。总之，技术创新导致了要素流动，要素流动的结果是地域上非均衡的集聚；而集聚形成后通过集聚经济效应影响要素流动和技术创新，进而形成三者之间的相互作用关系。

2. 基于“技术创新—要素流动—集聚”的产业结构演进与城镇化互动

结合前文对产业结构演进与城镇化的定义，我们知道，技术创新的出现将改变原有的产业技术经济联系，推动产业结构的高度化。要素的流动表现为两个方面：产业部门间的转移和在地域空间上的转移。经济要素在产业部门间的转移外在地表现为产业数量比例关系变化。而产业结构高度的变化和产业数量比例关系的变化就表现为产业结构演进。

要素的非均衡流动，即在一定的空间内集聚，由此推动集聚点人口和集聚点数量的增加，带来城市化率水平的提高。同时，要素的集聚必然对集聚点载体本身的承载力、功能等方面提出要求。也即集聚需要一定的空间载体支撑，这客观上要求城市功能伴随着集聚规模的扩大、集聚的经济活动的性质转变而不断调整提升，进而推动城市自身的建设发展。这两者就一起表现为城镇化的发展。伴随着城镇化水平的提高，城市集聚经济也将逐步增强。

图 3－1 相对直观地反映了产业结构演进与城镇化的互动机制。通过图中底部技术创新、要素流动与集聚的相互作用，产业结构演进与城镇化发展就实现了互动。

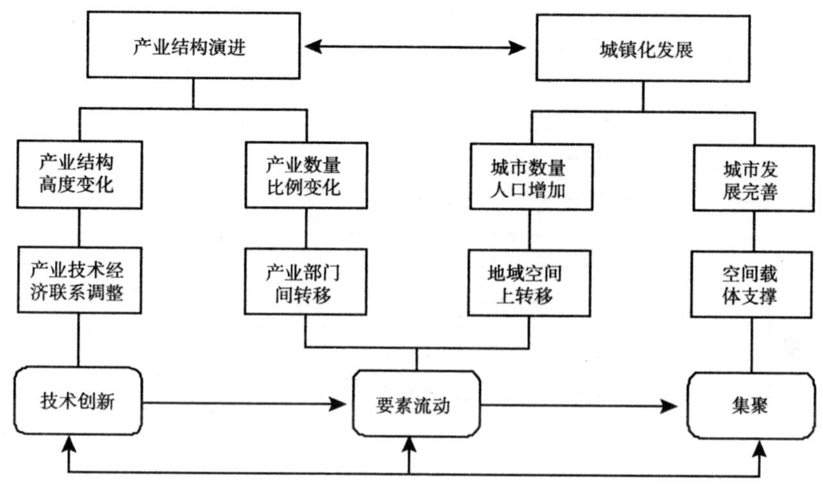

图 3－1　产业结构演进与城镇化的互动机制

第二节　产业结构演进与城镇化的互动途径

通过研究互动发展的内涵与机制，我们可以概括地讲，产业结构演进与城镇化的互动发展可以描述为产业结构的演进推动城镇化发展、城镇化水平的提高支撑产业结构演进。那么具体地，互动是怎样实现的？我们认为，产业结构演进与城镇化互动有三条途径：（1）产业结构演进—要素流动—推动城镇化发展；（2）产业结构演进—城市功能转型—推动城镇化发展；（3）城镇化发展—城市集聚经济提升—支撑产业结构演进。那么，产业结构演进与城镇化的互动发展就可以进一步具体地表述为产业结构演进推动了要素流动和城市功能转型，进而带动了外延型城镇化、内涵型城镇化的发展；而两种类型城镇化的发展则能够增强城市集聚经济，进而通过要素供给支撑、市场需求拉动以及技术创新推动反作用于产业结构的演进（见图 3－2）。

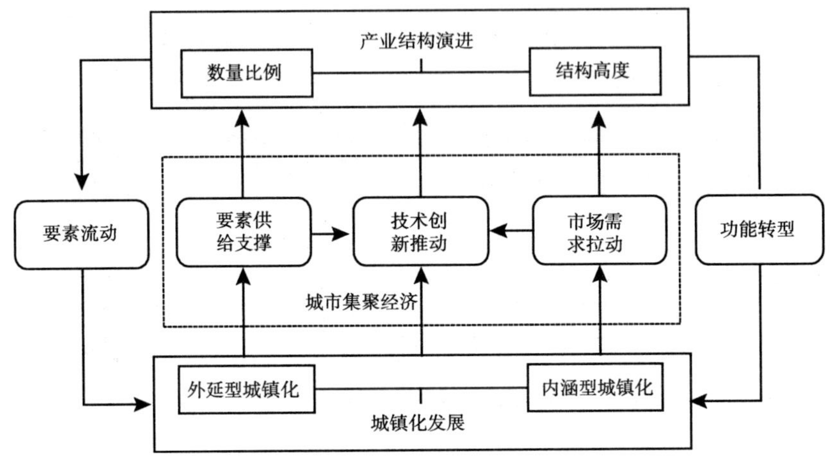

图 3-2 产业结构演进与城镇化发展的互动途径

一 产业结构演进、要素流动与城镇化发展

不同时期对经济要素的理解并不相同。从古典经济学认为的劳动力、资本、自然资源（如土地）到新古典经济学将技术也作为经济要素之一，再到后来舒尔茨将人力资本作为经济要素、迈克尔·波特区分出初级生产要素和高级生产要素，经济要素的内容不断丰富。从要素流动的角度来看，劳动力、资本无疑是最基本的可流动要素。

要素流动是社会、经济、政治等多重因素作用的结果。但是相对而言，经济因素往往是导致要素流动的主要动因。莱温斯坦（Ravenstein）曾指出，有利的经济因素是吸引移民的最重要的因素。① 因而，基于经济空间的非均衡性，区域间经济机会的差别是引起区域间要素流动的主要原因（对于经济发展、人均收入水平相对较低的阶段更是

① 陆益龙：《城市移民与社会整合》，载郑杭生、李路路主编《中国人民大学中国社会发展研究报告 2005》，中国人民大学出版社，2005，第 169 页。

如此），人口流动可以被看成是区域间的实际工资、就业变化的函数。那么，在市场机制的自发引导下，经济要素自发流动就呈现出一定的规律性，即经济要素总是流向具有预期高回报率的地方。而产业结构演进提供了要素流动的重要动力，“城市”成为相对农村而言具有预期高回报率的地方。

（一）产业结构演进推动要素流动

要素流动是产业结构演进的必然结果。具体来讲，产业结构演进对要素流动的影响可以从两个角度来理解：一是流动的维度，二是要素的层次。

1. 从流动的维度理解产业结构演进对要素流动的影响

产业结构演进推动要素实现了两个维度的转变：职业的转变和地域的转移。从流动的角度，产业结构演进对要素流动的影响也就主要发生在这两个维度上：产业结构演进推动经济要素在不同的产业部门间的流动、在空间地域上的转移。

一是产业结构演进推动经济要素在不同的产业部门间流动。产业结构演进之所以能够推动经济要素在不同的产业部门间的流动是因为，生产要素作为一种投入要与生产需求相匹配。当生产发生改变时，对要素的需求相应也会发生变化。因而，伴随着产业结构的演进，经济要素随之被重新配置，从而带来了要素的流动。同时，产业结构演进过程中必然伴随着技术水平的提高，进而形成高生产率的部门，并逐步发展壮大。这些部门可以提供相对其他部门较高的工资水平，因而能够吸引经济要素向这些部门流动。经济要素在不同的产业部门间流动的表现之一就是就业结构随着产业结构的演进而发生转变。

二是产业结构演进推动经济要素在空间地域上转移。由于产业属性不同，各个产业在布局上就出现了差异。相对于农业生产，第二、三产业具有集中布局的特点。如前所述，第二、三产业可以提供相对具有吸引力的收入。这除了与技术进步有关，还由于这些部门的企业往往相对集中布局，从中获取额外的收益，而且这种收益是非常显著的。试想，企业集聚在一起往往引发激烈的竞争、带动土地等要素的租金价格上涨，但是事实上企业并没有因此而分散布局，这说明集聚能够给企业带来超过这些成本增加的更多的收益。因而，企业会在特定的区位选址。这也就带来了要素向特定区位的转移。伴随着这些企业以及人口等要素的集聚，一个新的城市就有可能形成。对已有的城市，它们本身就是一个集聚经济体，吸引了高生产率的部门企业的迁入，进而吸引了要素的流入。

因而，要素流动的两个维度在城市这一载体上被统一起来，产业结构的演进也就在推动要素部门间流动的同时推动了它们地域上的转移，进而推动了城镇化的发展。这里需要强调的是，产业结构演进需要推动要素流动在两个维度上同时发生才能推动城镇化的健康发展。一方面，城镇化的发展毕竟是以人口的地域转移为前提。如果只是实现了人口职业的转变，而没有实现地域的转移，那么城镇化仍无从谈起。另一方面，城镇化发展需要有坚实的产业基础作为支撑。如果在没有实现职业转变的情况下就发生了人口地域的转移，势必就会形成“过度城镇化”等问题。

2. 从要素的层次理解产业结构演进对要素流动的影响

从对经济发展的重要性来看，经济要素具有不同的层次。波特将生产要素划分为初级生产要素（Basic Factor）和高级生产要素（Advanced Factor），初级生产要素包括天然资源、气候、地理位置、非技术工人与半技术工人、资金等，高级生产要素则包括现代通讯的基础设施，受过高等教育的人力，以及各大学研究机构等。① 之所以从要素的层次理解产业结构演进对要素流动的影响，是因为伴随着产业结构的演进，不同的经济要素之间会存在竞争和替代的关系。在产业结构演进的不同阶段，不同的经济要素会成为流动的“主角”。

西方发达国家的一般经验表明，轻工业的发展往往成为工业化的起源。轻工业基本属于劳动密集型产业，而且技术水平相对较低，具有较强的劳动力吸纳能力。伴随着产业结构演进至以重工业为主导产业的阶段，工业部门的资本有机构成不断提高。煤炭、石化、钢铁、汽车等大量重化工业部门开始在城市大量涌现，资本对劳动的替代效应逐渐显现。伴随着产业结构演进至以第三产业尤其是现代服务业和信息产业为主导产业时，高级要素向城市的流动与集聚对经济发展、城镇化的推进具有重要作用，而简单的劳动力、资本等初级要素的重要性相对减弱。一方面，当现代服务业为主导产业时，城镇化率一般已经上升至一个较高的水平，城市人口在人口中已占据绝对比重。因而，大规模的人口流转已经基本结束，由乡到城的人口迁移率降低，城市产业发展所需要的要素基本在城市内部就可以解决。另一方面，经济逐渐向知识经济、信息经济迈进，人才、信息等要素的流动尤为重要。现代服务业、信息产业是智力密集型、技术密集型产业，分工专业化程度较高，对人力资本的要求也相对较高。比如，金融业的信息收集、分析、处理和生产都高度依赖于人，金融业中越是盈利能力强的部分，越高度依赖于人的智力，商业银行批发业务、投资银行业务以及各种咨询类业务都高度依赖于劳动力的专业知识、经验和判断。再比如，作为知识经济时代最具活力和成长潜力行业的创意产业，人

① 迈克尔·波特：《国家竞争优势》，李明轩、邱如美译，华夏出版社，2002，第72～73页。

才是其核心要素。创意人才是推动文化创意产业发展的根本动力和核心要素，是创意资本的创造者，成为催化经济增长的“创意之本”。[①]创意产业不仅要求这些人才具有特殊的技能、很高的专业素质，而且需要他们富有创造激情和创新精神。因而，伴随着产业结构向更高层次的演进，经济要素的层次也逐渐高级化。从城镇化的角度来讲，这一轮城市化的进城主体，主要不是过去意义上的农村人口进城，而是先进的生产要素特别是高科技与高科技人才进城。[②] 这将对城镇化的发展产生重要影响。

（二）基于产业结构演进的要素流动与城镇化发展

从以农业为主到以轻工业为主导产业的演进过程中，纺织、食品等轻工业的发展使得城市对劳动力的需求急速增加，吸引了大量人口向城市的转移，成为吸纳农村剩余劳动力的重要渠道，进而推动了城镇化的快速发展。如表 3 – 2 所示，在产业革命之前，英国、法国、德国等国家的城市数量和城市人口增长缓慢。而 1650 年之后，伴随着工业革命的进行，工业化开始启动，人口大规模向城市流动，城市和城市人口出现了爆炸式地增长，城镇化率开始迅速提高。

表 3 – 2　1500 ~ 1800 年欧洲 1 万居民以上的城市和人口（城市数/人口：千人）

国家或地区	1500 年	1550 年	1600 年	1650 年	1700 年	1750 年	1800 年
斯堪的纳维亚	1/13	1/13	2/26	2/63	2/115	3/167	6/228
英格兰、威尔士	5/80	4/112	6/225	8/496	11/718	21/1021	44/1870
苏格兰	1/13	1/13	1/30	1/35	2/53	5/119	8/276
爱尔兰	0/0	0/0	0/0	1/17	3/96	3/161	8/369

① 李具恒：《创意人力资本“信念硬核”认知》，《中国软科学》2007 年第 10 期，第68 ~ 75 页。

② 洪银兴：《城市功能意义的城市化及其产业支持》，《经济学家》2003 年第 2 期，第29 ~ 36 页。

续表

国家或地区	1500 年	1550 年	1600 年	1650 年	1700 年	1750 年	1800 年
荷兰	11/150	12/191	19/354	19/603	20/639	18/580	19/604
比利时	12/295	12/375	12/301	14/415	15/486	15/432	20/548
德国	23/385	27/534	30/662	23/528	30/714	35/956	53/1353
法国	32/688	34/814	43/1114	44/1438	55/1747	55/1970	78/2382
瑞士	1/10	1/12	2/25	2/22	3/39	4/60	4/63
北意大利	21/638	22/711	30/897	19/614	22/778	29/924	33/1032
中意大利	9/287	9/286	9/362	11/384	10/399	11/448	11/489
南意大利	14/377	15/501	20/714	20/579	19/584	25/787	30/1074
西班牙	20/414	27/639	37/923	24/672	22/673	24/767	24/1165
葡萄牙	1/30	4/138	5/155	5/199	5/230	5/209	5/252
奥地利、波西米亚	3/60	3/67	3/90	3/100	4/180	6/294	8/410
波兰	0/0	1/10	1/15	1/20	1/15	2/36	3/103
合　计	154/3440	173/4416	220/5893	197/6185	224/7466	261/8931	354/12218

资料来源：让·德·伏里：《欧洲的城市化，1500～1800》，第 29～30 页，转引自王挺之《城市化与现代化的理论思考》，《四川大学学报》（哲学社会科学版）2006 年第 6 期，第 115～123 页。

伴随着重工业的发展、制造业的不断升级，就业弹性系数也将随之下降，第二产业总体上对劳动力的吸纳能力开始下降。据测算，每一单位固定资本所吸纳的劳动力数量，劳动密集型的轻纺部门是资本密集型的重工业部门的 2.5 倍。[①] 那么，这是不是意味着城市人口将不再大规模增加，城市化率将举步不前？答案显然是否定的。伴随着经济进入重工业化阶段，第三产业也随之发展起来。这主要是基于两个方面的原因：一是居民的收入显著提高，消费需求不断升级，生活水平也不断提高，生活服务业的需求增加并不断多样化，商业、旅游、交通、通讯等服务业发展迅速；二是社会分工更加细化，企业间、企业内部的分工专业化不断发展，企业对生产性服务业的需求增加，金

① 江苏省劳动和社会保障厅：《提高就业弹性系数加快就业增长幅度》，《中国劳动保障报》2007 年 10 月 18 日。

融、保险、咨询等服务业获得了广泛的发展空间。而生活型第三产业也大多属于劳动密集型产业，就业弹性较大，再次吸引了劳动力向城市的转移。例如，美国从1913年到1980年第二产业的就业比重稳定在30%左右，而第二产业的产值比重也在波动中有所上升。但是这一阶段，服务业的就业比重从1913年的43%上升到了1980年的64%，推动了城镇化率的上升（见表3－3）。因而，如果轻工业的大规模发展是工业化进程吸纳劳动力的第一次浪潮的话，那么伴随着重工业的第三产业的迅速发展则是掀起了非农产业吸纳劳动力就业的第二次浪潮。①

表3－3 美国产业结构与就业结构变化情况

年份	产业结构(%)			年份	就业结构(%)		
	农业	工业	服务业		农业	工业	服务业
1839	44.6	24.2	31.3	1820	70	15	15
1869～1879	17	52.6	30.4	1870	50	24	26
1919～1929	11.2	42.3	47.5	1913	27	30	43
1953	5.9	48.4	45.7	1950	13	34	53
1980	3	34	63	1980	3	34	63
2006	1	22	77	2006	1	22	77

资料来源：1. 1839年、1869～1879年、1919～1929年、1953年产业结构数据来自库兹涅茨《各国的经济增长》，商务印书馆，1985，第154页。1980年、2006年产业结构数据来自世界银行《世界发展报告》，1982，2008。

2. 1820年、1870年、1913年、1950年就业结构数据来自中国现代化报告课题组《中国现代化报告（2001）》，北京大学出版社，2001，第5页。1980年、2006年就业结构数据来自世界发展指数在线数据库（World Bank-World Development Indicators）。

但是，需要注意的是，在产业结构演进的过程中，城镇化率会出现波动。比如在“去工业化”阶段，不同于以往人口有农村到城市趋于集中的模式，一些国家出现了人口的分散化（Deconcentration）

① 蒋满元：《经济构构演变与城市化互动机制的逻辑模型及问题探讨》，《求实》2007年第3期，第32～35页。

趋势，即出现了所谓的“逆城镇化”（Counterurbanization）现象。美国20世纪70年代就出现了短暂的人口在非大都市区的增速超过大都市区增速的现象。20世纪50年代、60年代，美国的人口趋于向大都市区的集中，大都市区的人口增速分别是非大都市区的3.7倍和2.4倍。但是在1970~1980年，非大都市区的人口增速达到了17.1%，超过大都市区的10%。[①] 图3－3也显示，1970~1978年中心城市人口在显著下降，郊区地带人口在增加，但是整个大都市区的人口仍然下降了270万人。相反，非大都市区人口增加了270万人。但是这种现象是短暂的，伴随着第三产业的发展，美国在20世纪80年代又出现了“再城市化”（Reurbanization），人口又开始回流至大都市区。如表3－5、表3－6所示，1980~1990年美国几大联合大都市统计区的就业人口都呈现上升趋势，西海岸的洛杉矶、旧金山等城市增长将近50%，即使是走向衰退的“霜冻地带”城市，如底特律、布法罗，就业人口也有小幅增长。出现这种状况的原因就在于，各大都市区的服务业、FIRE（金融、保险和房地产部门）以及批发零售业部门的就业人口出现了大幅度的增长。尤其是服务业的就业人口，除了中西部的工业城市，大部分城市的增长率都超过了50%。同时，西部“阳光地带”城市的高技术产业带动了制造业人口的增长，出现了1980~1990年制造业人口数量增加的情况。但是从就业结构上来看，即使制造业人口的绝对数量在增加，但总体上所占比例仍处于下降状况。如洛杉矶的制造业人数增长了18.1%，但是制造业的就业份额仍然下降了20.7%。这说明第三产业的就业人口相对增加更快。因

---

① 数据来源：U.S. Brueau of the Census. 载于 Larry Long, Diana DeAre. Repopulating the Countryside: A 1980 Census Trend. Science, New Series, 1982, Vol. 217, No. 4565, pp. 1111－1116。

而，这一阶段第三产业的发展引发了要素再次向城市流动，推动了城镇化的新发展。

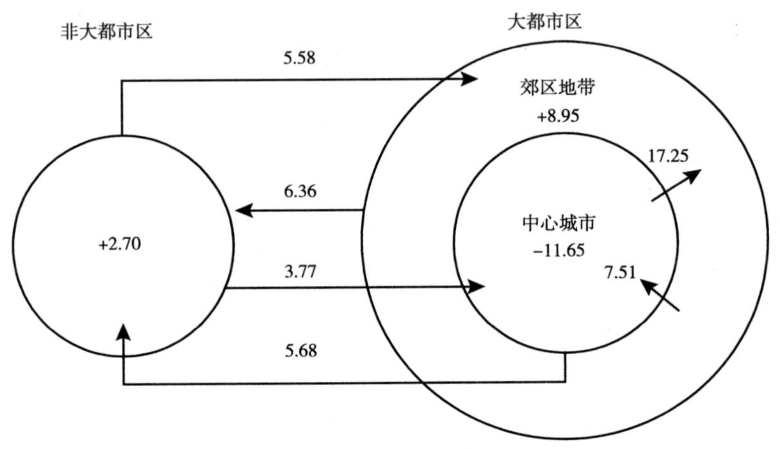

图 3－3　美国 1970～1978 年人口流动情况（单位：百万）

资料来源：U. S. Census Bureau，CPR Series P－20，No. 285，p. 2；and U. S. Census Bureau，CPR Series P－20，No. 331，p. 5。

二　产业结构演进、城市功能转型与城镇化发展

（一）产业结构演进与城市功能转型

伴随着产业结构演进，城市功能尤其是城市主导功能处于不断地更替之中，并且城市功能经历了由单一到复杂、城市主导功能由低级向高级的演变过程。

1. 城市主导产业决定城市主导功能

城市功能具有复合性，也即城市往往具有多种功能，是多重功能复合在一起的综合体。比如，一个城市可以是具有政治、经济、文化、社会、生态等多重功能的综合性城市。但是各种职能对一个城市来讲

并非同等重要。在一定时期内，城市的主导功能只有一个或少数几个。这些主导功能影响着其他功能的运转，进而从根本上决定着城市的性质。城市产业部门是城市的经济基础，城市功能孕育于城市产业之中。城市主导功能与其主导产业的形态密切相关。

首先，城市主导产业是城市功能得以产生的基础。城市有什么样的主导产业，就需要有什么样的城市功能与之相适应。同时，城市功能的培育和发展需要城市产业的支撑。没有产业的支撑，城市功能只能是无源之水、无本之木。

其次，城市主导产业决定了城市主导功能，并使城市体现出主导功能的性质。我国学者周一星等认为城市职能概念应包括专业化部门、职能强度和职能规模3个要素。① 城市居于主导地位的专业化部门是划分城市职能、判别城市性质的重要依据。国内学者张文奎把我国城市划为9种类型，依次为工业城市、交通运输城市、商业城市、教育科学城市、行政管理城市、国际性旅游城市、综合城市、非综合城市及一般城市。② 显然，不论是哪种职能类型的城市，它们都是围绕主导产业发展起来的，这种职能类型必然被打上主导产业的烙印。

再次，城市主导产业影响着城市功能的服务范围。城市功能具有空间属性，不同的城市功能赋予城市不同的服务范围。城市主导产业在决定城市主导功能的同时也就大致确定了具体城市在整个城市体系中的等级和它的辐射范围。一般来讲，高级功能具有较大的服务范围，相对低级的功能服务范围有限。例如，世界城市或者作为区域控制中心的城市，在那里往往聚集着众多跨国企业、区域性大公司的总部，

---

① 周一星、R. 布雷特肖：《中国城市（包括辖县）的工业职能分类：理论、方法和结果》，《地理学报》1988年第4期，第287～298页。

② 张文奎：《论中国城市的职能分类》，《人文地理》1990年第3期，第1～7页。

具有相对完备的银行、保险等金融机构体系和会计、咨询、研发、传媒等生产性服务业，同时还容纳了教育、医疗、公共部门等机构。这些居于主导地位的产业赋予了这些城市比较高的等级，使得它们能够在较大的区域甚至是世界范围内发挥着重要作用。而对于那些相对专业化的生产型城市，如传统制造业中心，它们居于城市体系中相对较低的等级，城市功能仅仅服务于各自城市及腹地区域。

正是基于城市产业与城市功能如此紧密的联系，城市产业的变化势必引起城市主导功能的相应转变。因而，伴随着产业结构的演进，城市的产业部门以及其他有关的经济、社会因素都将发生相应的重大变化甚至是根本性的变革，由此也就推动了城市功能的转型。简言之，产业结构的演进推动着城市功能的演变，产业结构的高级化带动了城市主导功能的提升。

2. 伴随着产业结构演进的城市功能转型①

从发达国家的经济发展规律来看，产业结构由农业为主导向以工业为主导、现代服务业为主导、信息产业为主导依次演进，城市功能相应出现了以下几次转变：

（1）在农业经济时期，城市功能简单，发展缓慢，经济功能并不

---

① 需要说明的是，这里的城市功能转型主要是从纵向的演进角度对城市功能变化的一般趋势进行概括分析，重点在功能的演化，并非是某一具体城市的职能功能的重新定位。所以，“城市功能转型”中所指的“城市”是抽象意义或者整体意义上的概念。例如，Noyelle、Stanback（1984）曾对美国140个大都市标准统计区（SMSAs）的大都市功能转型进行分类研究，他们把这些大都市转型的结果划分为四类：多元化服务或节点型城市、专业化服务型城市、生产型城市和消费导向型城市。尽管由于分工专业化的结果，不同的城市功能势必存在多样化的特征，但是从总体趋势上来看，这些城市在转型中都有一个共同的特征，即城市内部的服务业得到了空前的发展。因而，这总体上代表了在经济服务化的过程中城市功能转型的一般趋势。（Noyelle，T. J. and Stanback，T. M. The economic transformation of American cities. Totawa，NJ：Rowman & Allanheld Publisher，1984.）

显著。

工业革命前，农业经济占主导地位，城市屈从于农村的统治，城乡还没有完全分离，基本上处于无差别的统一状态。马克思将其描述为“乡村城市化”。在这种情况下，经济活动并非城市最主要的内容，城市功能相对简单、低级。具体来讲，早期城市以政治、军事、宗教功能为主，经济功能并不显著（仅仅是剩余农产品的交换）。城市兴起的具体地点虽然不同，但是它的作用则是相同的，即都是为了防御和保护的目的而兴建的。[①] 刘易斯·芒福德也认为，第一批城市的发展过程和大规模宗教活动的发展过程相呼应。[②] 也就是说，早期“城”的功能强于“市”的功能，并且“城”与“市”的功能相对分离。只是在商业与农业和手工业相分离的第三次社会大分工后，“市”与“城”在空间地域上统一起来。但这一时期城市的经济功能仍处于弱势地位，主要是商业和手工业。并且城市的经济职能中，集聚消费的功能也超过生产的功能。

（2）伴随着由农业经济向工业经济的转变，城市的经济功能逐渐成为主导功能。

随着经济进入以工业主导的时代，城市的功能焕然一新。基于一系列技术变革、组织变化，工业的集聚特点使城市迅速转变为工业生产的中心，城市的生产功能逐渐居于主导地位。生产效率的提高使得商品日益丰富，并带动了交换、贸易、运输等城市其他经济功能的发展。至此，城市的经济功能大大加强，城市实现了向经济功能的转型。

---

① 傅筑夫：《中国经济史论丛》（上），上海三联书店，1980，第323页。

② 刘易斯·芒德福：《城市发展史——起源、演变和前景》，中国建筑工业出版社，1989。

同时，伴随着工业化的发展，城市规模迅速扩大、人口数量的急剧增加、城市局部的混乱状况引发了城市交通、环境质量、资源供应等社会问题，这对城市增强辅助功能提出了新要求。城市功能逐渐多样化和复杂化。例如，1933 年的《雅典宪章》就明确提出了城市的功能分区，指出城市需要具备居住、工作、游憩、交通四大功能，以便给生活、工作和文化分类和秩序化。

（3）伴随着由工业经济向服务经济的转变，城市功能逐渐转向服务化，城市在组织管理等方面的功能日益突出。

随着服务业在经济中的比重不断提高，城市功能又一次面临着重大转型。自 20 世纪 70 年代以来，西方发达国家普遍出现了“去工业化”（De-industrialization）的趋势，这给传统的制造业中心城市带来了巨大的冲击，诸如底特律、匹兹堡等大城市甚至出现了明显的衰落。在制造业比重下降的同时，服务业的比重不断提高，尤其是金融、保险、咨询等经济部门以及企业总部向这些大城市和中心城市不断集中，使得城市的功能日益转向服务化。针对德国 1976 ~ 2002 年的研究指出，“白领”阶层比“蓝领阶层”在核心城市的集聚速度更快，特别是在 1990 年代后期，集聚的进程在不断加速。① 一项针对英国谢菲尔德城市的研究也表明，在 1971 ~ 1989 年该城市的就业人口从 28.7 万人下降到 23.3 万人，其中制造业就业人口从 12.6 万人下降到 5.2 万人，但服务业就业人口从 12.6 万人上升到 15.2 万人，占就业人口的 65%。② 因而，服务功能成为城市的主导功能。

伴随着分工的不断深化、全球化的迅猛发展，企业组织发生了重

---

① Bade Franz-Josel, Claus-Friedrich and Kiel. Urban Specialization in the Internet for Germany Age-Empirical Findings for Germany, RüdigerSoltwedel working paper, No. 1215, 2004.

② Townroe, P. M. New Economic Roles. The Changing Structure of the City. In: Cities and Structural Adjustment, ed. N. Harris, and J. Fabricus., pp. 13 – 28.

要的变化，这给城市功能带来了重要影响。其中，一个显著的特征就是城市的功能专业化（Sectoral Specialization，即管理和服务功能相对生产功能的提升）逐渐超过了部门专业化（Functional Specialization，即某一工业部门的专业化生产的程度）。① 以往的产业部门间分工被细化、拓展为产业链、具体工序环节在全球范围内的分工。这对企业生产组织管理提出了更高的要求。而一些大城市由于特殊的资源优势吸引着作为企业决策和管理中心的总部向这里集聚。因而，这些城市便同时发挥着对分散于不同区域分支机构的管理和控制的功能。伴随着全球化的发展，总部向一些控制能力强、能级高的城市集聚已经是一个显著的趋势，城市在管理和生产方面的功能不断强化。如表3－4所示，美国各类城市的部门专业化程度在下降，而大都市地区的功能专业化程度在显著上升。

表3－4　美国城市的部门专业化、功能专业化发展趋势

城市人口(人)	部门专业化[a]			功能专业化[b](%)			
	1977年	1987年	1997年	1950年	1970年	1980年	1990年
5000000～19397717	0.377	0.376	0.374	+10.2	+22.1	+30.8	+39.0
1500000～4999999	0.366	0.360	0.362	+0.3	+11.0	+21.6	+25.7
500000～1499999	0.397	0.390	0.382	－10.9	－7.8	－5.0	－2.1
250000～499999	0.409	0.389	0.376	－9.2	－9.5	－10.9	－14.2
75000～249999	0.467	0.442	0.410	－2.1	－7.9	－12.7	－20.7
67～75000	0.693	0.683	0.641	－4.0	－31.7	－40.4	－49.5

注：a. 如果该工业部门的分工专业化程度越高，则值越接近于1，反之则越接近于0。

b. 该值表示某城市主管和经理人员相对与从事制造、组装的生产工人的比重与全国平均值的差别。

资料来源：Duranton G.，Puga D. From sectoral to functional urban specialisation. Journal of Urban Economics，2005，Vol. 57，issue 2，pp. 343－370。

---

① Duranton G.，Puga D. From sectoral to functional urban specialisation. Journal of Urban Economics，2005，Vol. 57，issue 2，pp. 343－370.

（4）知识经济时代，一方面信息技术强化了城市原有的服务功能，另一方面以知识、技术、信息为代表的新生产要素在城市集聚，使城市日益成为信息中心、创新研发中心。

工业经济时代的城市功能结构概括起来有两个主要特征：一是不同功能之间以互不干扰的空间隔离为原则，功能内部以集聚技应、规模效应为原则；二是不同城市功能的联系和完成都要通过城市道路网来实现，形成可选性为准则的区位原则。[①] 伴随着知识经济的到来，信息技术、信息网络的普及带来了重大变革，产业布局出现集聚与扩散并存的现象。一方面，信息技术融入工业生产，信息沟通更加便捷，信息传递成本大大减低，交易成本也随之减少，这使得传统制造业降低了对集聚布局的需要，可以更加灵活地进行区位选择。一些制造业企业在中心城市外围选择适度分散布局，进而标准化、程序化的生产活动也向边缘地区扩散。另一方面，一些对信息高度依赖的产业则向中心城市集聚。虽然信息能够通过降低成本允许社会经济活动分散，但远程通信不能完全代替城市作为信息极的“集聚”功能，信息社会中的经济活动同样追求集聚效应。[②] 需要大量信息和彼此频繁接触、交流和联系的知识密集型产业或者价值链环节逐渐向城市中心集聚。同时，信息技术改变了商业和服务业的实现方式，电子化、虚拟化、远程化等方式的出现大大增强了现代服务业的服务范围和服务能力，进一步推动了中心城市现代服务业向深度和广度的发展。这“一进一退”的变化大大加速了大城市、中心城市向服务中心的转变。

---

① 王颖：《信息网络革命影响下的城市》，《城市规划》1999 年第 23 期，第 24～27 页。

② 邓静、孟庆民：《新城市发展理论评述》，《城市发展研究》2001 年第 1 期。

知识经济时代，科学技术成为经济发展的重要依托，以知识、信息为基础的产品和服务成为财富创造的主体，以高科技产业特别是信息技术产业蓬勃发展为主要标志，创新能力、知识信息生产能力成为企业、区域乃至国家的核心竞争力。社会经济的信息化成为知识经济发展最主要的特征，大量的经济活动对信息、知识、技术高度依赖。城市是区域经济活动的中心，汇集了大量物流、人流，信息交汇便捷。伴随着信息高速公路的建设，城市成为整个信息网络中的重要节点，对信息的产生创造、加工处理、传播扩散都发挥着重要的作用。因而，信息中心功能是知识经济时代城市的一个显著特征，城市信息管理、信息服务的功能被凸显出来。

同时，创新是知识经济的灵魂，城市成为知识经济时代创新的沃土，创新功能成为知识经济时代城市的又一显著特征。“不像传统的制造中心——它的基本作用是生产和分配工业品，先进的工业城市的基本作用是生产和分配知识。先进的工业城市基本上是一个技术中心，它的功能是管理和经营技术。”① 首先，城市从人才支撑、资金供给、知识积累、市场需求等方面给创新提供了良好环境，除了少数行业例外（如资源消耗性行业），新产业、重大科技创新往往最先诞生于城市。其次，城市激烈的竞争环境也使得企业只有依靠创新才能赢得生存发展。一个技术相对成熟的产业往往无法与技术创新活跃的新兴产业竞争城市空间。那么，原有的成熟产业只能居于城市外围，城市空间便被新兴产业所占据。再次，研发是技术创新的重要源头，是企业普遍重视的经济活动。从事基础研究、应用研究的大学、科研院所以及企业研发机构在城市的聚集，不仅使城市成为科技中心，而且为了

① 尤尔斯等：《大城市的未来：柏林、伦敦、巴黎、纽约——经济方面》，张秋舫等译，对外贸易教育出版社，1991。

给创新研发提供智力支持，城市在教育中心、智力中心方面的功能被相应提高。

总之，产业结构的演进推动着城市功能两个方面的演变：一是推动城市由单一功能到复合功能的演变，即城市功能的多样化和复杂化；二是推动城市主导职能的转变，即城市主导功能的高级化。

（二）城市功能转型与城镇化发展

城市功能是城市系统的重要组成部分，是城市生命力的集中体现。城市功能转型能够不断优化和提升城市功能，直接推动城市向更高水平发展，促进了内涵型城镇化。

从整体趋势上来看，城市功能的每一次转型都给城市带来了重大的变革，是城市发展的重大转折。从政治、宗教、军事功能向经济功能的转变，城市获得了空前的发展，数量和规模急剧增长，并最终主宰了世界；从工业中心向服务中心的转变，城市中心地区实现再造，城市整体上突破工业增长的瓶颈和极限，进一步获得发展的新空间；伴随着信息中心、创新研发、管控中心功能的强化，城市的发展方式实现了根本性的变革，并在全球范围内引领着经济发展的潮流。因而，城市功能转型给城市注入发展的新活力和新动力，推动城市整体上迈向一个更高的水平，使城市发展进入一个新的阶段。

从具体城市的发展来看，只有适应城市发展趋势、及时成功转型的城市才能继续保持优势，赢得发展的先机，并在众多城市中脱颖而出。以美国为例，20 世纪 70 年代以来伴随着“去工业化”和信息化趋势，美国城市纷纷进入转型时期。从结果来看，有的城市成功转型，加速发展；而有的城市转型缓慢，出现衰退。具体来说，这些转型城市可以划分为三类（见表 3 –5、表 3 –6）：

表 3－5　1980 年、1990 年美国联合大都市统计区（CMSA）就业人口

CMSA	1980 年(人)	1990 年(人)	变化率(%)
纽　　约	6676280	8456261	26.7
芝 加 哥	3106200	3737891	20.3
费　　城	2117760	2723381	28.6
旧 金 山	2243680	3187407	42.1
洛 杉 矶	4466480	6648128	48.8
西 雅 图	875320	1302534	48.8
休 斯 顿	1326360	1789272	34.9
波 特 兰	551760	743663	34.8
丹　　佛	713160	933189	30.9
底 特 律	1720640	2049269	19.1
布 法 罗	466560	528309	13.2
克利夫兰	1103080	1203779	9.1

资料来源：1980 年和 1990 年 PUMS（The public use microdata samples），US Census Bureau。

表 3－6　1980 年、1990 年美国联合大都市统计区（CMSA）各部门就业人口

部门/CMSA	就业人数(千人、%)			就业占比(%)		
	1980 年	1990 年	增长率	1980 年	1990 年	增长率
制造业						
布 法 罗	129	99	－22.6	27.6	18.8	－31.7
芝 加 哥	856	742	－13.3	27.5	19.9	－27.9
克利夫兰	349	275	－21.1	31.6	22.9	－27.7
丹　　佛	112	121	8.3	15.7	13	－17.2
底 特 律	531	495	－6.7	30.9	24.2	－21.6
休 斯 顿	246	253	2.8	18.5	14.1	－23.8
洛 杉 矶	1101	1300	18.1	24.7	19.6	－20.7
纽　　约	1418	1205	－15.1	21.2	14.2	－33
费　　城	510	458	－10.1	24.1	16.8	－30.1
波 特 兰	116	134	16	21	18.1	－13.9
旧 金 山	466	548	17.6	20.8	17.2	－17.3
西 雅 图	187	248	32.4	21.4	19	－11
批发零售业						
布 法 罗	102	119	16.7	21.8	22.6	3.7
芝 加 哥	639	801	25.4	20.5	21.5	4.9
克利夫兰	227	268	18.1	20.6	22.3	8.3

续表

部门/CMSA	就业人数(千人、%)			就业占比(%)		
	1980年	1990年	增长率	1980年	1990年	增长率
丹　佛	151	205	35.8	21.2	22	3.8
底特律	352	447	27.0	20.5	21.8	6.3
休斯顿	275	397	44.4	20.7	22.2	7.2
洛杉矶	928	1371	47.7	20.8	20.6	-1.0
纽　约	1280	1621	26.6	19.2	19.2	0.1
费　城	424	551	30.0	20	20.3	1.5
波特兰	127	167	31.5	22.9	22.5	-1.7
旧金山	451	639	41.7	20.1	20	-0.5
西雅图	190	274	44.2	21.7	21	-3.2
FIRE[a]						
布法罗	24	33	39.5	5.1	6.3	23.2
芝加哥	231	333	44.2	7.4	8.9	19.8
克利夫兰	62	74	17.8	5.7	6.1	8.0
丹　佛	57	76	32.2	8	8.1	1.0
底特律	94	125	33	5.5	6.1	11.6
休斯顿	88	126	43.4	6.6	7	6.3
洛杉矶	327	520	58.9	7.3	7.8	6.7
纽　约	638	911	42.8	9.6	10.8	12.7
费　城	144	227	58.3	6.8	8.3	23.1
波特兰	40	53	32.6	7.2	7.1	-1.6
旧金山	187	259	38.8	8.3	8.1	-2.3
西雅图	66	97	47.3	7.5	7.5	-1.0
服务业						
布法罗	137	185	34.9	29.4	35	19.1
芝加哥	852	1186	39.2	27.4	31.7	15.7
克利夫兰	301	393	30.4	27.3	32.6	19.5
丹　佛	215	323	50.4	30.1	34.6	15.0
底特律	500	673	34.6	29.1	32.9	13.0
休斯顿	360	573	59.3	27.1	32	18.1
洛杉矶	1342	2166	61.4	30	32.6	8.5
纽　约	2126	3080	44.9	31.8	36.4	14.4
费　城	648	947	46.2	30.6	34.8	13.7
波特兰	155	240	55.2	28	32.2	15.1
旧金山	695	1087	56.4	31	34.1	10.1
西雅图	256	408	59.3	29.2	31.3	7.1

注：a. 即金融、保险和房地产部门。

资料来源：1980年和1990年PUMS（The public use microdata samples），US Census Bureau。

（1）纽约、芝加哥等综合性城市，实现了成功转型。这些城市的制造业出现了一定程度的衰退，纽约和芝加哥的制造业就业人口都下降了15%左右，就业份额下降也在30%左右。但是这些综合性城市的服务业、FIRE、批发零售业同时保持了很高的增速，有效填补了传统制造业衰退的空白。而且，它们在金融、保险和房地产行业本身具有较好的基础，不论绝对就业数量还是相对就业份额，都高于其他城市。尤其是纽约在FIRE中的就业人口达到了近100万人，远远超过其他城市。这些现代服务业的发展使得纽约、芝加哥城市功能进一步提升，能够继续保持原有的地位。

（2）旧金山、洛杉矶、西雅图等西海岸“阳光地带”城市以及休斯顿等南部城市。这些城市在转型过程中抓住机遇，新兴高新技术产业蓬勃发展，其制造业就业人口不降反升，西雅图的制造业就业人口增速甚至达到32.4%。同时，这些城市的第三产业发展更快，因而，制造业就业份额仍处于下降状态。1980～1990年，尽管旧金山、西雅图FIRE行业的就业份额出现轻微下降，但是一方面这些行业的绝对就业人数仍保持较高增速，另一方面这几个城市FIRE行业的就业份额在1980年就已经处于相对高的水平。因而，这些城市在转型过程中呈现制造业与服务业协调共进的局面，迅速崛起，城市地位显著提升。

（3）底特律、克利夫兰、布法罗等制造业城市。这些传统制造业城市面临严重衰退，不论制造业就业人口还是就业比例都出现大幅度的下降，布法罗达到了最高的-22.6%和-31.7%。但是，不像上两类城市，底特律、克利夫兰、布法罗在容纳就业人口较多的服务业、批发零售业方面并未出现较快的增长，就业人口的增速都处于12个联合大都市统计区的最后几名。例如，布法罗、克利夫兰的批发零售业人口增速只有不到20%，仅相当其他城市的一半左右。同样，在服务业方面，这三个城市也低于其他城市将近20个百分点。另一方面，在FIRE行业，这些城市基础较差，行业的就业份额在1980年都还不到6%，也远低于其他城市，尽管出现了较大的增幅，但在1990年仍处于相对落后的地位。因而，这些城市在原有功能弱化的同时新的功能没有及时发展起来，转型缓慢或者失败，出现严重衰退，城市地位下降。

总而言之，美国城市整体上都表现出顺应发展趋势、及时转型的态势。一个显著的表现就是这些大都市区的吸引力都在加强，1980～1990年总体的就业人口都在增加。但是，转型的城市之间存在较大分化。“阳光地带”及南部新兴产业的城市，人口增速最快，功能转型成功，推动了城市的发展；纽约等综合性城市，人口保持中速增长，城市功能得到提升，城市继续强劲发展；而克利夫兰等城市，人口增速低缓，不到10%，功能转型缓慢，城市发展后劲不足。

三　城镇化发展、城市集聚经济与产业结构演进

（一）城镇化发展与城市集聚经济

城镇化发展与城市集聚经济互为因果，相互依赖。一方面，城市化的发展有赖于城市集聚经济作用的发挥；另一方面，城市化发展反过来又能够增强城市集聚经济。

第一，城市集聚经济是城市化发展的重要动力之一。集聚经济（Agglomeration Economies）是研究城市和城镇化的一个重要理论基础。缺乏集聚经济的区域增长必然导致趋同的均质化状态，而伴随着集聚经济的增长必然出现异质化的非均衡状态，集聚经济塑造了空间结构。①

① Maier G. History, spatial structure, and regional growth lessons for policy making, in Theories of Endogenous Regional Growth Eds. B. Johansson, C. Karlsson, R. Stough (Springer, Heidelberg), 2000, pp. 111－134.

城市就是一种重要的空间结构，Haig 早在 1926 年就借助纽约的城市统计数据描述了集聚经济对城市形成的影响。对于城市经济而言，城市本身是空间不均衡分布的表现。人口或经济活动之所以没有在空间范围内平均分布就是因为集聚经济在发挥作用。城市是集聚经济的重要载体，很难想象一个缺乏集聚经济的城市能够发挥怎样的作用。对于城镇化发展而言，在产业结构的演进中，第二、三产业的发展必然吸引劳动力的转移。但这一过程为什么就必然推动了城镇化的发展，或者换句话说，为什么第二、三产业偏偏要选择在城市。这需要集聚经济来解释。集聚经济能够带来投入品共享、降低交易成本、促进知识外溢、提供专业化的服务，进而形成规模经济效益和收益递增效益，使城市在区域范围内成为一个具有特殊“魔力”的区位，进而吸引企业和要素的迁入。

第二，城镇化的健康有序发展能够增强城市集聚经济。城市集聚经济受到多种因素的影响。大量的实证研究表明，适度的城市人口规模和人口密度、发达的专业化服务、高效完备的城市基础设施对城市集聚经济具有显著的正效应。人口规模和密度是集聚经济形成的必要条件之一。Thompson 发现，25 万人或更大一点的都市地区的人口，在每两次人口普查期之间几乎没有减少。因此他认为当一个都市地区达到 25 万人之后，其结构特点“几乎能保证它持续增长，并完全免于绝对衰退”。[①] 王小鲁通过构建计量模型实证分析后发现，低于 10 万人的城市规模看不到城市正的规模收益；城市在 100 万人到 400 万人这个规模区间，净规模收益占城市 GDP 的 17% 以上。[②] 同时，一些专业化

① E·M·胡佛：《区域的目标和政策》，庄一民译，载中国社会科学院数量技术经济研究所：《国土经济译丛》第 3 辑，1983，第 43 页。

② 王小鲁：《城市化与经济增长》，《经济社会体制比较》2002 年第 1 期，第 23 ~ 32 页。

的服务业存在最低人口门槛的限制。只有人口达到一定规模，这些专业化的服务业才能够出现。邓肯曾说过，“在城市人口有 25000 人以上时，出现了擦鞋、女子理发、洗帽子、修皮货商店，而在人口超过 50000 人时，才会出现婴儿服务。”[①] 这些专业化的服务业对于促进分工专业化、提高交易效率，进而增强集聚经济具有重要作用。因而，伴随着城镇化的发展，城市人口增加能够对城市集聚经济产生积极影响。此外，城镇化发展必然以城市发展为条件，城市基础设施的完善、城市功能的提升也能够增强城市集聚经济，并使城市集聚经济效益得以充分发挥。

但是需要指出的是，城镇化发展是增强集聚经济的必要条件，而非充分条件。一方面城镇化发展可能不会带来集聚经济效益的显著提高。这主要与城镇化的发展模式有关。比如在过分分散化的城镇化模式下，城市集聚经济的效益可能会大打折扣。我国上个世纪 80 年代，遍地开花式地发展小城镇。一些地区乡镇企业、村庄和小城镇犹如漫天散落的星斗，结果造成城镇布局过于分散，集聚效应不强。有人把这种局面称为：“走了一村又一村，村村是城市；看了一镇又一镇，镇镇是农村”。[②] 另一方面，城镇化发展也可能形成集聚不经济现象，也即城镇化的发展会增加集聚经济的成本。城镇化的发展会带来工资水平提高、土地价格上升等成本上涨等问题，也会由于过多的城市人口造成城市拥挤成本提高（如公共设施过度负荷、通勤成本上升等等）。同时，环境的负外部性和能源的高消耗也往往与城镇化相伴生，而城市贫困、犯罪等社会问题也会增加城市集聚的外部不经济。王小鲁的研究也证实，当人口超过了 1200 万人，城市总成本将超过规模收益，

---

① K. J. 巴顿：《城市经济学：理论和政策》，商务印书馆，1984，第 91 页。

② 辜胜阻：《城镇化与经济发展热点问题探索》，科学出版社，2007，第 36 页。

进而城市总收益将变成负的。

那么，从城镇化发展与产业结构演进互动的角度来讲，城镇化到底增强了城市集聚经济的哪些效应，进而影响或者推动了产业结构的演进？当前国外关于城市集聚经济的最新研究一般区分出两类不同性质的集聚经济：静态集聚经济与动态集聚经济（Rosenthal and Strange，2004）。具体来讲，静态集聚经济带来成本或生产效率的一次性变动；动态集聚经济通过时间影响企业成本和生产效率（Klaesson and Larsson，2009），强调基于知识外溢和创新下城市对经济发展的长期动态效应。这种分类为城镇化对产业结构演进影响的研究提供了有益的借鉴。本书将分别从静态集聚经济效应和动态集聚经济效应考察城镇化对产业结构演进的作用。

（二）城镇化的静态集聚经济效应支撑并带动产业结构演进——基于要素供给、市场需求的分析

城镇化的静态集聚经济效应主要是指城镇化的发展增强了投入品共享，拓展了本地市场，使城市在要素供给、市场需求方面具有特殊的优势，从而能够为产业结构的演进提供有力支撑。

1. 城镇化发展增强了投入品在城市的共享，为产业结构演进高效率提供要素支撑

充足的要素供给是产业结构演进的前提条件之一，产业结构演进所需要的要素条件在城市可以得到有效满足。这种“满足”可以从两个方面来理解：

第一，城镇化使城市不断集聚了产业发展的要素，产业结构演进的要素供给能够得到满足。刘易斯·芒德福认为，城市的一个重要作用就是容器作用，“城市较其他任何形式的社区都更多地聚集了人口和机构、制度”，“城市作为容器的功能都较其作为磁体的功能更重

要，因为城市主要还是一种贮藏库，一个保管者和积攒者。”[①] 同样，《说文解字》中“城，以盛民也”的解释也表明了城市作为一种容器的功能。因而，伴随着城镇化的发展，城市不仅集聚了劳动力、资金等初级要素，而且提供知识、信息、技术、高级人才等高级要素。同时，基础设施是“社会先行资本”或“社会间接资本”。罗森斯坦—罗丹（P. N. Rosenstein-Rodan）曾强调“在一般的产业投资之前，一个社会应具备在基础设施方面的积累”。赫希曼也强调基础设施是其他经济活动得以进行的基础，并进一步指出对基础设施的投资具有技术上的不可分割性，需要具备相当的规模条件以集中进行。城市集中供应了电力、通讯等基础设施，进而为产业结构演进提供了必要的要素支撑。

第二，城镇化能够整体上增强集聚经济效应，进而能够提升要素供给的效率。要素在城市空间范围内的集聚不仅仅只是“满足”了生产的需要，更重要的是集聚的结果使这些要素能够“高效率”地被利用。这具体表现为：一是大量要素的聚集使城市形成了一个规模庞大、结构复杂的专业化的劳动力市场。专业化的劳动力市场可以使企业相对便捷、低成本地雇用到所需的劳动力，劳动力与企业之间能够高效率地匹配（Matching）。同时，在这样一个劳动力池（Labor-pool）中，企业对各种专业化的劳动力（如会计、广告、法律以及其他专业服务业）的需求也可以被迅速满足，大大节省成本。二是城市有利于共享基础设施和不可分的公共物品。基础设施和不可分的公共物品往往需要花费高昂的投入，而且这些投入一旦形成便具有很强的资产专用性，成为沉没成本，无法收回和转作他用。

① 〔美〕刘易斯·芒德福：《城市发展史——起源、演变和前景》，中国建筑工业出版社，1989，第72~74页。

因而，这就使得基础设施和不可分的公共物品的提供具有较强的规模经济性。但是基础设施和不可分的公共物品一旦建成，就以很低的边际成本提供给使用者，而且在一定范围内的企业都可以共享，提高了使用的效率。

2. 城镇化发展拓展了本地市场，使城市拥有庞大的市场规模，为产业结构演进提供需求支撑，同时通过收入效应促进需求结构升级，进而带动产业结构演进

城镇化的发展极大地拓展了城市的市场规模，为产业结构的有序演进提供了充足的市场需求。

第一，城镇化将带来最终消费需求总量的扩大，为产业结构演进提供需求支撑。

首先，农村人口不仅作为生产要素进入城市，同时也是消费需求主体，因而城镇化使大量农村人口转变为非农人口，推动的城市人口规模增加，这本身就意味着需求规模的扩大。麦肯锡的研究报告称，到2025年中国将新增3.5亿城市人口，届时中国城市的消费总量和可支配收入将分别达到德国同期水平的将近两倍和两倍以上。中国城市消费量在2008年到2025年的增量，就足以创造一个相当于2007年德国市场总规模的新市场。[①] 其次，城镇化可以改变进入城镇的农村人口的消费行为模式。消费需求可以引致，城镇化具有刺激消费的“示范效应”。相对收入理论认为，人们购买新消费品的倾向取决于其周围的消费环境。在农村，人们的收入很少，而消费水平可能更低，因此反而形成真正的储蓄。当人们从农村迁到城市，他们就会发现在他们周围都是私人汽车，高级家具和高消费水平，他们也受到了广告的诱惑。

---

① 数据来源：麦肯锡全球研究院：《迎接中国十亿城市大军》，2008年3月。

所有这些环境影响诱使新迁入者改变原来的消费习惯，向高消费率与低储蓄率转变。[①] 再次，城市相对农村营造了更能刺激消费的环境。城市不仅拥有相对完善的消费基础设施、便利舒适的消费场所、便捷的物流配送体系，而且支撑诸如信贷消费、电子商务等具有更加现代化的消费方式，提供全面、个性化的消费信息服务，这些有利条件能够带动消费需求的增加。最后，城市具有不同于农村的消费文化。农村居民的消费观念比较保守，而且受制于收入水平，消费时更注重商品物美价廉的特性；而城镇居民的消费观念则相对较新，借贷消费、超前消费的意识很强，并且对教育培训、医疗休闲、文化娱乐等方面的需求比较强烈。总之，通过城镇化、变农民消费为城市消费能够有效扩大需求规模。

第二，城镇化具有收入效应，不仅进一步提升消费的需求，而且能够推动需求结构的升级，带动产业结构演进。

城镇化的收入效应对城市和农村具有不同作用机制。从城市区域来看，在城市集聚经济效益的作用下，城镇化的发展能够提高城市劳动力的收入。克鲁格曼认为，由于城市存在本地市场效应（Home Market Effect），企业为了节约交易成本，往往倾向临近大的市场，这进而带来了集聚经济。[②] 而集聚经济的存在则又能够带动就业增加和收入提高（见图 3－4）。城镇化发展和劳动力向城市的迁移能够扩大城市本地市场规模，增加本地市场需求，集聚经济效应的增强使企业获得更多的赢利。这一方面能够提高城市劳动力的真实收入水平，另一方面能够进一步吸引企业进入本地市场，进而增加就业机会。同时，

---

① 〔美〕埃德温·查尔：《发展中国家宏观经济学》，石良平译，上海社会科学院出版社，1988，第 106～107 页。

② Krugman, P. R. Scale economies, product differentiation, and the pattern of trade, American Economic Review, 1980: 70, pp. 950－959.

真实收入的增加和就业机会的增多又会反过来进一步吸引劳动力向城市的迁移。这样就形成了城镇化对城市劳动力收入效应的自我循环累计增强效果。

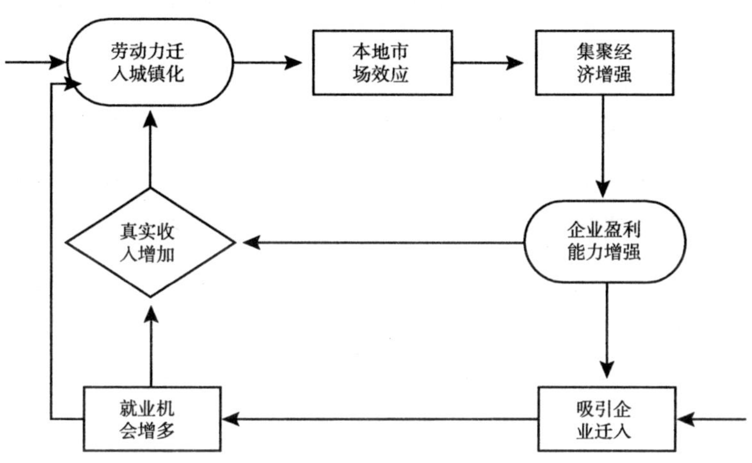

图 3-4　城镇化对城市劳动力的收入效应示意图

从农村区域来看，城镇化的发展对农村居民收入水平的提高也具有重要作用。首先，农村劳动力的转移能够有助于农业的规模化经营。很多发展中国家的农业经营被锁定在分散的小农经济模式中，制约了农业的分工专业化，限制了科学技术的应用与推广，不利于抵御自然灾害能力的提高，拖延了农业现代化的步伐，妨碍了农村经济持续发展，最终影响到农民收入水平的提高。加快推动农村劳动力的转移可以实现耕地向种田能手集中，为实现零散的自给自足的农业生产模式向农业适度规模经营转变创造了条件，进而有利于提高农业生产率，提高农村居民收入。其次，城镇化增加了非农人口数量，这种转变使转移的农村劳动力从农产品的生产者转变为农产品的消费者，从而扩大了农产品的需求量，进而可以带来农业收入的增加。

市场消费需求是新兴产业形成的基础，是产业升级的直接动因；而需求结构的变化则是产业结构演进的直接动因。收入是消费需求的重要影响因素。伴随着收入的提高，人们的需求层次不断升级，从解决温饱的生存型需求向一般制造业产品、耐用消费品等发展型需求转变，进而向金融、通讯、教育、卫生、娱乐等发展型需求转变。这成为产业结构顺序演进的重要依据。借助于收入效应，城镇化一方面能够进一步带动消费需求的增加，进而有力支撑产业结构的演进；另一方面，城镇化形成的收入增加最终将对需求结构的变化产生积极影响，进而直接带动产业结构演进，而且这种结构的变化对产业结构的演进具有更加直接、更加重要的作用。至此，我们可以相对清晰地描绘出城镇化如何在集聚经济的作用下通过需求影响产业结构的演进（见图 3－5）。

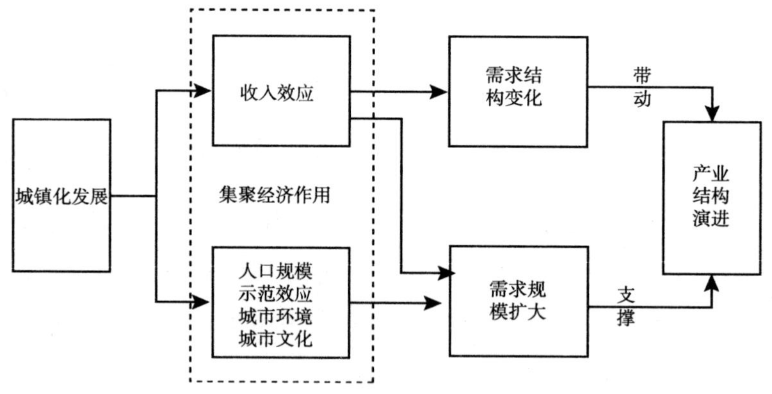

图 3－5　城镇化通过市场需求影响产业结构演进的机制

（三）城镇化的动态集聚经济效应助推产业结构演进——基于技术创新的分析

城镇化的动态集聚经济效应主要是指城镇化的发展推动了分工的深化，营造了促进知识外溢的环境，进而有利于技术创新的开展，使城市成为技术创新的“孵化器”，从而为产业结构的演进提供动力的源泉。

1. 创新活动在城市空间聚集

从空间分布来看，技术创新具有高度集聚的特征。例如，从专利申请来看，在欧盟的专利申请分布呈现高度集中的现象（见表3－7）。在欧盟25国细分的235个区域中，71个区域的专利申请量就占到全部专利申请量的83%。其中，电学方面的专利申请更加集中，20%区域的专利申请就占到全部专利申请的80%以上。如果从创新最为活跃的高科技领域、信息和通信技术（ICT）领域和生物技术领域的专利申请来看，这种集中的现象更加明显。据统计，2002年36个区域在这三个领域累计专利申请的数量占全部专利申请数量的75%。其中，德国的拜恩（Oberbayern）、法国的大巴黎地区（lle-de-France）、荷兰的北布

表3－7　2002年在欧盟专利局（EPO）申请的专利的集中度情况

	覆盖相应专利申请比例的区域所占的比例（%）								欧盟25国专利申请数
	5	10	20	30	40	50	75	100	
	相应的区域的数量								
	12	24	47	71	94	118	176	235	
平均数	38	54	72	83	90	95	99	100	59756
人类生活需要	33	50	69	81	89	94	99	100	9039
作业、运输	37	53	72	83	90	95	99	100	12114
化学、冶金	41	55	72	84	91	96	100	100	8592
纺织和造纸	44	62	78	88	93	96	100	100	1226
固定构造	29	45	64	77	86	92	99	100	2528
机械工程、照明、加热、武器，爆破	44	60	76	85	91	95	99	100	6074
物理	46	62	79	88	93	97	100	100	9982
电学	47	64	82	90	95	97	100	100	10187

资料来源：Patent applications to theEuropean Patent Office（EPO） in 2002 at regional level，4/2006，Eurostat，Patent database。

拉班特（Noord-Brabant）和南芬兰地区（Etelä-Suomi）四个区域合计申请的专利就达到2975件，占总量的27%。[①] 同样，对美国大都市统计区（MSAs）的专利申请情况的统计也表明，申请专利在前20位的MSAs的专利数量占全部的66.4%。因而，创新活动在空间分布上并不均衡，而是趋于向特定区位的集中。

大量的研究表明，创新与城市化之间存在着密切的联系，城市是创新活动空间集聚的载体。Higgs发现1870~1920年美国专利申请数量与城镇化水平之间存在正相关关系。[②] 据美国小企业管理局数据，1982年在3969项创新中只有150项不是在大都市区产生，也就是说有96%的创新都来源于大都市区。在1990~1999年间，确认的581000项专利申请中有92%（大约534000项）的专利与城市有关。[③] 可以说，创新很大程度上是一种城市现象（urban phenomenon），绝大多数创新也往往是由城市人口实现的。承载较大人口规模、较高人口密度的城市往往能够带来较高的创新产出。Bettencourt等通过研究1980~2001年美国大都市区的专利申请发现，专利活动与人口规模之间存在着超线性效应，即两者之间存在着规模收入递增，平均一个像费城约150万人口的城市，与比它小10倍的尤金（俄勒冈州）、斯普林菲尔德（密苏里州）等城市相比，其专利产出能够高出19倍多。[④] 因而，城

① 资料来源：Patent applications to the European Patent Office at regional level, 10/2006, Eurostat, Patent database。

② Higgs, Robert. American Inventiveness: 1870 - 1920, Journal of Political Economy, 1971, (79), pp. 661 - 667.

③ 数据来源：Maryann P. Feldman, David B. Audretsch. Innovation in cities: Science-based diversity, specialization and localized competition, European Economic Review, 1999, 43, pp. 409 - 429. 以及 Gerald A. Carlino, Satyajit Chatterjee, Robert M. Hunt. Urban density and the rate of invention, Journal of Urban Economics, 2007, (61), pp. 389 - 419.

④ Luis M. A. Bettencourt, José Lobo, Deborah Strumsky. Invention in the city: Increasing returns to patenting as a scaling function of metropolitan size, Research Policy, 2007, (36), pp. 107 - 120.

市，尤其是大城市往往成为创新活动高度集聚、十分活跃的地区。

2. 城镇化的发展有利于技术创新的开展

技术创新之所以在城市高度集聚是因为城市提供了有利于创新的环境。总体来讲，城市从要素供给和市场需求方面为创新提供了支撑。城市聚集了大量的科研机构、研发中心以及高校，具有人力资本上的优势，而且提供现代化、高效、完备的基础设施。同时，城市还有利于创新的市场化，为发明提供有效的市场需求，并从金融、营销、法律等方面提供支持，降低创新市场化过程中的风险和成本。另外，城市的文化也为创新提供了强有力的支撑。与宁静如太古或亘古不变的大自然和乡村社会相比，城市则如同一口煮开的大锅，高度异质化的人口与文化、财富与机遇，包括在高速聚集中产生的激烈碰撞及由此裂变出的冲动、激情与创造力。[①] 这种城市文化能够培育具有冒险精神的企业家，进而有利于创业创新。

从微观机制来讲，基于城市集聚经济的存在，城镇化发展主要具体通过以下两种途径作用于技术创新：

第一，城镇化的发展能够形成地理邻近（proximity），并产生集聚经济效应，进而有利于知识外溢，促进知识产生与知识扩散。城市区位因素对创新具有重要作用在于知识这一要素的特殊性。在现代化的信息社会，计算机、网络、信息高速公路的出现使得适度分散成为一个重要特征。而与此相反，创新却前所未有地更加呈现集聚的特征。表面上看这之间似乎存在着矛盾。其实，创新所依赖的知识和信息之间存在着很大的差别，即空间距离对信息传递成本的影响并不如对知识的影响大。尤其是对默会知识来讲，面对面的互动以及频繁的接触

---

① 刘士林：《文化城市的理论资源与现实问题》，《河北学刊》2008 年第 2 期，第 191 ~ 194 页。

才是传递的最佳途径。大量的研究表明，知识外溢的效果会伴随着距离中心的远近呈现衰减。或者换句话说，知识外溢与创新是地方化的。Jaffe 等就发现，新的专利引用同一城市已申请的专利的可能性往往要高出 5～10 倍。[①] 因而，高度聚集对创新有利。

城镇化发展的一个重要结果就是相对匀质分散的资源被组织在一个有限的空间内，并产生规模报酬递增效应。因而，城镇化的发展使要素资源、企业组织在城市范围内实现了空间距离上的接近，并享受城市集聚经济的效应。而产生的这样一种结果具有明确的创新含义。空间距离的接近有助于人们的接触、信息的交流以及隐性知识的传播，这种基于知识外溢的外部经济不仅有利于新知识的产生，而且加快了创新的扩散速度。地理邻近强化了企业之间密切交流的环境和背景，减少了互动式学习过程中的不确定性，强化了网络效应。同时，关于邻近的进一步研究表明，地理邻近只是一种较低层次的邻近形式，其他的形式还有认知邻近（cognitive proximity）、组织邻近（organizational proximity）、社会邻近（social proximity）和制度邻近（institutional proximity）。[②] 这些形式的邻近则更进一步说明了地方化的社会网络、制度环境、企业组织对创新的积极影响。尤其在城市的制度环境下，制度上的邻近有助于降低交易成本。或者说，邻近缩短创新行为者之间的“软距离”，即缩短了企业之间文化和价值观念方面的距离，有利于增强彼此之间的信任度，实现彼此之间的交流与协作。[③] 同样，基于

---

① Jaffe, A. B., Trajtenberg, M., Henderson, R., Geographic localization of knowledge spillovers as evidenced by patent citations. Quarterly Journal of Economics, 1993, (63), pp. 577－598.

② Torre A. and Gilly J. P.. "On the analytical dimension of proximity dynamics", Regional Studies, 2000, (34), pp. 169－180. Boschma R. A." Proximity and innovation: a critical assessment", Regional Studies 2005, (39), pp. 61－74.

③ 成德宁：《城市化与经济发展——理论、模式与政策》，科学出版社，2004，第 124～125 页。

社会邻近形成的社会网络也对城市创新具有重要意义。经济行为深深根植于当地的社会网络之中。在社会网络中，企业间的互动会更强一些，这是由于由某些强大的人际关系组成的社会网络可以超越边界，使得许多企业间互动可能强于企业内部协调。① 同时，在很多时候，基于城市制度环境下人际关系的信任产生的非正式的网络联系却可以蕴含着巨大的力量，进而成为知识更新的主渠道。

需要指出的是，知识外溢既可以来源于产业内，也可以来源于产业间。这也就产生了两种不同类型的城市集聚经济的知识外溢途径：一种是在城市集聚经济中相同活动的邻近导致知识外溢，也即马歇尔—阿罗—罗默外部性经济（MAR economies）；另一种是在城市集聚经济中，不同活动集聚在一起将成为知识外溢的来源，也即雅各布斯外部性经济（Jacobse conomies）。这两种外部性经济分别来源于两种不同的机制：MAR 外部性经济强调的是分工专业化，而雅各布斯外部性经济则强调的是城市的多样化。城市的多样性之所以有利于知识外溢是因为，知识外溢可以源于具有差异性的公司之间，及那些能对新知识产生较大回报的经济单元之间的互补性知识的交流。②

第二，城镇化的发展能够促进分工专业化的深化，而分工专业化的演进加速了知识积累。斯密认为，分工的程度受到交换范围的限制。“市场要是过小，那就不能鼓励人们终生专务一业。有些业务，哪怕是最普通的业务，也只能在大都市经营。在人口众多的地方，那些小事情一定会雇请专业工人帮忙。”③ 因而，城市拥有足够的人口规模和人口密度，提供了较大的市场规模，进而能够增强交换能力，提高分工

---

① 王缉慈：《创新的空间》，北京大学出版社，2001。

② 简·雅各布斯：《城市经济》，项婷婷译，中信出版社，2007，第 40 ~ 41 页。

③〔英〕亚当·斯密著《国民财富的性质和原因的研究》，郭大为、王亚南译，商务印书馆，1972，第 16 页。

专业化的程度。伴随着分工专业化的演进、迂回生产方式的更多使用，知识积累的速度就越来越快。因为，高专业化水平必然导致在专业领域中更加深入地钻研和探索，新知识的发现、知识水平的积累就体现出更高的效率。一个典型的例子就是“干中学”。

总之，城镇化发展不仅构建了有利于创新的要素条件，而且增进了邻近，促进了分工专业化，极大地有利于知识的产生、积累和扩散，最终能够推动技术创新的开展。

3. 技术创新为产业结构的演进提供动力的源泉

毋庸置疑，技术创新是产业结构演进的一个重要因素，三次科技革命对产业结构的重大影响有目共睹。概括来讲，技术创新对产业结构演进的作用表现为两个方面①：一方面，从产业间关系来讲，技术创新必然改变原有的产业间的技术经济联系，技术关联的变动进而带来产业关联的变动，从而推动产业结构的整体演进。另一方面，从某一产业自身来讲，技术创新不仅推动传统产业改造升级，而且直接催生了新的产业部门。在技术创新的带动下，这些产业部门往往具有较高的劳动生产率和成长速度，进而使各个产业部门在整个产业结构中的比重和地位发生相应变化，使产业结构迈向一个新水平。从这个角度来讲，技术创新第一个方面的影响直接推动了产业结构向更加高级的水平发展，也即产业结构的高级化；技术创新第二个方面的影响则改变了产业结构中各产业的数量比例关系。

---

① 这里主要是结合前文对产业结构概念内涵来研究技术创新的作用。当然，技术创新推动产业结构演进还通过改变需求结构、供给结构、贸易结构等方面，这些在经典文献中早有详尽论述，这里不再赘述。

第四章　产业结构演进与城镇化互动的状态与影响因素

通过对产业结构演进与城镇化互动机制及互动途径的分析，尽管明确了互动的内在机理，但是仍留有疑问：既然产业结构演进与城镇化发展可以相互促进，并内生地实现演进发展，那么为何世界各国的发展实际上并没有趋同，而是千差万别？并且即使处于同一发展阶段水平的两国，为何其产业结构演进与城镇化发展互动的关系模式或互动状态也并不相同？其实，上一章将互动机制的研究放在类似于物理学的“无摩擦真空世界”中，对两者如何互动设置了潜在的限制条件：在封闭的环境条件下，不存在资源要素的差异以及外在的干预。为了回答刚才的疑问，本章就要从“真空世界”回到“真实世界”，分析两者互动的影响因素。

第一节　产业结构演进与城镇化发展互动的状态

从理论上来讲，产业结构演进与城镇化发展存在着互动的关系。但是，现实中，这两者之间的互动关系存在着不同的状态。

一　互动状态的研判

通过对产业结构演进与城镇化互动发展内涵的阐释，我们界定了，在互动发展过程中两者之间的关系可以描述为产业结构的演进推动城镇化发展、城镇化水平的提高支撑产业结构演进。那么，这种互动关系如何进行度量？毕竟，我们无法直接测度产业结构演进多大程度上推动了城镇化发展，也无法直接定量地描述城镇化在多大程度上支撑了产业结构的演进。这里就只能通过间接的方法来表征这种互动关系的情况。问题就转化为，产业结构演进与城镇化互动关系有什么外在的表现。从互动发展的内涵出发，我们可以获得互动关系两个方面的外在表征：

表征一：产业结构与城镇化的协调程度

产业结构演进与城镇化的互动发展直观地表现为产业结构与城镇化的协调程度。产业结构演进对城镇化发展的影响程度、城镇化对产业结构演进的作用效果最终都以产业结构演进与城镇化发展的协调程度表现出来。这主要是基于产业结构演进与城镇化之间的内在联系。试想，如果两者之间不相协调适应，这说明产业结构演进与城镇化之间的相互作用一定存在着问题。因而，通过测度产业结构与城镇化的协调程度便可以一定程度上了解两者互动的状态与水平。

表征二：持续互动发展的能力

如果说产业结构演进与城镇化发展的协调程度只是静止地反映了互动可能的状态或水平，那么紧接着的问题势必是这种互动持续发展的可能性有多大。毕竟，如果存在互动发展，那么我们可以断定两者之间是相互协调的，也即只有产业结构演进与城镇化的互动发展外在地表现为不协调，我们可以反过来推断互动处于不佳的状态。那么，当两者处于相互协调的状态时，是不是就一定可以说互动关系就相对较好。答案显然是否定的。因为这种协调可能是一时的，也可能是在互动关系不佳情况下受外力作用两者恰好测度出现“协调”的假象。

这就要通过持续互动发展的能力来进一步甄别。互动发展的根本目的是实现产业结构的循序演进和城镇化的持续发展。因而，通过具体测度产业结构循序演进的能力和城镇化持续发展的能力就可以进一步研判两者互动的状态与水平。

通过综合产业结构与城镇化的协调程度与持续互动发展的能力，我们基本上就可以对互动关系所处的状态进行测度和研判。

二　互动关系的具体状态

这里通过定性地综合考虑产业结构与城镇化的协调程度的强弱和持续互动发展的能力高低，可以区分出三种互动关系的形态[①]（见图4－1）。

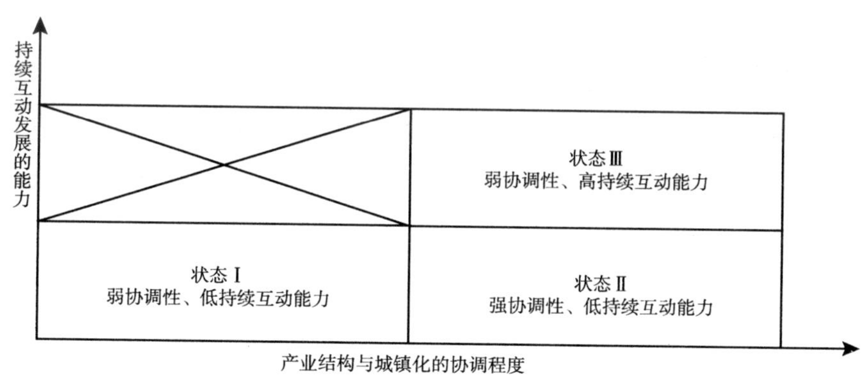

图4－1　产业结构演进与城镇化的互动状态

1. 状态Ⅰ：弱协调性、低持续互动能力

在这种状态下，产业结构与城镇化不相适应，协调性较差，产业

① 如前所述，产业结构演进与城镇化互动发展的重要前提是产业结构与城镇化两者之间适度协调。如果产业结构与城镇化两者之间不协调，那么两者的互动必然存在问题，也就很难实现持续互动了。所以，弱协调性、高持续互动能力的互动状态是不存在的。

结构持续演进、城镇化进一步发展的能力不强。这表明两者之间的互动机制被破坏，互动处于一种不健康的状态。这种关系形态具体来说又可以划分出两种情形：

（1）产业结构向高阶段演进，但城镇化相对滞后。产业结构的演进可以是内生的，也可以是受政府政策、外资外贸等外在因素的推动。因而，产业结构就可能脱离内在的演进逻辑规律，出现超前配置、跨跃式的跳升。如果产业结构跨越劳动密集型阶段，直接进入资本技术密集型阶段，那么产业结构演进对劳动力向城市流动的拉动作用就大大减弱，城镇化的发展也就相对滞后。在这种情况下，产业结构虽实现了向高阶段的演进，但是呈现出的却是一种“虚高”。同时，城镇化相对滞后也可能源自于对城镇化的人为限制。比如，为了避免城镇化的负面影响，人为实施限制城镇化发展，或者实施“反城镇化”的措施。不论是产业结构虚高还是城镇化被人为限制，产业结构演进并不带来城镇化发展的内在原因都在于要素流动机制被阻断，经济要素（突出地表现人口）无法向城市集聚。因而，城市的集聚经济效益也就无法发挥，不能给产业结构演进以有力支撑。

（2）城镇化实现发展，但产业结构演进相对滞后。农村人口向城市的流动势必表现为城镇化的发展，这一过程来自于农村的推力和城市的拉力。因而，基于人口流动的城镇化发展也就可能会脱离于城市产业形成的城市拉力而实现。换句话说，这种城镇化并不是建立在工业化带来的城市产业发展和农业发展的基础之上。在这种情况下，城镇化超越了产业结构的阶段。一方面，城镇化突出地表现为外延型发展，人口等经济要素向城市大量集聚，内涵型城镇化发展并不充分，城市建设相对滞后，城市功能层次较低；另一方面，由于城市产业发展不足，进入城市的农村人口无法获得稳定职业，也即虽实现了地域的转移但是没有实现职业的转变。因而，此时基于人口集中形成的城市集聚经济也不能很好地发挥支撑产业结构演进的积极作用。

2. 状态Ⅱ：强协调性、低持续互动能力

在这种状态下，产业结构与城镇化表现出协调性，但是产业结构持续演进、城镇化进一步发展的能力不强。这表明两者之间的互动发展也存在问题，互动仍处于一种不健康的状态。

出现这种互动状态，极有可能是产业结构演进与城镇化发展为外力推动下进行的，致使产业结构演进的特定阶段或者城镇化发展过程中出现了一定程度上的偏差。从产业结构演进来看，在特定的工业化模式下，产业结构演进的动力可以在一定程度上脱离本国城镇化发展的支撑。这种情况在一些依靠劳动力比较优势的国家表现得尤为突出。在当前的国际分工格局下，一些国家成为“加工工厂”，原料和销售“两头在外”，技术也严重依赖国外。虽然这些制造业吸引了大量的农村人口，推动了城镇化率的提高，但是这种城镇化率的提高并没有带来太多进一步有意义的结果。因为，一方面仅仅依靠“加工”而获得的微薄利润势必制约了产业工人收入水平的提高，进而限制了本地消费市场的潜力。由于“两头在外”、以外需替代内需，这种发展模式就回避掉了因工资收入水平制约的内需不足问题。另一方面，产业技术依靠国外的方式也规避掉了本国创新能力不足的问题。因而，在这种情况下，产业发展、产业结构的演进就不再需要城镇化发展来提供市场需求，创造有利于技术创新的环境。城镇化发展也就仅仅以资源空间重新配置的客观结果而存在，本身并不发挥实质的意义。

从城镇化发展来看，城镇化发展的质量不高，无法发挥对产业结构演进应有的积极作用。很多发展中国家在城镇化过程中往往存在城市发展相对滞后，城市功能普遍有待加强，基础设施建设严重不足。

而创新活动的开展、知识信息的传播扩散往往对现代化的基础设施有较高的要求。因而，如果在城镇化发展的过程中仅仅重视城市产业发展所带来的人口城镇化，这将是远远不够的，城市发展的滞后必然影响城市集聚经济的效益。

总之，在这种互动状态下，产业发展、产业结构提升能够获得短时间的进步，但是显然缺乏进一步发展演进的内在动力，城镇化发展的质量也难以提升，进而陷入一种低水平的陷阱，其形成的经济发展只不过是继续保持相对落后地位的增长而已。

3. 状态Ⅲ：强协调性、高持续互动能力

在这种状态下，产业结构与城镇化表现出较强的协调性，产业结构持续演进、城镇化进一步发展的能力也较高。这表明产业结构演进与城镇化发展互为因果，存在着紧密的互动关系，两者之间的处于良性互动的状态。

在良性互动的状态下，互动机制运转良好，产业结构的演进在推动外延型城镇化、内涵型城镇化发展的同时，受到城镇化积极的正反馈。城镇化发展不仅在要素供给、市场需求方面给予支撑和带动，而且通过强大的城市集聚经济效应，为城市创新创造了良好环境和氛围，进而有力推动产业结构演进。

与状态Ⅱ相比，实现良性互动的关键在于互动的动力是内生的。同时，城镇化发展的质量较高，城镇化的支撑能力较强。在城市本身并未获得充分发展的情况下，大规模的人口集聚并不一定能够带来集聚经济的正效应。相反，会进一步使得城市集聚经济的负效应凸显。比如在城市基础设施不完善、城市承载力尚未完全开发、城市治理能力相对滞后的情况下，城市将出现功能紊乱，运行效率低下，“大城市病”等集聚不经济问题会十分严重。

第二节　典型国家的产业结构演进与城镇化互动发展模式

不同国家的产业结构演进与城镇化发展历程不尽相同，两者的互动状况和背后的影响因素呈现出差异性，这也就形成了不同类型的互动发展模式。概括来讲，以下四类国家或地区，其产业结构演进与城镇化互动发展的特点比较鲜明，分别形成了比较典型的互动模式：（1）英美等早期发达国家，它们的产业结构演进与城镇化发展保持良性互动，形成了内生的市场型互动模式；（2）东亚新兴工业化国家和地区，它们工业化和城镇化起步较晚，但是在政府的积极正确引导下，借助国际市场总体上也实现了产业结构演进与城镇化的良好互动，形成了基于市场的政府引导型互动模式；（3）计划经济国家，一般实行重工业优先发展和节约城镇化成本的战略，工业化与城镇化处于相对失衡的状况，形成了计划型互动模式；（4）拉丁美洲国家，它们的产业结构演进与城镇化发展受到外部因素的影响较大，两者之间的互动较弱，形成了外向型互动模式。对于这五种类型的国家，前两类国家总体上处于一种良性互动，后两类国家的互动发展存在一些问题。

一　早期发达国家

英美等早期发达国家工业化与城镇化起步较早，产业结构演进和城镇化发展受到外界的影响和干扰较少，基本上是市场自发进行的，两者的同步推进使城市和新兴工业不断得到发展。这里以美国为例研究早期发达国家产业结构演进与城镇化互动发展历程。美国产业结构演进与城镇化的互动发展可以大致分为五个阶段：

（1）建国至19世纪70年代

这一阶段美国正处于第一次工业革命时期。受到欧洲工业革命的影响，美国陆续引入新技术、新机器和熟练工人，工业开始大规模发展起来。美国的工业发展也是以纺织业为开端，纺织业成为美国工业化初期的重要工业部门。第一次工业革命时期，美国工业增长十分迅速，工业占经济的比重从1839年的24.2%提升至19世纪70年代的52.6%，农业比重相应从44.6%迅速降低至17%。在工业革命的推动下，工厂制蓬勃兴起，工业企业开始吸引大规模的农业人口和移民人口进入城市。同时，伴随着交通运输技术的变革，蒸汽机和火车逐步取代了马车、帆船，运河和铁路促进了西进运动，美国的城市化经历了第一次快速发展时期。据统计，美国城镇人口由1790年的5%左右上升到1830年的8%左右，之后迅速提升至1870年的25%左右。工厂工业的发展不仅使许多商业城市转变为工业城市，而且进一步推动原有城市规模的扩大和新兴工业城市的兴起。在1820～1860年间，城市人口以每十年平均57%的速度增长，2500人以上的城市数目从90个左右增加到392个，10万人以上的城市从仅有1座增加到9座。这一时期，美国的城镇化发展与工业化高度同步，并初步形成了城市体系。主要的城市集中于东北部和五大湖地区，形成了近代工业基地和制造业区，并在全国占据主导地位。伴随着工业城市的发展，城市对周围地区的吸引力和辐射力也不断增强，从而带动地区经济的发展和繁荣。

（2）19世纪70年代至20世纪20年代

19世纪后期，第二次工业革命爆发，电力、化学、石油提炼、汽车和飞机制造等行业获得快速发展。这些重化工业的发展不仅带动了美国工业的发展，而且重化工业的产值不断提升，并在20世纪20年代左右超过轻工业，推动产业结构不断高度化。工业中心在原有的基础上进一步拓展，形成了规模巨大的制造业带，从东部海岸的波士顿、纽约、费城、巴尔的摩一直延伸至中西部匹兹堡、克利夫兰、底特律、芝加哥。同时，伴随着城市工业的发展，城市第三产业也蓬勃发展，进一步带动城镇化率水平的提升。从三次产业比重来看，农业占比进一步下降，工业比重稳重有降，服务业比重有所提升。在产业结构演进的带动下，美国城镇化继续保持快速发展，城市数目和城市人口继续大幅度增长。城镇化率水平在1920年达到51%，城市人口首次超过农村人口。这一时期美国城市人口的增加不仅源于农村人口的转移，而且国际移民的贡献也功不可没。据统计，在1860～1920年间，美国人口增长的40%都是移民，其中大多数移民都迁到了纽约等大城市。

美国重化工业的发展给城镇化发展带来的深刻影响，催生了纽约、芝加哥、费城、底特律、洛杉矶等一批大城市和特大城市。据统计，1870～1930年，许多重要工业城市的人口分别增加几倍、十几倍或几十倍，洛杉矶等个别城市则扩大一百几十倍，从而出现了一批人口超过100万的特大城市。[①] 这些大城市在建筑景观、功能区分方面已经具有现代城市的一些特征。尽管这些城市产生巨大的集聚效应，吸引工业集聚和人口流入，但是居住条件、交通拥堵、环境污染、社会犯罪等大城市病现象也日益突出，引发了日后的郊区化。

（3）20世纪20年代至20世纪80年代

20世纪20年代至50年代，美国处于工业化后期。三次产业结构总体上农业比重继续下降，至1953年下降至5.9%，工业比重稳定在48.4%，服务业比重上升至45.7%。之后，美国开始进入后工业化社会，产业结构向着“三二一”的方向深化发展，第一产业比重保持下

① 郭吴新：《美国的工业发展与城市化》，《武汉大学学报》1985年第4期。

降，第二产业开始出现显著下降，至70年代末已下降至34%左右，而第三产业比重显著提升，从50年代的不到46%提升至70年代末的63%左右。这一时期，伴随着产业结构的演进，美国的城镇化发展水平总体在不断提高，但是也出现以下几个显著的特征：

一是，郊区化发展。伴随着福特制机器大生产，工业企业规模不断提升，这导致城市中心区域不断扩大，大量人口进一步向城市中心区迁移，单个城市的向心集聚达到顶点（见表4－1）。但是，城市基础设施建设瓶颈、生态环境恶化等问题日益严重，城市中心的吸引力开始下降。同时，在汽车的普及以及高速公路建设的推动下，部分人群开始向近郊区迁移，城市化发展进入郊区化。二战前总体上城市中

表4－1　美国1900～1990年100个最大规模城市人口变动情况

单位：个，万人，%

	1900年			1950年		
	个数	人数	比重	个数	人数	比重
700万人以上	0	0	0	1	789.2	18.1
300万～700万人	1	343.7	19.3	1	262.1	8.2
100万～300万人	2	299.2	16.8	3	589.2	13.4
50万～100万人	3	164.5	9.2	13	918.7	21.1
30万～50万人	5	172.4	9.7	18	688.7	15.8
10万～30万人*	27	440.9	24.7	64	1024.2	23.4
10万人以下	62	363.4	20.4	—	—	—
	1970年			1990年		
	个数	人数	比重	个数	人数	比重
700万人以上	1	789.5	15.8	1	732.3	14.1
300万～700万人	1	336.7	6.7	1	348.5	607
100万～300万人	4	750.9	15.0	6	914.5	17.6
50万～100万人	20	1298.9	26.0	15	1011.8	19.6
30万～50万人	22	831.1	16.6	28	1107.3	21.4
10万～30万人*	52	990.6	19.9	49	1060.9	20.5
10万人以下	—	—	—	—	—	—

注：个数为各类规模城市的数量；人数指同类规模城市的人口总数；比重指某一城市总人口占该年度100个最大城市总人口的比重。*表示1950年以后为30万人以下。

资料来源：U. S. Bureau of the Census. 1998。

心区的人口增长速度仍然大于郊区。二战后美国城市郊区化进程大大加快，进入快速发展阶段。到1970年郊区人口约为7600万人，占全国人口总数的37.2%，而中心城市和非都市区人口各占31.4%，郊区人口超过了中心城市和非都市区人口。①

二是，“去工业化”带来的逆城市化。伴随着城市现代服务业的发展，美国大城市的产业结构也开始调整，传统制造业逐步向大城市外围迁移，金融、商业和专业商业服务成为大城市的主导产业。并且在国际竞争中，五大湖工业区等老工业基地增长乏力，曾一度被称作“冰雪带”。据统计，五大湖工业区制造业占全国的比重由1946年的77%下降到了1982年的57%。② 受到“去工业化”以及制造业衰退的影响，20世纪70年代美国非大都市区人口增速超过大都市区。

三是，郊区化和逆城市化的发展直接推动了都市圈和都市连绵区的迅速发展。人口、制造业及传统服务业向郊区及非城市地区扩散，带动了城市郊区和周边小城镇的快速发展，这极大地拓展了城市的边界，使城市不断向外扩散，将一些中小城市和城镇作为卫星城市纳入以该城市为中心、多个次级中心共存的区域城市体系中。而在城市体系内部，伴随着交通通讯条件的改进，城市之间的联系更加频繁和紧密，中心城市的界限变得更加模糊，区域成为一个都市连绵区，区域内城市之间、城乡之间逐渐实现一体化。1940年美国有138个都市区，占美国人口的51%。但在1990年，美国都市区的数量上升到335个，其人口份额升至77.5%。③

---

① 吴颖：《浅析城市郊区化》，《城市开发》2004年第9期。

② 高相铎、李诚固：《美国五大湖工业区产业结构演变的城市化响应机理辨析》，《世界地理研究》2006年第1期。

③ SukkoKim, Robert A. Margo. Historical Perspectiveon U. S. Geography. Handbook of Regional and Urban Economics, 2003, volume 4, August.

（4）20 世纪 80 年代至今

从 20 世纪 80 年代开始，美国先后实施了“星球大战计划”和“信息高速公路计划”，重新塑造美国在世界经济中的地位。相应美国的产业结构也出现了一些新的变化。第三产业中，金融、保险、地产以及专业商业服务等现代服务业获得快速发展，在经济中的地位不断提升，而传统服务业地位有所下降。金融、保险、地产、租赁行业的产值在 20 世纪 80 年代后期一跃超过制造业成为第一大部门，而专业服务业则在 20 世纪 90 年代超过制造业成为第二大部门。同时，产业信息化、高技术化的特征十分显著，并且高技术产业的重心也在逐步从制造业向服务业转变。据统计，1988～1996 年，28 个 R&D 密集的高技术产业就业人数增加 40.2 万人。其中，高技术制造业就业人数反而减少 59.9 万人，而高技术服务业就业人数则大幅增加，净增就业机会 105.6 万个。[①] 这一时期，一方面现代服务业、信息技术产业的发展带动人口向大都市区流动，另一方面经过城市治理，城市中心区改造后重现活力，美国出现“再城市化”，总体上实现高度城市化。纽约、芝加哥、费城、底特律等城市适应产业发展需要实现了城市转型，并且纽约成为世界城市，塑造并引领全球城市体系，进而为产业发展提供更加强大的动力。

二　新兴工业化国家和地区

东亚新兴工业化国家和地区遵循动态比较优势，较早放弃了进口替代的战略，在出口导向战略下采取动态积极调整政策，实现了产业结构的循序演进与城镇化的协调相对发展。

在 20 世纪后半叶，东亚新兴工业化国家和地区总体上也经历了由进

① 余燕春：《美国产业结构演变分析》，《当代财经》1999 年第 2 期。

口替代战略向出口导向战略的转变。但是与拉美国家不同，东亚新兴工业化国家和地区实施进口替代战略的时间非常短暂，在国内资源稀缺的情况下以及意识到这一战略缺乏竞争力之后，这些国家和地区纷纷实施出后导向战略。在这一战略下，这些国家的政府政策始终紧紧围绕如何增强比较优势展开，并随着比较优势的动态转变而及时调整。首先，政府政策重点支持鼓励劳动密集型产业的出口，这一政策的核心是保持财政中期的相对平衡和具有竞争力的汇率水平。随后，伴随着劳动力供给进入拐点，制造业开始向资本技术密集型产业调整转型。这一时期，政府政策有重点地挑选了重化工业作为支持鼓励的目标。这些国家和地区这一阶段也实行了幼稚产业保护的政策，但是与拉美国家不同，这种保护并非对整个民族工业进行保护，而是在扩大出口背景下有选择地适度保护。一旦受保护部门相对成熟具有竞争力后，保护的力度和水平随之降低。之后，为了进一步提升竞争力，这些国家和地区的当局重视创新研发，积极推动高技术产业的发展，实施的政策主要是促进竞争、纠正市场失灵以及鼓励研发等等。从表 4－2、表 4－3 韩国、中国台湾地区的政策的演变过程可以清晰地看出以上的规律。从这里可以看出，东亚新兴工业化国家和地区的政府政策往往是有限的、适度的，并且是基于比较优势动态调整的。世界银行 1993 年发布《东亚奇迹：经济增长与公共政策》报告，在总结东亚新兴工业化国家和地区成功经验时指出，它们的迅速增长有两个互补的因素：正确运用基本经济政策是关键；非常迅速的增长都得益于谨慎的政策干预。艾伦在分析日本产业政策问题时也形象地写到：政府机构的主要功能是为中小企业提供了良好的环境。政府建造了一个大的熔炉，企业家提供了燃料。①

---

① Allen，C. C. The Japanese Economy. New York：St. Martin's Press，1981.

表 4-2　韩国政策导向的演变

时期	优先发展部门	主要政策工具
1960~1973 年	出口领域:重点为劳动密集型制造业	进口保护以及退税、信贷补贴等
1973~1980 年	重化工业领域:优先发展钢铁、石化、有色金属、造船、电子、机械等工业,优先发展大企业	进口保护以及退税、信贷补贴等;广泛使用政策性贷款给优先产业和企业,并通过税收减免刺激投资
1980~1990 年	工业制成品出口、企业重组、中小企业、高新技术产业优先发展	分阶段进口自由化;终止政策性贷款,但仍然影响信用资金分配;对研发活动进行激励;放松对 FDI 的限制
1990 年至今	以私人部门为导向的发展;1997 年危机后对财阀进行重组	开放资本账户;金融部门自由化

资料来源: K. Kim and D. Leipziger. Korea: a case of government-led development, in D. Leipziger (editor) Lessons from East Asia, University of Michigan Press, Ann Arbor, 1997。

表 4-3　中国台湾地区政策导向的演变

时期	优先发展部门	主要政策工具
1953~1957 年	进口替代:重点为纺织品、服装以及其他劳动密集型产品	通过关税和进口配额进行进口保护
1958~1972 年	出口促进:重点为服装、电子消费品等劳动密集型制造业。同时在五金、化工等中间产品存在进口替代	统一的具有竞争力的汇率;进口关税退税;税收减免、信贷补贴;出口加工区;鼓励 FDI 等。通过关税和进口配额进行进口保护
1973~1980 年	进口替代中间产品和资本品的同时进行出口:重点为石化、钢铁工业、造船工业、汽车、机械设备、电机、家用电器	对重点企业进行公共投资;税收减免;政策性贷款;进口关税退税;有选择的进口保护
1981~1990 年	高技术活动和出口:战略性产业包括信息技术、机械、精密仪器、生物技术、光电技术、环境科学技术	贸易自由化;政策性贷款;税收减免;对基础设施和研发设备的公共投资;科技园;鼓励 FDI
1990 年至今	以私人部门为导向的发展	金融自由化;终止政策性贷款,公共科技部门;教育投资;鼓励 FDI

资料来源: C. Dahlman and O. Sananikone. Taiwan, China: Policies and Institutions for Rapid Growth, in D. Leipziger (editor) Lessons from East Asia, University of Michigan Press, Ann Arbor, 1997。

三　计划经济国家

计划经济国家在重工业优先发展战略和节约城镇化成本战略导向下，短时期内工业化进程加快，但是城镇化发展却十分不协调。

计划经济国家将工业化作为经济发展的首要目标，在进行经济赶超的过程中又将重工业作为工业化发展战略的核心。苏联在工业化的过程中，斯大林曾指出：国家工业化的基本任务“就是加快我国工业的发展速度，利用现有的资源来全力推进我国工业，从而加速整个经济的发展”，“我国的工业化不能只了解为发展任何一种工业，比如说，发展轻工业，虽然轻工业及其发展是我们所绝对必需的。由此可见，工业化首先应当了解为发展我国的重工业，特别是发展我国自己的机器制造业这一整个工业的神经中枢。否则就谈不到保证我国在经济上的独立”。在重工业优先发展的战略导向下，计划经济国家超前配置产业结构，资本技术密集型的重化工业被置于突出重要的地位，国家计划、关税保护、进口配额、提高汇率、大举外债、牺牲农业等一系列政府政策被用来支撑扶持重化工业的发展。据统计，苏联每年将40%左右的基本建设投资用于第二产业，第二产业固定基金的比例由1928年的5.8%提高到1982年的35.5%。通过中央计划，苏联短时间内实现了工业的高速发展。1940年，苏联工业总产值比1913年增长7.5倍；1982年又比1940年增长21倍。尽管苏联用较短的时间由一个落后的农业国发展成为现代化工业国，但是超前配置重工业也带来了很多问题。这突出表现在农业发展落后，工业内部结构不合理，第三产业发展相对滞后。在工业内部，苏联轻工业相对重工业发展不足，甚至很多日常生活用品都存在供不应求的问题。与1913年相比，1950年社会总产值增长7.2倍，其中工业产值增长12倍，而农业总产值仅增长40%。并且，大量人口仍然沉淀在农业上，农业生产效率不高。苏联在1960年三次产业就业结构为39∶32∶29，而美国1950年的就业结构则为27∶30∶43；1980年苏联调整为20∶39∶41，而美国则为3∶34∶63。同时，苏联第三产业发展不足，在三次产业就业比例中远远落后于英美等国家（见表4－4）。在资源有限的情况下，第三产业的投资比例也呈现下降趋势。据统计，在整个基本建设投资总额中，第三产业所占的比例1956～1960年为46.9%，1966～1970年下降为44.2%，1976～1980年又下降为40.4%。① 因而，尽管从产业数量比例关系上来看，重化工业的比重提高，产业结构表现出高度化的特征，但是这是一种“虚高”。重化工企业长期生长在政府扶持的“温床”上，本身缺乏自生能力，成长相对缓慢。同时，农业和第三产业发展相对落后，也制约了工业的进一步发展，产业结构的进一步升级演进也就缺乏内在的动力。

表4－4　苏联三次产业的就业结构

年份	1960	1965	1970	1975	1980
第一产业	39	31	25	23	20
第二产业	32	36	33	38	39
第三产业	29	33	37	39	41

资料来源：张础：《科技革命与苏联产业结构的调整》，《苏联东欧问题》1986年第1期。

由于工业的快速增长，苏联的城镇化发展也较快，城镇化率水平从1926年的18%提升至1987年的66%。尽管苏联的城镇化受到工业化发展的影响，但是，苏联对城镇化的发展也采取计划型的手段，其城镇化发展存在很多问题。

① 李仁峰：《试论苏联的三大产业结构》，《苏联东欧问题》1985年第4期。

1931 年，《关于莫斯科市政建设和苏联市政建设的发展》的决议中指出：党在新时期的主要任务是改造旧城市和建设设计新城市，以适应工业化、城市人口的增加以及广大劳动群众的生活文化需要的增长。要在农业地区建立新的工业基地，建立新城市，从而不断地最终消灭城乡之间的对立。

苏联的城镇化发展速度较快。据苏联学者统计，1917～1982 年苏联共建设了 1238 座新城市，平均每年 20 座。在 1975 年以前，建成的新城市就达 960 座，其中有 625 座建于老居民点，有 335 座建于空地。而 1938～1941 年，苏联城市的总数量由 755 个猛增到 1241 个，净增 486 个，平均每年新增城市 121.5 个。同时，苏联也采取行政命令的方式把农业区变成城市，把城郊并入城市成为城市的一部分。不论是大规模地新建城市或者行政命令扩张城市，过度快速的城镇化导致了城镇化质量的下降。一方面，城镇化发展比较粗放，尤其是采取行政命令的做法，虽然名义上变农民为市民，但是不少地区的面貌、居民就业生活并没有发生很大变化，导致城市“农村化”①。另一方面，为了集中力量建设工业和增加工业的积累，苏联尽可能降低城镇化的费用（如限制每个城市居民的安置费用），在住房建设、社会生活、城市交通等方面采取硬性的节约手段，尽可能少地对城市发展进行投入，城市公共设施相对不足，居民的服务性项目发展水平也较低。苏联自 30 年代开始就形成了“控制大城市”的城市发展方针，以后基本上变动不大。苏联也实施“居留证”制度，限制居民自由迁徙流动，其主要目的之一就是控制居民迁入莫斯科、列宁格勒等一些大城市，而对一些小城镇，并不加以严格控制。因而总体上，尽管城镇化发展质量不

① 刘显忠：《苏联时期城市化：成就和问题》，《中国经贸导刊》2003 年第 17 期。

高，苏联的城镇化率水平相对适中。我国实行计划经济时期，实行了严格的户籍制度，城乡人口流动被严格控制，城镇化发展与工业化进程相对脱节，并严重滞后于工业化。

四 拉丁美洲国家

拉丁美洲国家在进口替代战略和城市偏向战略导向下，工业化一度发展迅速，但城镇化发展速度大大超过了工业化速度；而后实施了经济改革全面开放，采取外向发展战略，但忽视了政府在创新中的积极作用，产业缺乏核心竞争力，产业结构层次长期难以提升。

拉丁美洲国家在 20 世纪先后经历了三次大的战略转型。20 世纪 30 年代以前，拉美国家实施以初级产品出口导向的外向发展战略。初级产品出口型发展模式使拉美国家积累了一定量的资本，为以后制造业投资创造了条件。但是总体上，拉美国家的工业化和城镇化进程都相对缓慢。

伴随着 30 年代开始出现、并在 50 年代全面推行的进口替代战略，拉美国家走上了内向工业化发展道路。在进口替代工业化发展模式下，拉美的制造业出现了显著的增长。据拉美经委会统计，1950～1980 年，拉美制造业的年均增长率达 6.5%（巴西和墨西哥分别在 8% 和 7% 以上），明显高于世界制造业年均 5.7% 的增长率。[①] 但是，与此同时，拉美国家的制造业受到过度保护，生产率低下，经济效益增长缓慢，并且政府财政负担较重，国际收支状况不断恶化，国际债务十分沉重。在城乡关系上，拉美国家实施了城市偏向政策，通过剪刀差将农业剩余向工业部门转移，并在公共投资、税收等方面给予城市优先发展的

---

① 江时学：《对拉美进口替代工业化发展模式的初步总结》，《拉丁美洲研究》1995 年第 6 期，第 1～8 页。

地位。那么在有利于城市的经济政策和发展战略的影响下，城乡之间的差距十分显著，人口自然会脱离农村向城市迁移。因而，发展中国家的城市化动力与模式与欧洲和北美的城市化模式并不相同，发展中国家人口从农村迁入城市主要是受政府错误的城市偏向政策所诱致的。[①] 但是不同于社会主义国家，拉美国家在人口流动方面并未采取任何政策，而是放任自流。在这种情况下，人口向城市的流动规模远远超过制造业所需要的劳动力的规模。例如，巴西的城镇化率水平从1950 年的 40% 左右提升至 1980 年的 64% 左右，但人均国民生产总值只增加了 60%，而发达国家的人均国民生产总值增加了 2.5 倍。[②] 拉美国家的城镇化发展主要不是工业化和经济发展所推动的，人口膨胀、城市偏向形成的对人口的吸引是拉美城镇化的主要动力。因而，拉美国家的城镇化与工业化进程和经济发展不相适应，形成了过度城市化状况。

在 20 世纪 80 年代，拉美国家爆发债务危机，进口替代战略难以为继，开始实施全面开放的外向发展战略。从发展的绩效来看，在外向型战略导向下，拉美国家的经济发展并不尽如人意，经济增速甚至还未达到五六十年代进口替代战略时期的水平。与东亚新兴工业化国家相比，同样的外向型战略下拉美国家为何出现如此大的差异。从前文的分析知道，原因固然有很多，这里仅从创新政策的角度来剖析这一问题。在进口替代战略下，拉美国家采取了自上而下的创新路线，实施了有目的的国家干预，建立了一批以经济为导向的研究机构，发展相对独立的国家创新体系。尤其在 20 世纪 70 年代初到 80 年代末，

---

① 成德宁：《城市化与经济发展——理论、模式与政策》，科学出版社，2004，第 61 页。

② 国家发展和改革委员会产业发展研究所美国、巴西城镇化考察团（黄汉权执笔）：《美国、巴西城市化和小城镇发展的经验及启示》，《中国农村经济》2004 年第 1 期。

拉美国家处于自主创新能力提升的黄金时期。但是，到 20 世纪 90 年代，在新自由主义思潮下，政府在技术开发领域的投入大大减少，私有化改变了国有企业原来在高科技开发中占主要地位的模式。从研究与开发的总开支来看，1990 年拉美地区的研究与开发总支出为 29 亿美元，仅占整个世界研究与开发总支出的 0.63%，1999 年，大多数拉美国家的研发开支占国内生产总值（GDP）的比重都较低；哥斯达黎加最高，也仅为 1.1%，巴西为 0.91%，古巴为 0.83%，其他国家都低于 0.8%。相比而言，美国的研发开支占 GDP 的比重为 3%，韩国占 2.5%。1999 年，拉美的研发总开支只相当于韩国的研发总支出，为美国同年研发总支出的 1/20。[①] 因而，体现在产业层次上，1970 ~ 2000 年拉美国家研发密集型部门仅增长了 7.2 个百分点，远远低于韩国、芬兰和美国（见表 4 - 5）。如果说美国本身在研发密集型部门上具有一定的基础和优势，那么与韩国相比，拉美国家在 1970 年自然资源型部门的比例比韩国还要低，而研发密集型部门的比例则是韩国的 2 倍左右。但是在随后的 30 年，东亚地区（除去中国）在研发支出上是拉美和加勒比海地区的五倍，并且这种差距仍随着时间的推移而扩大[②]，韩国自然资源型部门所占比例急剧下降，研发密集型部门的比例快速提高，一跃成为创新型的国家。更进一步的比较还可以发现，芬兰也是建设创新型国家的典范，虽然其资源禀赋优势明显，其自然资源型部门的比例下降并不显著，仍然占据重要比例，但是这并没有妨碍芬兰产业结构的升级。由此可见，缺乏国家对创新的有效激励和支持，拉美国家自主创新能力不断沦失，其产业结构的升级演进十分缓慢。

---

① 李明德等：《拉丁美洲的科学技术》，世界知识出版社，2006，第 155 页。

② Lall, Sanjaya, Manuel Albaladejo, and Mauricio MesquitaMoreira. Latin American industrial competitiveness and the challenge of globalization. INTAL-ITD Occasional Paper-SITI - 05, Inter-American Development Bank, Washington, DC., 2004.

这一时期，拉美国家过度城镇化的状况并没有太大改观，尽管政府采取了一些措施，但是城市失业、城市贫困、城市环境恶化等问题依然严重。尤其在大城市，拉美国家城镇化发展的过程中还形成了很高的城市首位度。由于人口主要受到城市的吸引而迁移，大城市在很多方面的优势比较显著，成为人口流动的主要方向。1991 年阿根廷超过 54% 的人口居住在人口规模 100 万人以上的大城市，仅有 18% 的居民生活在人口不足 10 万人的中小城市。1993 年哥伦比亚有一半左右的居民生活在该国四个百万人口城市之中。墨西哥 1990 年的人口普查表明，墨西哥拥有 180 多万人，而生活在 10 万人口以下城镇中的居民仅为 1/3。①

表 4－5　1970～2000 年的部分国家产业结构变迁

国家	部门	1970 年	2000 年
拉美	自然资源	50.3	51.0
	劳动密集	28.6	20.6
	研发密集	21.1	28.3
韩国	自然资源	59.3	28.5
	劳动密集	29.9	8.6
	研发密集	10.7	60.0
芬兰	自然资源	52.0	40.4
	劳动密集	24.4	13.2
	研发密集	23.8	46.4
美国	自然资源	36.0	22.4
	劳动密集	23.9	17.4
	研发密集	40.1	60.2

资料来源：Mario Cimoli and Marcio Holland，Growth，Structural Change and Techno logical Capabilities Latin Americain a Comparative Perspective，LEM Working Paper Series，May 2006，pp. 29－301。

① 建设部城乡规划司、中国城市规划设计研究院：《国外摅镇化模式及其得失（二）——受殖民地经济制约的发展中国家的城镇化》，《城乡建设》2005 年第 7 期。

第三节 影响产业结构演进与城镇化发展互动的因素

产业结构演进与城镇化发展的互动为何会在不同的国家和地区之间表现出不同的状态和运行绩效？这需要从互动所依赖的环境因素在不同国家表现出来的差异性来解释。通过对以上不同国家的分析，可以看出，总体上这些环境因素主要包括四个方面：（1）要素禀赋——人口、资本、资源、地理等方面在产业发展或城镇化进程中形成的约束或优势；（2）外向程度——国际市场上的要素供给、市场需求等对国内产业结构演进与城镇化发展互动的推动或冲击；（3）制度安排——产业结构演进与城镇化发展互动是在一个正确的制度框架下被激励还是在一个无效率的制度环境下被扭曲；（4）政策导向——政府的经济发展战略、产业政策、城市发展战略等对互动机制的影响。

一 要素禀赋

要素禀赋是一国经济发展的先决条件，世界各国经济发展的差异性或多或少可以由要素禀赋的差异性得到解释。具体到产业结构演进与城镇化发展过程中，要素禀赋对其的影响也显而易见。要素禀赋的初始条件形成的诸如区位地理优势、自然资源优势等往往能够成为促进特定产业发展和城镇化的有利因素。例如，相对于内陆地区，沿海地区的产业发展水平和城市化水平往往较高。

要素禀赋对产业结构演进与城镇化互动发展的影响体现在两个方面：一是要素禀赋对产业结构的形成和转换发挥着重要的制约作用，进而影响着城镇化的发展及城市化效应的发挥。二是要素禀赋形成了不同的城镇化进程，对产业结构的循序演进产生重要影响。

从产业结构演进来看，要素禀赋对产业结构的形成和转换发挥着重要的制约作用。一方面，要素禀赋往往决定了具体产业的竞争优势，成为形成特定产业结构形态的基础。例如，中东拥有丰富自然资源的国家，与石油相关的行业成为支柱产业；俄罗斯近来的经济“原料化”现象也是其丰裕的自然资源使得能源、原材料等产业部门快速增长的结果。从表4-6中也可以看出，中国、印度在劳动力资源方面具有绝对优势，但是熟练劳动力方面也不具优势，因而其一般性的制造业在产业结构中占据重要地位。美国、日本等虽然也具有劳动力等方面的优势，但主要集中在熟练劳动力上，非熟练劳动力排名在最后几位，因而高加工度的制造业在产业结构中相对重要。

表4-6　世界主要国家要素禀赋情况

劳动力资源				人均资本			
最高五国	相对数值	最低五国	相对数值	最高五国	相对数值	最低五国	相对数值
中国	2568.0	冰岛	0.6	挪威	508.5	乌干达	1.4
印度	1439.0	圭亚那	1.2	芬兰	440.5	孟加拉国	2.4
美国	519.0	塞浦路斯	1.6	丹麦	376.0	卢旺达	2.4
印尼	275.2	冈比亚	1.6	荷兰	348.8	中国	2.5
日本	272.3	毛里求斯	1.7	日本	348.7	冈比亚	2.8
非熟练劳动力				熟练劳动力			
最高五国	相对数值	最低五国	相对数值	最高五国	相对数值	最低五国	相对数值
冈比亚	294.5	奥地利	0.0	加拿大	613.9	冈比亚	1.7
马里	292.2	日本	1.0	新西兰	503.6	马拉维	3.4
贝宁湾	274.5	澳大利亚	2.6	美国	484.6	卢旺达	3.4
塞拉利昂	253.2	美国	3.0	澳大利亚	351.8	乌干达	3.4
巴基斯坦	245.6	法国	3.3	菲律宾	279.4	马里	3.4

注：表中显示的要素禀赋的相对数值为该国数值与平均值的比值乘以100后的值。相对数值大于100表明该国的要素禀赋超过平均值，小于100表明该国的要素禀赋低于平均值。数据为1980年。

资料来源：Thiam Hee Ng. Factor Endowments and the Distribution of Industrial Production across the World, Statistics and Information Networks Branch of UNIDO, Working Paper No 6, February 2002.

另一方面，要素禀赋的变化也是产业结构的转换变动的重要影响因素。要素禀赋结构及其决定的比较优势是动态变化的。林毅夫等认为，经济发展归根结底是要改变资源结构，即增加资本在资源禀赋中的相对丰裕程度。[①] 伴随着经济发展、资本的积累，劳动力与资本的对比状况将发生改变。图 4－2 中的国家或地区在经济增长的过程中都出现了资本深化的现象，工人的人均资本水平都在上升。尤其是日本、韩国、中国台湾在上世纪后半段工人的人均资本水平上升十分迅速。资本积累水平的提高客观上改变了比较优势，要进一步推动资本积累或者扩大经济剩余规模就必须转换主导产业，推动产业结构升级。因而，日本、韩国、中国台湾在工人的人均资本水平上升的同时实现了主导产业从劳动密集型逐渐转变到资本密集型和技术密集型（见表 4－7）。在这一过程中，要素禀赋结构被不断提升，带动了产业结构的升级演进。同时，产业结构的循序演进也保持了正常的农村劳动力加速转移，进而使得城镇化的发展与产业结构的演进相得益彰，实现了城镇化的快速发展。

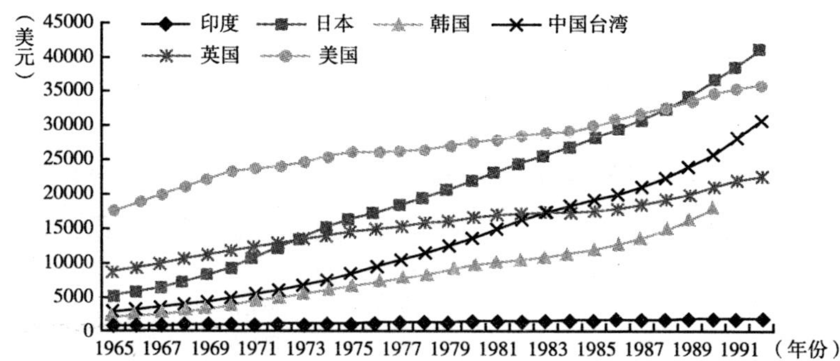

图 4－2　1965～1992 年一些国家和地区工人的人均资本形成额

资料来源：The Development Research Institute（DRI）at New York University（http：//dri. fas. nyu. edu/object/dri. resources. growthdatabase）。

① 林毅夫、蔡昉、李周：《中国经济改革与发展》，台北：联经出版事业公司，2000，第 114 页。

表 4－7　20 世纪日本、韩国、中国台湾地区的关键产业与发展阶段

	日　本	韩　国	中国台湾
纺织	30、50 年代		60 年代和 70 年代
服装、成衣	50 年代		60 年代
玩具、表、鞋			60～70 年代
炼制		60 年代初（推动）	
钢铁	50～60 年代	60 年代末～70 年代初（推动）	
化工	60～70 年代	60 年代末～70 年代	
造船	60～70 年代	70 年代	
电子	70 年代	70 年代末～80 年代	80 年代
电脑与半导体	80 年代	80 年代	

资料来源：Ito，Takatoshi. Japanese Economic Development：Idiosyncratic or Universal？，Justin Yifu Lin，ed. Contemporary Economic Issues：Regional Experience and System Reform，New York：St. Martin's Press，Inc.，1998，p. 21。

从城镇化发展来看，不同的要素禀赋形成了差异化的城镇化进程。这主要体现在该国或地区的人口禀赋及人口增长速度对城镇化的影响。一般认为，城市人口的增加主要来源于三个方面：城市人口的自然增长、人口向城市的迁移以及城市边界的重新划分。联合国经济与社会事务部（UNDESA）指出，大约有 60% 的城市增长可以归因于人口的自然增长。① 显然，人口的基数及增长速度对城镇化发展有重要影响。这里通过对比拉美的发展中国家与世界发达国家的城镇化发展历史来研究人口禀赋所产生的影响。

拉美国家形成了"过度城镇化"的现象成为受人诟病的反面典型。为什么不同于发达国家早期的发展历程？尽管原因种种，但一个不容忽视的因素就是拉美等国纷纷经历了人口的快速增长。如图 4－3 所示，

① United Nations Department of Economic and Social Affairs（UNDESA）. Estimates and Projections of Urban，Rural，and City Populations，1950－2025. New York：United Nations，1985.

1970年以前拉丁美洲及加勒比海地区的人口自然增长率远远高于世界其他地区。其中，墨西哥在1950～1975年的五个5年中人口自然增长率都超过30‰，巴西在1950～1965年的三个5年中人口也分别达到了28.6‰、29.1‰、29.5‰。然而，英国在工业革命时期人口增长率并没有如此之高。1776～1871年，英国的人口增长率为平均每年1.23%，1776～1806年30年间的人口自然增长率仅为7.8‰，虽然在1811～1841年间有所上升至12.7‰，但是增长的4个点中3个点都是由于死亡率的下降形成的。拉美国家上世纪60、70年代人口年均增长率为2.33%，是英国的两倍左右。[①] 这就不难理解为何拉美国家城市人口增长的速度大约也两倍于英国（拉美国家的城市上世纪60、70年代人口的年均增长率为4.32%，英国1776～1871年在2.05%～2.40%之间）。

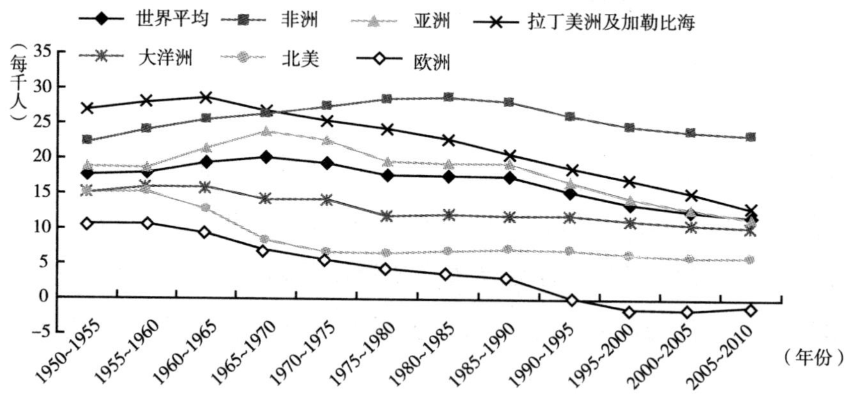

图4-3　1950～2010年世界各地区的人口自然增长率

资料来源：United Nations, Department of Economic and Social Affairs, Population Division (2009). World Population Prospects: The 2008 Revision, CD-ROM Edition。

① Jeffrey G. Williamson. Migrant Selectivity, Urbanization, and Industrial Revolutions. Population and Development Review, Vol. 14, No. 2 (Jun. 1988), pp. 287-314.

从城乡人口迁移的角度来讲，很多人认为大量无地农民涌入城市是拉美国家城市化率短时间内迅速提高的重要原因。对此[①]，我们并不否认，但是我们认为一方面无地农民的形成与人口压力也有直接联系。人口的快速增加也会对有限的农业耕地形成压力，无地农民则会进入城市谋取基本生存。另一方面，从人口迁移与自然增长之间对城市人口增长的贡献来看，拉美国家人口迁移的贡献并不如英国工业革命时期高。1776～1811年英国的人口迁移对城市人口增加的贡献率达到59.7%，1811～1846年则下降至45.8%；但是拉美国家上世纪60、70年代人口迁移的贡献仅为39.3%。从农村的人口迁出率来看，1816～1871年英国农村人口迁出率在年均0.87%～2.1%之间，而拉美国家则在0.97%～1.21%之间。[②] 这表明英国工业革命时期的农村迁出率更高。因而，拉美国家城镇化率的急速提高与其快速的人口膨胀有密切联系。

基于人口压力下城镇化的快速发展对产业结构的影响不言而喻：城镇化的发展超越了产业结构的阶段，在城市工业并未得到充分发展而吸纳足够就业的情况下，城市第三产业异常快速发展。因而，发展中国家城市化的推进速度一开始就超过了工业增长的速度，城市发展与产业结构演进之间呈现出明显的失衡状态。[③] 例如，1960～1981年，墨西哥就业结构中服务业比重提高13个百分点，而第二产业只上升6

---

① 当然，关于拉美国家大量无地农民涌入城市的原因有很多解释，很多人认为：拉美各国政府提倡走农业“技术现代化”道路，即提倡私人大地产通过机械化、化学化、绿色革命等演变成现代大型私营农牧场，进一步减少农业劳动力，于是就出现大规模的自发移民潮（见中国社科院拉美所课题组《谨防城市化的消极后果——拉美国家城市化的基本教训及启示》，《中国经贸导刊》2006年第10期，第8～9页）。

② Jeffrey G. Williamson. Migrant Selectivity, Urbanization, and Industrial Revolutions. Population and Development Review, Vol. 14, No. 2 (Jun. 1988), pp. 287－314.

③ 朱农：《发展中国家的城市化问题研究》，《经济评论》2000年第5期，第84～88页。

个百分点，同期的城镇化水平则从51%上升至69%；同样，巴西的服务业、第二产业、城镇化水平分别上升13个、9个、25个百分点。[①]在这种情况下，拉美国家的经济过早地“服务化”，产业结构的循序演进被严重干扰。同时，大量进入城市的人口并不能获得稳定工作，往往从事非正规就业，形成了新的贫困人口。1980～1994年的15年间，拉美贫困人口由1.359亿人增加到2.093亿人，净增7340万人，其中城市贫困人口增加7250万人，而农村贫困人口增加了90万人。[②] 因而，拉美国家的城镇化发展并不能有效拓展市场需求，城镇化发展对产业结构演进的积极效应无法发挥。

二 外向程度

与封闭的经济相比，开放经济下资本、人力、技术、商品、信息等要素资源在更加广阔的空间地域进行配置，跨越国界的生产、贸易、投资活动频繁发生。在日益开放的经济体系中，一国经济不可避免地受到国际分工、国际贸易、国际投资以及国际产业转移的影响。当各国的经济活动不可避免地被纳入全球经济体系中时，各个国家宏观层面的产业结构演进、城镇化发展以及两者的互动也就自然而然地被打上全球化的烙印。

从整体上来看，一国产业结构演进与城镇化的互动发展具有内生性，即伴随着经济发展产业结构的循序演进以及城镇化的协同发展具有自身内在的逻辑。但是在开放经济中，由于受到外部的冲击和影响，一国产业结构的循序演进进程和城镇化发展的协同程度将受到干扰。

---

① 数据来源：World Bank. World Development Report，1978，1985。

② 郑文晖：《拉美城市化的发展特点及启示》，《科技风》2008年4月（上），第135～136页。

这种干扰既有正面的积极影响，也有负面的不利影响，并在不同的国家之间表现出差异性。例如，有的国家虽然开放了经济，但是在整个全球化过程中仍然处于被边缘化的状态，产业结构演进与城镇化发展进程相对缓慢，互动停留在较低水平；而有的国家尽管融入了全球经济体系，并利用外资技术推动了工业化与城镇化的迅猛发展，但是两者之间并不协调；而有的国家则在全球化进程中充分利用国际市场推动产业结构优化升级，并实现城市的适时转型，互动发展迈向更高水平。

开放经济下各国产业结构演进和城镇化的互动发展所受影响的差异性主要源自于各国在非均衡的全球经济体系中所处地位的不同。在开放的全球经济体系中，非均衡性始终是显著特征。在传统的国际经济体系中，“核心—边缘”式的关系格局是基本形态，经济增长往往发生在核心区国家，边缘区域的国家经济增长停滞。伴随着信息化快速发展，经济全球化宣告了“地理的结束”和“距离的死亡”①，“流空间”（space of flow）逐渐取代“地点空间”（space of place）②，生产经营活动不再完全依赖于有形的交通网络，信息网络成为重要的载体，全球经济联系更加紧密，交互往来更加频繁，传统的国际经济体系逐渐被打破，一种网络化的结构体系应运而生。在“网络—节点”式的关系格局中，尽管从整体上来看非均衡性相对于传统格局有所减弱，但是基于国际分工、国际价值链体系形成的地位差异，新体系格局中非均衡性依然显著，甚至在有些方面分化被进一步加强。

开放经济中的非均衡性使得并非所有经济开放国家或地区都能够

---

① Bryson John, Nick Henry, David Keeble, et al. The Economic Geography Reader, Producing and Consuming Global Capitalism [M]. Chichedter: Wiley & Sons Ltd., 1996.

② Manuel Castells. The Rise of the Network Society [M]. Cambridge: Blackwell Publishers Ltd., 2000.

享受到经济全球化所带来的好处。全球化和地方化是塑造在开放经济条件下地域空间结构的两种重要力量。一方面，经济全球化促进了产业的国际转移，尤其是制造业的重新地理分布，形成了制造业由发达国家向其他低劳动力成本国家的顺次连续扩散。以跨国公司为代表的生产组织方式的变革，使管理和控制职能、研发活动、生产活动以及销售服务活动等各个生产管理单元在空间上的分离分散成为可能。国际分工下产业转移和跨国公司形成的生产体系将单独的区域纳入全球网络。另一方面，基于地方经济基础、社会环境而形成的区位锁定的力量增强了特定区位的吸引力。经济活动的扩散并非是绝对的，而是有集聚的扩散，在扩散中形成新的集聚。在现实经济中可以观察到的基本事实就是，尽管产业要素在全球范围流动扩散，但是并没有均匀地分散到每个地点，而是在一些特定的地点重新集聚起来，尤其是一些性质相似的经济活动在空间上更为集中。扩散中的新集聚主要表现在两种：一是在原有产业向外扩散的地区新的产业出现集聚。这主要表现为生产者服务业、企业管理职能部门等在城市的集中。二是向外扩散的产业集聚在特定有限的区位。比如在制造业向外围扩散的过程中，承接地总是少数几个国家的个别区域。从国际产业转移的历程来看，每一阶段的产业转移都对承接地有具体的要求。总体上来讲，国际产业转移已经经历了四个阶段：第一阶段，产业转移以劳动力和资源密集产业为主，目标国要具有资源和劳动力比较优势；在第二阶段，产业转移以转移资本和劳动力密集产业为主，要求目标国具有劳动力比较优势和市场优势；第三阶段，产业转移以转移资本密集和技术标准化产业为主，要求目标国具有劳动力比较优势和一定的技术水平；第四阶段，产业转移以服务外包为代表的智力密集型产业为主，要求目标国具有劳动力比较优势和智力资源优势（见表 4－8）。全球化和地方化形成的两种力量相互制衡、交织在一起使经济活动总体上呈现出扩散与集聚同时并存的现象。在集聚扩散的过程中，全球化和地方化形成一体关系——“全球地方化”（glocalization），全球化也就意味着地方或区域之间的连接。[①]

表4－8　国际产业转移阶段示意图

	第一阶段	第二阶段	第三阶段	第四阶段
产业转移阶段	劳动密集产品加工装配	劳动密集产品生产加工	劳动资本密集标准化	服务外包
转移产业结构	资源劳动密集型产业	资本劳动密集型产业	资本技术密集型产业	智力密集型产业
产业转移目标地	具有资源和劳动力比较优势的国家	具有劳动力比较优势和市场优势的国家	具有劳动力比较优势和一定的技术水平的国家	具有劳动力比较优势和一定智力资源优势的国家

资料来源：参考张为付《国际产业资本转移与中国世界制造中心研究》，中国财政经济出版社，2005，第92页。经扩展修改。

全球化驱动经济增长的定律是一些地区和城市获得优先发展的机会。[②] 在开放经济条件下，发展和竞争在全球范围内展开。基于各国差异性的技术经济发展状况，经济要素必然突破国内资源、市场的局限和束缚在全球范围选择有利的发展区位进行战略布局。从另外一个角度来看，每个国家和地区都在与其他国家和地区进行着激烈的竞争，以使自己成为产业向外围扩散过程中的新集聚中心。经济全球化实际上放大强化了不同国家地区的区位差异：一些国家或地区的优势被增

---

① 于涛方、刘娜：《中国城市全球化与地方化程度分析》，《地理与地理信息科学》2005年第3期，第65～69页。

② Fu-chen Lo, Peter J Marcotullio. Globalisation and urban transformations in the Asia-Pacific region: A review. Urban Studies, Jan 2000, Vol. 37, No. 1.

强，它们在区域竞争中脱颖而出，融入全球化的生产网络中；而一些国家或地区的劣势也被凸显，在竞争中落败，逐渐被边缘化，甚至成为全球经济活动的“死角”。《1999 年人类发展报告》也曾鲜明地指出“尽管全球化具有积极的、创新的、能动的因素，但它也有消极的破坏性的、使之边缘化的因素……”[①] 也就是说，一个国家或地区并非经济开放就一定能融入全球经济体系中，只有那些纳入了全球生产网络的国家或地区才能获得经济快速发展的机会，而另外一些地区则被排斥在全球生产网络之外。因而，从产业结构演进和城镇化发展的实绩来看，参与全球化的国家或地区经济发展速度较快，优势产业不断发展壮大，城镇化进程进一步加速；那些被逐渐边缘化的国家或地区经济整体上发展缓慢，产业缺乏竞争力，城镇化水平徘徊不前。从实际情况来看，“二战”以来，传统产业、劳动密集型产业经历了按照梯度由美国向日本、西德再向亚洲“四小龙”等新兴工业化地区进而向以中国为代表的发展中国家转移的过程。而服务业产业转移则在 20 世纪 90 年代兴起，以软件服务业外包为代表，发包市场主要为北美、西欧和日本等国家，印度、爱尔兰、以色列等国家则成为国际软件外包中心。联合国贸发会议（UNCTAD）发布的 2009 年全球投资报告（WIR）指出，全球金融危机以后，服务业成为跨国并购（M&A）的新热点，2009 年上半年服务业的 M&A 占比达到 73.5%，其中，来自发展中国家的服务业跨国并购呈现大幅攀升的态势，占全部跨国并购比例上升了近 10 个百分点。[②] 在承接产业转移的过程中，日本、韩国等东亚新兴工业化国家和地区以及中国、印度等发展中国家和地区都实现了经

① 联合国开发计划署编《1999 年人类发展报告：富于人性的全球化》，中国财政经济出版社，2002。

② 吴克明等：《当前国际产业转移的趋势与启示》，《研究与咨询》（安徽省人民政府发展研究中心）2010 年 3 月第 8 期。

济的飞速发展，并在较短时期内完成了产业结构的转换升级，城镇化率也上升到新的水平。

开放经济中的非均衡性不仅体现在融入全球生产网络的国家与排斥在全球化体系之外的国家之间，而且还体现在融入全球生产网络的不同国家之间。伴随着生产全球化，国际分工逐步向纵深方向发展。在经济全球化浪潮的推动下，世界各国的经济开放程度都在显著提高。在这一过程中，不仅国际贸易和国际投资飞速发展，生产也逐渐走向全球化，加工贸易、原始设备制造（OEM）、原始设计制造（ODM）、原始品牌制造（OBM）、服务外包等生产形式发展迅猛。可以说，生产的全球化是经济全球化发展迈向更高水平的一个显著标志。生产的全球化必然带来劳动分工在国家的层面展开，因而也就使得国际分工逐步由部门产业间的分工发展到各个产业内的分工和产品内的分工，国际分工的格局呈现出多层次的特点。在这一新的国际分工体系中，一方面各个国家之间的经济联系大大加强，分工协作更加紧密；另一方面，不同国家之间的分化仍然十分明显。首先，就垂直的国际分工来看，发达国家与发展中国家之间的分工依然存在，只是分工的形式和内容由以前“发达国家从事工业制成品生产—发展中国家从事农产品、原材料生产”转变为“发达国家从事资本技术密集型产品生产—发展中国家从事劳动密集型产品生产”。其次，就水平的国际分工来看，价值链是形成生产分工的重要线索，发达国家与发展中国家分别处于价值链上不同附加值和利润水平的环节。一般而言，研发设计及销售、品牌、售后服务等环节是高附加值、高利润的环节，生产组装环节则是附加值和利润水平较低的中间环节。在分工体系中，发达国家主要处于价值链的研发设计和品牌营销环节，而发展中国家则主要处于生产组装环节。以微电子和计算机为特征的生产过程，在空间组织上有四种不同的区位类型：（1）研发、创新和原型的生产活动，趋向于集中在高层次的技术创新场所，主要是大都市中心区和一些科技园区；（2）高度技术性的制造业活动，主要集中在发达国家的技术产业区；（3）需要大量半熟练劳动力的制造业，扩散至东南亚等发展中国家；（4）与客户直接联系的生产及售后服务等，需要接近主要的大都市地区，并扩散到工业化及发展中国家的整个市场。①因而，在开放的经济中，尽管都纳入了国际分工体系，但由于发达国家和发展中国家的分工地位的不同，其产业结构演进与城镇化的互动分别呈现不同的变化。

发达国家在全球化进程中往往处于积极的主动地位，掌握着主动权，产业结构调整与城镇化发展往往基于自身的需要而进行，并且两者协调发展逐步向更高水平迈进。纵观近代世界经济发展历程，发达国家通过技术革命孕育出一大批新兴产业，带动一轮新的产业革命，进而引领着世界范围内产业结构演进的方向。也正是因为先进产业，发达国家利用先发优势，在全球贸易体系中居于有利地位。在这种情况下，贸易自由化、经济全球化是发达国家产业发展的内在需要。从近现代经济全球化的发展来看，发达国家往往是重要推动者。从这个角度来看，经济全球化成为发达国家进一步积累优势的工具和途径。例如，在工业化时期，发达国家积极拓展海外市场，获取原材料和劳动力资源，并获取海外需求，进而推动本国制造业的发展壮大，实现资本的快速积累；伴随着资本的积累，发达国家又通过国际产业转移，将不具有比较优势的产业转移至后发国家，集中各种要素发展附加值和技术含量更高的先进产业，进而推动产业升级，实现产业结构

① 付磊：《全球化和信息化进程中城市经济空间结构的演变特征与趋势》，《现代城市研究》2006年第7期，第40～45页。

向更高级的方向演进。因而，发达国家尽管置身于开放经济中，但其产业结构演进往往较少受到外部的冲击，呈现出循序演进的良性发展状态。就城镇化发展而言，发达国家的城镇化基本与产业结构的演进协调同步，城镇化率水平同步提升，城市功能适时转型，有力地支撑了产业结构的演进。尤其在当前全球化进程中，伴随着城市功能的进一步转型，发达国家的城市在全球经济网络体系中占据了重要地位。在基于全球生产网络形成的网络型空间结构中，城市是网络的关键节点，城市间的经济联系构成整个网络体系并主宰着全球经济。发达国家的一些城市集聚了大量的跨国企业总部、现代金融等高级服务业，其控制力大大增强，并超于国家实体的边界在全球范围内获得支配性地位。同时，尽管城市的作用前所未有地更加重要起来，尽管发达国家拥有了多极、多层次的全球城市结构体系中更高等级的控制中心，但是发达国家的城市化发展也面临着一些问题。在开放经济中，由于竞争往往发生在区域之间，因而全球化所带来的非均衡性也渗透至发达国家内部。一是，在当前信息化和全球化的经济中，城市支配性地位主要来自于生产性服务业中心在广阔领域组织和扩展生产力的能力，而不像以往来自于它们销售货物的能力[①]，在发达国家内部，金融中心、高级服务业以及高技术产业集聚的城市从全球化的经济中获益，而那些被传统蓝领工人主导的城市在制造业向发展中国家扩散的过程中发展停滞不前。二是，发达国家的世界城市在全球化进程中进一步加快了国际化和信息化的进程，集聚能力进一步增强，吸引周边人口和第三产业的集聚，实现持续增长，而周边的区域性中心城市和

---

① T. Noyelle, the Implications of Industry Restructuring for Spatial Organization in the United States, in Reginal Analysis and New Division of Labor, eds. F. Moulaer and P. W. Salinas (The Hague: Kluwer Nijhof, 1983), 126.

地方性城市则呈现出停滞和衰退，就业人口出现下降。例如，1996～2001年札幌、福冈、广岛、仙台等区域性中心城市就业职工出现不同程度的减少，来自东京地区的影响则是造成这种减少的主要原因（见表4-9）。

表4-9 1996～2001年日本区域性中心城市分公司总部职工减少情况

区域性中心城市	职工减少数(人)	当地总部贡献率(%)				
		东京	大阪	所在区域	其他区域	合计
札幌	-9989	-44.8	-17.2	-22.3	-15.7	-100
福冈	-14468	-70	-43.1	-7.1	20.2	-100
广岛	-13213	-77.9	-16.5	-1.9	-3.6	-100
仙台	3608	-179.9	-19.3	9.5	89.7	-100

资料来源：顾朝林、袁家冬、杜国庆：《全球化与日本城市化的新动向》，《国际城市规划》2007年第1期，第1～4页。

发展中国家的产业结构演进与城镇化发展在开放经济中受到较多的冲击和干扰。从积极影响来看，外资成为发展中国家产业结构升级、城镇化发展的新动力。发展中国家在经济发展的初级阶段往往面临着储蓄缺口、外汇缺口和技术缺口，国内投资不足，创新能力不强，产业发展缺乏动力。伴随着产业转移的外商投资则能够有效弥补发展中国家资金不足问题，并发挥技术扩散外溢效应使发展中国家充分利用后发优势提升技术水平、改造生产装备、改进管理技能。同时，外商投资具有一定广度和深度的关联效应，与东道国经济内部建立一种一体化的联系，从而使外商投资的效应不仅仅限于引进国外资本的部门，在经济中的其他环节会也产生一种反应机制。① 因而，对发展中国家来

① 伍佳华、苏东水：《开放经济条件下中国产业结构的演化研究》，上海财经大学出版社，2007，第309页。

讲，外资不仅能够具有补缺的作用，而且具有较强的产业关联效应，所投资的部门发挥着主导产业部门的作用，带动整个经济的较快发展。在产业梯度的差异下，发展中国家也就能够在外资的推动下不断提升产业发展实力，并在国际市场上充分发挥比较优势，加快资本积累，进而推动产业结构的调整和优化。对于城镇化发展而言，外资的作用也十分显著。伴随着外资的进入，发展中国家的传统农业形式被打破，城市的制造业发展迅猛，大量的农村劳动力逐步涌入城市，城镇化的速度大大加快。因而，城镇化逐渐形成多元化的动力机制，外资推动的外向型的城镇化发展迅速。城镇化与产业结构演进的二元互动也就被打破，形成了开放经济条件下外资与产业结构演进、城镇化发展之间的三元互动。

从不利影响来看，发展中国家产业结构演进与城镇化发展不协调的现象十分显著，互动的水平被限制在较低的水平上。一是，发展中国家的产业结构演进被扰乱，城镇化的发展与之不相协调。发展中国家利用全球化的有利条件，经济高速增长，产业结构在短时期内急剧转变。但是在这种压缩型的发展模式下，发展中国家内部经济发展的差异性也同时被扩大：先进的制造业。甚至是信息产业与落后的农业同时并存，发达、富裕的城市与落后、贫困的农村同时并存。同时，外资进入发展中国家往往选择集聚在基础较好的大城市。在这种情况下，城市与农村之间的差距就被进一步放大。大城市的经济获得了飞速的发展，吸引力大大增强，人口过度地向这些城市集聚，甚至超过工业发展的需要。同时，个别城市的首位度过高。针对这种情况，谭崇台先生鲜明地指出：在不少发展中国家的二元结构并不如刘易斯所预期的那样，通过农业剩余劳动力向城市工业的自发流动会走向一元化，而是变成四元结构或双重二元结构。[①]二是，在现有的国际分工格局下，发展中国家的产业结构存在一定时期内被“固化”的可能。在全球化经济中，发展中国家具有比较优势的产业部门凭借其在国际贸易中的竞争力进一步吸引产业向本国转移，进而强化该产业在本国产业结构中的地位，使本国的产业结构向着该产业类型倾斜。但是同时，这种产业上的优势存在路径的依赖，具有一定的惯性，短时间内难以转变。尤其在市场需求、技术依赖国外的情况下，产业的升级则相对困难，产业也就被“锁定”在现有结构水平上。三是，产业结构演进与城镇化发展的互动被弱化。在开放条件下，发展中国家的产业发展可以依赖国外的需求、依靠国外的技术，形成一种“两头在外”的模式。因而，产业结构的演进就可以脱离本国的消费和创新支撑，体现出一种外向型的模式，产业结构演进与城镇化发展的互动就退化为一种简单的要素供给、需求关系。

三　制度安排

从宏观的角度来看，产业结构演进与城镇化发展是在具体的制度环境下进行的。从微观的角度来看，与之相关的产业要素配置、技术创新、要素流动等经济活动也是在特定的制度规则下开展的。不同的制度安排形成了不同的资源配置效率、技术创新激励，也就决定了不同的经济发展绩效，进而使得产业结构演进和城镇化发展及其之间的互动呈现出差异性。

制度对经济发展具有十分重要的作用。诺斯将西方世界兴起的原因归结为有制度保障的有效率的经济组织。库兹涅茨在定义“经济增

---

① 谭崇台：《发展经济学的新发展》，武汉大学出版社，1999，第10页。

长”时也强调了制度的基础性作用。[①] 制度经济学家进一步认为，世界各国经济发展差异的根本原因是经济制度的不同。例如，1988 年美国人均产出是尼日尔的 35 倍，按照以往的解释这种差异主要来源于人力资本、资本积累的差异。但是依据总合生产函数的分解，35 倍的差异中，资本密集程度仅贡献了 1.5 倍，教育程度仅贡献了 3.1 倍，还有 7.7 倍源于生产率的差异。[②] 在诺斯和托马斯（North & Thomas）看来，诸如创新、规模经济、教育、资本积累等被其他经济学用来解释经济增长的因素并非是经济增长的原因，相反它们是经济增长本身。换句话来说，资本积累、创新最多也只是近似于经济增长的原因。因为当经济增长的差异性被解释为资本积累率、创新效率时，更进一步的问题就产生了：为什么有的国家要素积累更加迅速、创新更加活跃？显然，资本积累率、创新效率都内生于具体的经济制度。考夫曼等（Kaufmann et al.）的一项研究发现，政府治理每改进一个标准差将导致人均 GDP 提高 2.5 倍至 4 倍。[③] 罗德瑞克等的一项研究也证实了制度的改进能够提高人均 GDP：玻利维亚与韩国之间的制度特性差异大概为 1 个标准差（即 6.4 倍的差异）；也就是说，如果玻利维亚有与韩国相同特性的制度，那么玻利维亚的人均 GDP 将接近于 18000 美元，而非现在的 2700 美元。[④]

---

① 库兹涅茨 1971 年在接受诺贝尔经济学奖发表的《现代经济增长：研究结果和意见》演讲中，认为经济增长是“不断扩大地供应它的人民所需的各种各样的经济商品的生产能力有着长期的提高，而生产能力的提高是建立在先进的技术基础上，并且进行先进技术所需的制度上和意识形态上的调整。”

② Hall, Robert E. and Charles I. Jones. Why Do Some Countries Produce so Much More Output per Worker than Others? Quarterly Journal of Economics, 1999, 114 (1): 83 - 116.

③ Kaufmann, D., Kraay, A. and Zoido-Lobaton, P. Aggregating Governance Indicators. World Bank Policy Research Department Working Paper, 1999, No. 2195.

④ Rodrik, D. & Subramanian, A. The Primacy of Institutions (and what this does and does not mean). Finance and Development, 2003, June, pp. 31 - 34.

制度之所以对经济发展重要是因为，有效率的经济制度提供了一种经济的激励结构。从一般意义上来讲，制度可以被看作是一系列方便人们之间进行合作活动的安排，建立了人们从事经济活动的基本规则。通过制度的建立，人们行为活动的可预测性被增强，不确定性就相应减小，交易成本也随之降低。更重要的是，通过建立制度安排和确立产权，个人的经济努力不断地被引向一种社会性的活动，使私人收益率不断接近社会收益率①。在私人收益率向社会收益率靠近的过程中，个人经济努力所获得的成果得到有效保护，个人收益也通过减少成果的外部性实现最大化，个人更有积极性进行经济活动。从具体的形式上来看，市场是一套社会制度，就是组织化、制度化的交换，市场经济的发展需要丰富的制度基础。② 罗德瑞克等（Rodrik et al.）区分了四种市场经济的制度：保护产权、履行契约的市场形成制度（Market-creating Institutions）、处理外部性、信息不对称问题的市场调节制度（Market regulating Institutions,）、减少宏观经济波动的市场稳定制度（Market stabilizing Institutions）、提供社会保护进行再分配的市场保障制度（Market legitimizing Institutions）。③ 正是因为有了这些制度，市场才能正确显示价格，进行资源的优化配置。因而，一个国家只有建立了有效率的制度安排，资本积累、人力资本投资、冒险创新等经济活动才能获得充分的激励，并将资源配置到最有效率的地方，经济的增长效率才能提高。

作为经济发展过程中的两个重要的结构转变，产业结构演进与城镇化发展及其互动也同样深受制度的影响。美国学者诺曼·尼科尔森

---

① 格拉斯·诺斯：《西方世界的兴起》，学苑出版社，1988，第1页。

② 谭崇台：《发展经济学的新发展》，武汉大学出版社，1999，第238页。

③ Rodrik, D. & Subramanian, A. The Primacy of Institutions (and what this does and does not mean). Finance and Development, 2003, June, pp. 31 – 34.

曾指出，为了实现经济增长和发展，并且为了推动生产方式上的结构变化，经济制度在配置资源、动力和信息方面的方式必须加以根本的转变；经济结构向着更高水平的效率和生产率转变，并不是市场力量的自发结果，相反，这是支配着制度的变化及实验的法律和政策结构作用的结果。[①] 也就是说，结构转变的发生必须要在相应的制度环境中进行，以制度安排的建立为先决条件。因此，产业结构演进与城镇化发展必须依赖于一系列的制度支撑，缺乏制度支撑的产业结构演进和城镇化发展则必然缺乏效率而陷入困境。具体到产业结构演进与城镇化发展的互动过程，制度安排的作用主要体现为：

就产业结构演进推动城镇化发展的过程来看，产业结构演进推动城镇化发展主要通过要素的流动和基于功能转型的城市发展来实现，那么制度安排的功能作用就表现为具体制度促进或阻碍要素流动、城市建设发展，以及具体制度之间的是否衔接配合产生整体效率。（1）有效率的制度安排推动经济要素自由流动，缺乏这些制度经济要素将丧失市场配置的基础；（2）有效率的制度安排推动城市建设发展，例如城市土地制度、城市建设资金筹集制度等等，缺乏这些制度城市的建设发展将缺乏效率难以跟进城市产业发展的速度；（3）有效率的制度安排推动不同层次产业的发展，例如有效率的农村土地制度将极大提高农业生产效率形成农村劳动力流动的推力，以机器和大工业为基础的工厂制度推动工业化的发展形成农村劳动力流动的拉力，缺乏这些制度安排要素流动，城市功能提升将缺乏内在的动力；（4）各种制度之间相互衔接配合，例如农村土地制度、城市建设发展的制度与推动

① 诺曼·尼科尔森：《制度分析与发展的现状》，载 V. 奥斯特罗姆、D. 菲尼、H. 皮希特编《制度分析与发展的反思——问题与抉择》，王诚等译，商务印书馆，1992，第11页。

城市工业、第三产业发展的制度相协调，进而实现劳动力流动、城市发展与产业结构的层次高度相匹配。

就城镇化发展支撑产业结构演进的过程来看，城镇化发展主要通过要素供给支撑、市场需求拉动以及技术创新推动作用于产业结构的演进，因而制度安排的功能作用就表现为促进或阻碍城镇化效应的发挥。从抽象意义上来看，城市经济本质上是一种集聚经济，而集聚（或集群）具有制度属性，健康发展的城市产业集聚能够增强城市化的效应。产业集群可以看作是一种能够有效降低交易费用的介于企业科层组织和市场组织形式之间的中间性组织形式，是一种新的制度形式。在城镇化的过程中通过发展城市产业集群，增强城市集聚经济，将能够提升要素供给效率、市场需求效应以及技术创新效率。从具体的制度安排来看，城镇化积极效应的发挥还有赖于有效率的城市劳动力市场、金融市场等保障要素供给的制度安排，能够促进创新的有效率的知识产权制度、技术交易市场等正式制度以及城市文化等非正式制度，有效率的收入分配制度、社会保障制度、信贷消费制度等扩大市场需求的制度安排等等。

因而，有效率的制度安排将促进产业结构演进与城镇化的互动，而在制度缺失的情况下产业结构演进与城镇化发展的互动将受到阻碍。与发达国家相对健全的制度体系相比，广大发展中国家普遍存在着制度上的问题。很多发展中国家现代法律体系并不健全，基本制度存在缺失，并且在制度变迁的过程中存在较强的路径依赖，制度供给相对不足，长期陷于低水平制度的陷阱。在这种制度环境下，合理的市场行为无法得到保护，非法的市场行为不受约束，交易的风险和成本可想而知。也正是由于这种制度缺失，一些发展中国家的要素利用效率十分低下，无法有效推动产业的进步、城市的发展，产业结构的演进和城镇化发展及互动更是无从谈起。例如，撒哈拉以南非洲地区的一些国家尽管资本十分匮乏，但是由于投资机会无法得到保障面临着严重的资本外逃问题。据估计，1970～1996 年间撒哈拉以南非洲地区资本外流的规模大约为 2850 亿美元，而截至 1996 年的外债规模为 1780 亿美元。① 这意味着这一地区的国家实际上成为了“债权国”。联合国非洲经济委员会则指出，解决这一问题的最好办法就是改善投资环境，使投资者对该地区的法律、银行、监管体系是有效的。计划经济国家是产业结构演进与城镇化发展的互动受阻的典型案例。在计划经济的制度环境下，要素自由流动是受到限制的，劳动力的资源由计划手段统一配置，城镇化的发展是由政府自上而下一手包办。但是在尽可能节约城市成本的目标下，经济计划总体上抑制城镇化发展，再加上自身资金能力的限制，城市发展严重不足，城镇化基本上脱离了工业化的发展。因而，计划经济国家的工业化进行得如火如荼，但是城镇化发展相对滞后，两者之间相对分离，基本上不存在互动。

四　政策导向

一般认为，产业结构研究的目的在于制定产业政策。产业结构理论的实用性集中体现在其为产业政策的制定服务上，产业结构理论的现实意义也就突出表现为产业政策的现实意义。② 产业结构演进与城镇化发展固然有其自身的规律，但是良好的政策导向可以促进产业结构的转换和调整，推动城镇化的协调发展。

政策导向是指政府对经济一系列的干预，是各种经济政策的组合，旨在为特定的经济活动提供刺激激励，推动经济结构的调整。长期以

---

① Capital Flight. Business Africa, October 1st - 15th, 2007, p. 5.

② 刘伟：《工业化进程中的产业结构研究》，中国人民大学出版社，1995，第 17～18 页。

来，到底经济发展是否需要政府干预始终是一个争论不休的话题，很多经济学者认为政府的产业政策是经济发展的“毒剂”，而另一些学者则坚信政府给予适当的引导则是经济发展的“良药”。从理论上来看，政府政策适时介入的内在逻辑为：第一，从一般的意义上来讲，对经济发展过程中市场失灵的矫正需要政府的积极干预。外部性、信息不对称等问题往往导致市场失灵，政府的有形之手需要弥补市场的缺陷。尤其对于创新而言，创新活动的进行需要充分发挥政府适当的作用。创新是一项高风险的活动，创新的高风险需要高回报来弥补。但是创新所形成的知识具有典型的外部性特征，企业个人无法将所获收益完全内部化，私人投资也就会低于社会潜在需要的投资。同时，受到自身实力的局限，单个企业往往无力承担重大的科研项目，而在一些基础性的研究中企业也不愿意承担。因而，在市场失灵的情况下，企业创新活动将受到限制，政府的帮助和支持就显得十分重要。第二，从发展经济学的观点来看，经济的增长并非仅仅是边际上的变化，而且包含了结构变动，在资源由农业部门向工业、服务业部门重新配置的过程中需要改变激励结构来引导要素流动。早期发展经济学家认为，资本、技术以及企业家精神等经济增长的要素不能在单靠市场力量的环境中出现。例如，在发展资本密集型产业的过程中，发展中国家往往面临投资不足的问题，这就需要政府积极协调投资决策、建立诱导机制来增加资本供给、引导投资流向。并且，新兴产业、新兴领域最初往往对私人投资的进入缺乏足够的激励，这也需要政府最初给予临时的帮助和示范，进而推动产业的发展。第三，经济发展、结构变迁需要政府协调多个方面的变化同步推进。伴随着产业升级技术进步，诸如教育、金融、法律以及基础设施配套服务等方面需要同步发展，否则产业进一步的优化升级将遇到瓶颈和障碍。而单个的企业无法推动这些领域的同时变革，这就需要政府来发动。

但是，实施政府干预也往往形成巨大的代价。因为政府政策能够产生积极效果需要政府具备两个前提：一是政府具备无限知识，总能够做出正确判断；二是政府公正廉洁高效，能够克服腐败和低效率。无疑，这样的前提条件对现实中的政府机构来讲是可遇但不可求的。一旦缺失了这两个条件，政府政策的实施结果就会发生偏差，产生“好心办坏事”的问题。比如，基于一些错误认识或者基于政治因素，政府选择了背离经济规律的目标，将资源从能够产生经济效益的部门转移至缺乏效率的部门，浪费了经济资源；基于权利的寻租反过来将影响政策的制定实施；官僚主义、文牍成风、腐败堕落等现象大大降低了政府工作效率，政府也存在着失败。因而，错误的政府政策、政府的失败往往比市场失灵更糟糕。甚至可以说，有些发展中国家之所以穷困，根源在于其糟糕的政策，“矫正政策”是当务之急。①

不论理论上支持或者否定政府政策的作用，从各国的实际情况来看，政府政策始终与经济发展相伴随。纵观世界经济发展的历史，不论是英美等发达国家，还是战后日韩等新兴工业化国家，在不同的经济发展阶段，各国政府都曾经采取过促进产业结构演进的政策；而广大发展中国家更是不用说，其努力实现经济追赶的过程普遍是在特定的政策导向下进行的。发展经济学家刘易斯就曾指出，没有一个国家能够在缺少政府有效刺激的情况下实现经济增长。② 东亚地区是在政府政策成功推动经济实现快速发展的典型代表。美国学者查默斯·约翰逊 1982 年在其《通商产业省与日本奇迹：工业政策的发展》一书中较早地明确指出，日本的通商产业省（MITI）对促进日本经济增长具有

---

① 谭崇台：《发展经济学的新发展》，武汉大学出版社，1999，第 240 页。

② Lewis, W. Arthur. Theory of Economic Growth. London: Allen & Unwin, 1955.

重要的积极作用。在东亚经历了增长奇迹、金融危机以及经济复苏之后，斯蒂格利茨在反思东亚国家的经验教训时指出，东亚地区的所有经济体都实施了产业政策，这一事实都说明这些政策是它们经济发展战略的重要组成部分，不论各种量化这些影响的研究是否成功验证这一观点。① 或者换句话说，政府政策总是客观存在的，对经济的影响也是客观存在的，而非理论上讨论应该实施或者是不予实施。

在不同的导向下，政府政策塑造出不同的工业化、城镇化发展路径和模式。从本质上来看，政府政策是为了给特定的经济活动提供激励和引导。那么政府的政策势必偏向于一些经济活动或产业部门，而远离另外一些不在激励范围之内的经济活动。因而，政府政策大多是一种带有偏向性的政策，具有明确的导向性。现实中的政府干预即使原本是一种水平政策，但也必然会对某些经济活动的偏好强于另一些活动。② 也有学者指出，从结果来看政府政策的导向突出表现为两个具有代表性的方面：挑选胜利者（Picking The Winners）和保护失败者（Protecting The Losers）。③ 前者主要表现为政府通过投资补贴、研发支持、税收减免等政策鼓励那些具有高成长性、高附加值的先进产业部门的发展；后者主要表现为政府通过进入壁垒、补贴性贷款和税收、特殊的监管方式等政策给予一些幼稚性产业、缺乏竞争力但关系国计民生的产业保护，以促进这些产业发展壮大。那么，各个产业部门发

---

① J. Stiglitz. From Miracle to Crisis to Recovery: Lessons from Four Decades of East Asian Experience, in J. Stiglitz and S. Yusuf (editors) Rethinking the East Asian Miracle, Oxford University Press for the World Bank, New York, 2001, p. 519.

② Rodrik, Dani. Normalizing Industrial Policy. Lee, Henry, William C. Clark, and Michael Devereux. Biofuels and Sustainable Development. Working Paper 2008 – 0132, Weatherhead Center for International Affairs, Harvard University, October 2008.

③ Charles L. Schultze. Industrial Policy: A Dissent. The Brookings Review, 1983. Vol. 2, No. 1, pp. 3 – 12.

展的内在逻辑顺序将受到政府政策的优先顺序的影响。各个国家政府本身存在着千差万别，面临的国情也有天壤之别，因而他们认为应当支持的产业部门也存在不同。当政府选择给予激励支持的产业部门契合于产业结构演进规律时，产业结构演进与城镇化发展将在协调互动的基础上加快发展；反之，产业结构的演进和城镇化的发展将出现扭曲，形成不同的工业化道路和城镇化发展模式。

五　影响因素之间的关系

要素禀赋、外向程度、制度安排与政策导向四个因素之间并非是相互孤立、独自影响产业结构演进与城镇化互动发展，它们之间存在着紧密的内在联系，并且在影响互动关系时这几个因素所处于的地位也不尽相同，而是有主次之分。

首先，要素禀赋是基础，在四个因素中处于决定性的地位。要素禀赋的基础性不仅仅体现在对产业结构的形成和转换、城镇化进程的直接影响上，而且还体现在对外向程度、制度安排与政策导向具有决定性的影响。就开放程度来看，开放经济对产业结构演进和城镇化互动发展的影响也是建立在要素禀赋结构基础上的。要素禀赋结构决定了一个国家具有的比较优势，进而在决定了全球化的生产网络中一个国家所处的分工地位和价值链上所处的环节。要素禀赋的影响难以抹去，不仅因为某些基础性的特征很难改变，而且政府政策和制度安排也会再现要素禀赋的影响。例如，针对北美国家（美国与加拿大）与拉丁美洲国家在后来分别走上不同的发展道路，一般性的解释认为美国和加拿大从英国那里借鉴了良好的经济制度与法律，从而更有利于经济发展。但是最新的研究发现，北美与拉美国家的制度也并非完全外生的，这与两者之间的要素禀赋有很大关系。Sokoloff 等认为，巴西、古巴等拉美国家具有大量且高度集中的要素禀赋，这使得规模经营比较普遍（如棉花、咖啡、糖等），进而导致等级化的经济社会体系。而美国和加拿大的优势则在于要素资源分布相对均衡，这就形成了相对开放、机会均等的经济。财富、权利以及人力资本等方面的相对平均分布进而影响了制度的发展，最终导致了经济的长期繁荣。[①] 因此，可以说要素禀赋在产业结构演进与城镇化互动发展以及各个影响因素构成的系统中是一个外生的变量，它外在地决定了外向程度、制度安排与政策导向等因素。

其次，政策导向是重要条件，外向程度、制度安排都是或多或少地运行在一定的政策导向下。政策导向在整个互动系统中处于“相对”外生的地位。之所以说是“相对”外生，是因为政策导向与要素禀赋之间的联系并不像外向程度、制度安排那样紧密。政策导向的主体是政府，其依据可以是本国的要素禀赋结构，也可能是脱离要素禀赋结构的错误认识，政策导向与要素禀赋之间的联系或有或无。政策导向对外向程度和制度安排具有直接的影响。一个国家是否选择外向型经济发展、是否主动融入全球化经济，这本是就是一个国家各种战略导向中的一种。同时，从制度变迁的角度来看，作为一种公共品，制度供给是政府的一项基本功能，国家或者政府是强制性制度变迁的主体。在不同的战略导向下，政府可以自上而下地进行制度变迁，重新设计制度安排。因而，政策导向不仅直接作用于产业结构与城镇化互动发展，也通过直接影响外向程度、制度安排进而间接影响互动关系。

再次，外向程度和制度安排之间相互影响。在互动系统中，外向

① Kenneth L. Sokoloff, Stanley L. Engerman. History Lessons: Institutions, Factor Endowments, and Paths of Development in the New World. The Journal of Economic Perspectives, Vol. 14, No. 3 (2000), pp. 217 - 232.

程度和制度安排往往是紧密联系在一起的两个因素。或者换句话说，对很多发展中国家而言，经济对外开放的过程与制度创新的过程往往是一个相互促进的一体化过程。一方面，同技术学习一样，发展中国家也存在制度方面的后发优势。在制度尚不完备的情况下，一些发展中国家在对外开放的过程中不断吸收和借鉴国外的企业制度和法律法规，并加以学习改造使之适应本国经济发展的需要，加快了制度变迁的过程。另一方面，完善本国制度，比如实现国内有关的法律规则与国际惯例对接、进一步完善市场经济体制，反过来也会进一步促进开放。因而，外向程度和制度安排之间的互动关系，正如我国改革开放三十年来的经济发展历程：在改革中开放，以开放促进改革，改革是开放的前提条件，开放是改革的外部动力。

那么，产业结构演进与城镇化互动发展影响因素关系可以形成图4－4。

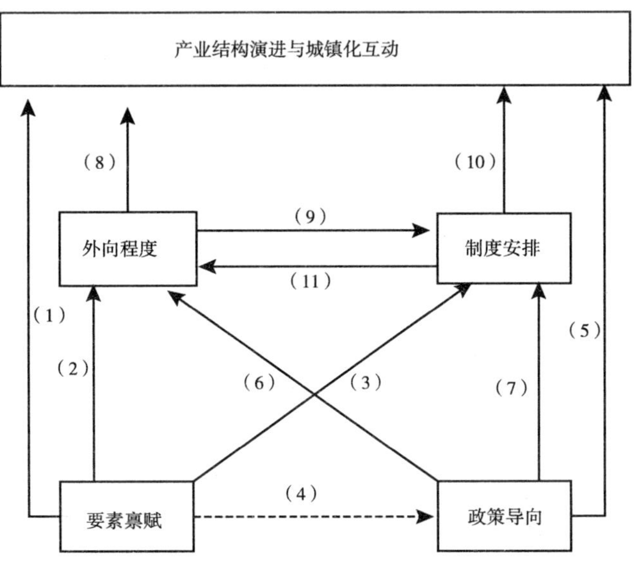

图4－4　产业结构演进与城镇化互动发展影响因素关系图

要素禀赋的作用主要表现为：对互动关系的直接影响（箭头（1）），对外向程度、制度安排的决定性作用（箭头（2）、（3）），以及可能对政策导向的影响（箭头（4））。

政策导向的作用主要表现为：对互动关系的直接影响（箭头（5）），以及对外向程度、制度安排的影响（箭头（6）、（7））。

外向程度、制度安排分别直接作用于互动关系（箭头（8）、（10）），同时通过相互影响（箭头（9）、（11）），进而间接作用于互动关系。

第五章　我国产业结构演进与城镇化发展的互动研究

新中国成立后，以20世纪70年代末的改革开放为界，前后两个30年间，我国的产业结构演进与城镇化互动发展经历了两个截然不同的阶段。前30年间，我国的产业结构演进与城镇化发展处于不健康的互动状态，产业结构超前配置，城镇化滞后发展；后30多年间，我国的产业结构演进与城镇化发展的互动机制逐步得以健全完善，两者的互动性显著增强，在互动发展的过程中产业结构层次逐步提升、城镇化快速推进。

第一节　改革开放前我国的产业结构演进与城镇化互动发展

一　产业结构演进与城镇化发展历程

（一）产业结构的演化历程

新中国成立后至改革开放以前，我国的产业结构演化的历程总体上呈现出在较低发展水平上直接跨向重工业化的发展轨迹，产业结构整体上不尽合理，相对畸形。虽然在有些发展阶段对产业结构进行了积极的调整改善并取得了一定的成效，但是在重工业化优先发展的战略下，产业结构的重工业化特征十分鲜明。

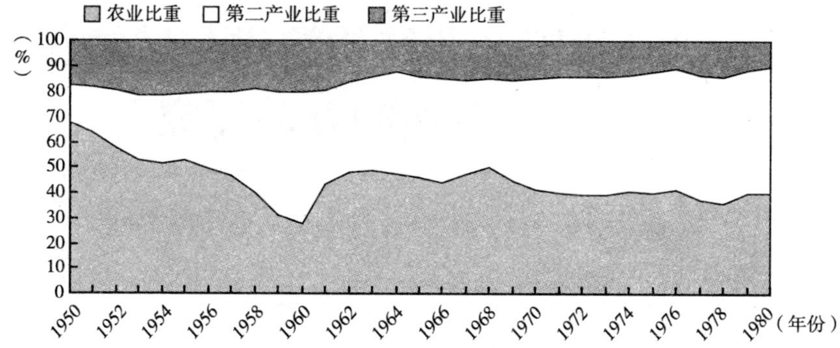

图 5-1　1950～1980 年我国三次产业结构情况

注：数据为产值比重。

资料来源：《中国统计年鉴》（1980～1985 年）。

新中国成立后，经历三年国民经济的全面恢复，工农业生产均实现了快速增长，农业、轻工业、重工业的产值比例从 1949 年的 69.95∶22.11∶7.94转变为 56.9∶27.8∶15.3。[①]“一五”时期，我国的产业结构开始进一步调整。“一五”计划确定的一项基本任务就是：集中主要力量，进行以苏联帮助我国设计的 156 个大型建设项目为中心、由 694 个大中型建设项目组成的工业建设，建立我国社会主义工业化的基础。这些建设项目大多以重工业为主。据统计，“一五”时期在限额以上的 921 个重点工程中，轻工业只有 108 个，仅占 12%，其余基本上是重工业项目。国民经济恢复时期和“一五”计划时期我国农轻

① 龚仰军、应勤俭：《产业结构与产业政策》，立信会计出版社，1999，第 115 页。

重环比增长速度分别为 1∶2.06∶3.44、1∶2.84∶5.64[①]，重工业增长速度明显较快，农轻重比例在 1957 年已经达到 43∶31.2∶25.5。通过将发展的重点放在重工业上，“一五”时期的建设使我国独立自主的工业体系初具形态，为以后的工业化发展奠定了初步基础，在当时的国际国内环境下具有十分重要的意义。但是，因为追求高速度和增加工业投入，我国的供求关系由原来市场机制参与调节的基本平衡，转变为由国家按计划实行资源配置的“短缺经济”。[②]

“大跃进”时期，我国的产业结构发生了剧烈变动。在“以钢为纲”的指导思想下，全民投入到大炼钢铁的运动中，农业、轻工业等都纷纷为钢铁生产“停车让路”。重工业的发展是以牺牲农业、轻工业发展为代价的。在农业生产率并未大幅提高的情况下，工业生产建设超常规地吸纳了农村劳动力，势必影响农业生产。据统计，1958～1960 年农业总产值增长率则分别为 2.4%、－13.6%和－12.6%。[③] 同样，重工业也挤占了轻工业的发展。在这种情况下，工农业之间、轻重工业之间的结构关系出现了剧烈变化：工农业产值比例由 1957 年的 43.3∶56.7 变为 1960 年的 21.8∶78.2；轻重工业产值比例则由 1957 年的 53∶47 变为 1960 年的 33∶67。同时由于过分偏重于钢铁产业，重工业内部也存在着诸如冶炼能力与采掘能力、机械加工与原材料生产之间的结构失衡问题。在随后的国民经济调整时期，通过实行“调整、巩固、充实、提高”方针，先农后工、先轻后重，甚至对部分“长线”建设“关停并转”，产业结构不合理的状况得到了一定程度的纠正，农

---

① 中国社会科学院、中央档案馆编《1953～1957 中华人民共和国经济档案资料选编·工业卷》，中国物价出版社，1998，第 1086 页。

② 武力：《一五计划（1953～1957）：工业增速超英赶美》，《中国青年报》2010 年 10 月 18 日。

③ 伍华佳、苏东水：《开放经济条件下中国产业结构的演化研究》，上海财经大学出版社，2007，第 45 页。

业和轻工业的基础有所加强。但是，自 1963 年起，农业、轻工业和重工业又开始逐步进入同步增长的过程。

“文化大革命”时期，经济工作的重点是进行三线建设和国防建设，产业结构仍朝着重工业化的方向演变，再度被扭曲。农业增长十分缓慢，对经济发展的基础性支撑十分脆弱；工业发展中，由于军工产业、“五小”工业[①]的发展，重工业所占比重又有所升高，农轻重比例由 1965 年的 37.3∶32.3∶30.4 变为 1978 年的 27.8∶31.2∶41.1；第三产业的发展则受到限制，其就业人数所占比重由 1965 年的 10% 下降到 1975 年的 9.3%[②]。此外，三线建设和“五小”工业还造成了低水平扩张带来的重复建设、经济效益不佳等问题。

（二）城镇化的发展历程

新中国成立后，我国的城镇化发展处于起步阶段。但在到 1978 年改革开放的 30 年发展中，我国的城镇化充满了波动和动荡，始终徘徊在较低水平。与工业的发展相比，呈现出明显的滞后特征。

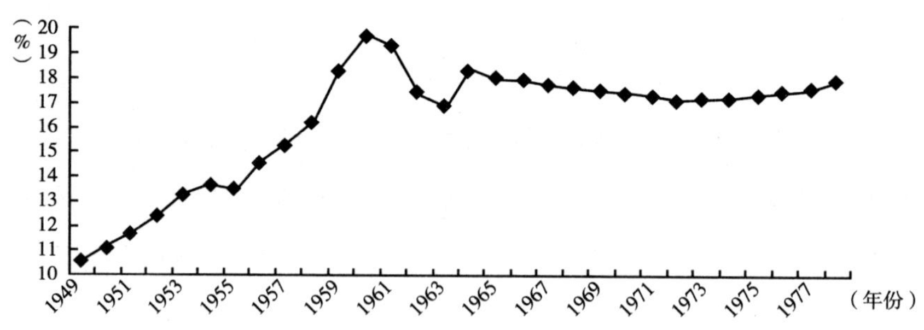

图 5-2　1949~1978 年我国城镇化率水平

资料来源：《新中国统计资料五十年汇编》。

① 小煤矿、小钢铁厂、小化肥厂、小水泥厂和小机械厂。

② 伍华佳、苏东水：《开放经济条件下中国产业结构的演化研究》，上海财经大学出版社，2007，第 52 页。

在新中国成立初期的恢复阶段和“一五”时期，我国的城镇化率以年均 0.63% 的速度稳步提高，并在 1957 年达到 15.39%。尤其是在大规模工业建设的基础上，一大批新兴的工业城市先后建立。通过城市招工以及招生、招兵等途径实现了农村人口向城镇的流动转移。同时，城市自身建设也取得了很大进步，通过大力发展公共交通、垃圾清理、自来水供应等措施大大改善了城市基础设施。这一阶段是改革开放前难得的城镇化健康发展时期。

从“大跃进”开始到“文化大革命”结束，我国的城镇化发展几经波折，大起大落，停滞不前。“大跃进”期间，城市工业非常规发展，城市数量则由 1957 年的 177 座增加到 1961 年的 208 座，城镇人口从 1957 年的 9947 万人增加到 1960 年的 13073 万人，三年增加 3126 万人。[①] 城镇化率则迅速提高，相应从 15.39% 提升到 19.75%，平均每年增长 1.45 个百分点。在“大跃进”的过程中，城市规划开始走入歧途，许多地方盲目地追求发展大城市。由于这一结果是在不切实际的发展战略目标下催生的，这种快速的城镇化被有的学者称为“虚假城市化”。在城市人口和城市数量都出现快速增长之后，一方面，由于粮食减产，城市口粮无法保证供应城市人口；另一方面，有限资源被用来发展工业经济，城市的承载力问题就相对突出，城市交通、电力、供水、住房等基础设施与这种快速增长就出现了不协调的问题。面对这种情况，政府则重新颁布了市镇设置标准，宣布“三年不搞城市规划”，进而压缩城市人口。1961 ~ 1963 年，我国的城镇人口减少了 1100 万人，城市则减少了 34 座。[②] 这时，城镇化率快速下降，并出现

---

① 叶耀先：《新中国的城镇化历程和经验教训》，《小城镇建设》2005 年第 7 期，第 64 ~ 65 页。

② 付晓东：《中国城市化与可持续发展》，新华出版社，2005，第 89 页。

了逆城镇化现象。而在“文化大革命”期间，一些错误的发展思路和战略决策再次严重阻碍了城镇化的发展。大批知识青年上山下乡，不少干部被下放到农村，导致大约3000万城市人口流向农村，导致城镇化率始终在低水平徘徊，并呈现稍有回落的态势，形成了第二次逆城镇化现象。同时，在三线建设下工业进山进洞、分散布局，远离城市，严重影响了城市的发展。“文革”期间城市规划还被视为资产阶级伪科学，城市规划局被撤销，城市建设一定程度上出现混乱状态，受到较大的冲击。

二 互动的状态及影响因素

（一）互动所处的状态

改革开放前，我国产业结构演进与城镇化发展之间客观上存在一定的联系，但是总体而言两者之间的联系并不十分紧密。这种联系表现在：工业化建设过程催生了一批新兴工业城市，并带动了城镇化的发展；而城镇化发展反过来通过劳动力等要素的供给也给工业建设提供了有力支撑。“一五”时期是改革开放前唯一一段城镇化健康发展的时期。这主要就是因为“一五”时期随着156个重点项目的建设，工业化的发展客观上产生了劳动力的需求，城市招工使一部分农村人口有序进入城市。据统计，“一五”时期基于工业化项目的带动，新建了6个工业城市，大规模扩建了20个城市，一般扩建了74个城市。在政府有力的推动下，1955年我国百万人口以上的城市已有9个，五十万以上、百万人口以下的城市有16个[①]；到1957年，全国城市人口由新

① 中国社会科学院、中央档案馆：《1953～1957中华人民共和国经济档案资料选编·固定资产投资和建筑业卷》，中国物价出版社，1998，第809页。

中国成立的5765万人增加至9949万人，增加了72.58%[①]。同样，在“三线”建设时期，诸如攀枝花钢铁工业基地、十堰汽车工业基地、六盘水煤炭工业基地等的建设，也使一批城市逐渐发展壮大。同时，城镇化发展的支撑作用基本上体现为要素供给。最为典型的现象就是“大跃进”时期，我国的城镇化率出现了骤然提升。这主要就是为了满足大炼钢铁的需要而供给劳动力导致的。据统计，从事农业生产的劳动力占农村劳动力的比重从1957年的89.3%下降到1960年的67.4%，三年减少近4000万人。当然，这种城镇化是不健康的城镇化，是由于工业的大跃进形成的“虚假城市化”。但客观上体现了工业建设对城镇化的带动、城镇化对工业化的支撑这样一种互动的关系。

总体来看，改革开放前我国产业结构演进与城镇化发展互动所处的状态可以从以下两个方面来判断：

第一，从产业结构演进与城镇化的协调程度来看，改革开放前我国的工业化进程与城镇化进程严重失调，城镇化发展严重滞后于工业化。新中国成立后，我国产业结构演进主要表现为工业化发展过程。仅从工业化率与城镇化率之间的关系来看，改革开放前两者之间差距显著。从1949～1978年整体来看，工业化率与城镇化率之间的差距不断扩大，从1949年相差1.9个百分点扩大至1978年的26.4个百分点（见图5－3）。

第二，从持续互动发展的能力来看，改革开放前持续互动的内在动力不强。就城镇化发展而言，1960年以后伴随着工业化率的提高，我国城镇化率水平呈现稳中下降的趋势。这表明，城镇化发展受到了严重的阻碍，工业化的动力失灵，城镇化发展缺乏有效的动力机制。

① 魏津生：《五十年代以来我国人口城市化的一般趋势》，《人口与经济》1985年第6期。

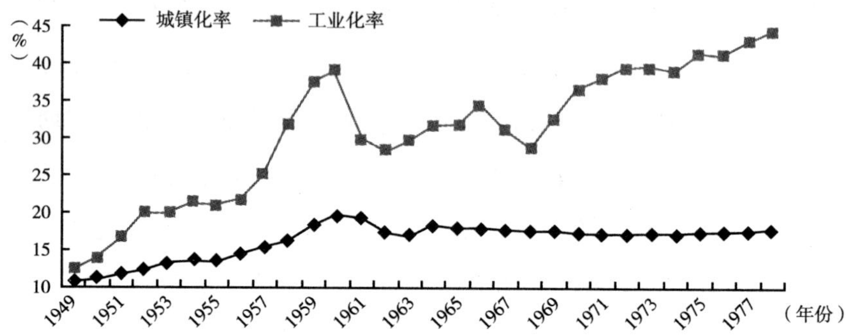

图 5-3 改革开放前我国工业化率与城镇化率水平

资料来源:《新中国统计资料五十年汇编》。

就工业化发展而言,尽管改革开放前工业化率水平在波动中提高。但是,应当看到,这种工业化发展的内在动力也存在很大问题。在微观层面一个十分突出的表现就是,企业缺乏自生能力。

因而,可以看出,在改革开放之前的 30 年间,我国产业结构演进与城镇化发展的互动总体上处于状态 I(弱协调性、低持续互动能力),呈现出一种不健康的状态。

(二)影响互动的因素分析

改革开放前我国产业结构演进与城镇化发展之间之所以总体上呈现弱协调性、低持续互动能力,与当时实施的政策导向以及相应形成的制度安排有密切关系。具体来说,当时的工业化和城镇化都是在相对封闭的条件下由政府通过计划手段一手包办、自上而下推进的,两者之间内在的联系机制被计划手段替代,并最终形成了城镇化滞后工业化发展的总体格局。

第一,改革开放前的互动是在相对封闭的条件下进行的。新中国成立后,我国就遭受到西方国家的经济封锁和政治孤立。“一五”时期虽然得到了苏联等社会主义国家的援助,但是在 50 年代末以后,我国的对外经济往来基本全部断绝，完全依靠自力更生建立了比较完整和相对独立的产业结构体系。从外贸部门统计的数据来看（见图5-4），进出口贸易总额占工农业总产值的比重在这30年间始终在10%以内，并且呈现出U形态势，即1950~1955年这一比重有所上升最高达到9.9%，而后一路下降，并在1971年下降至3.47%，之后又有所回升。同样，产业技术引进情况也可以反映出我国当时所处的被迫封闭的状态。1950~1959年我国技术引进的项目数为450个，金额为37亿美元；而1960~1969年，这两个数字出现大幅下降，分别为84个、14.5亿美元。在这种相对封闭的环境下，工业发展和城市发展基本上都依赖于自身积累。

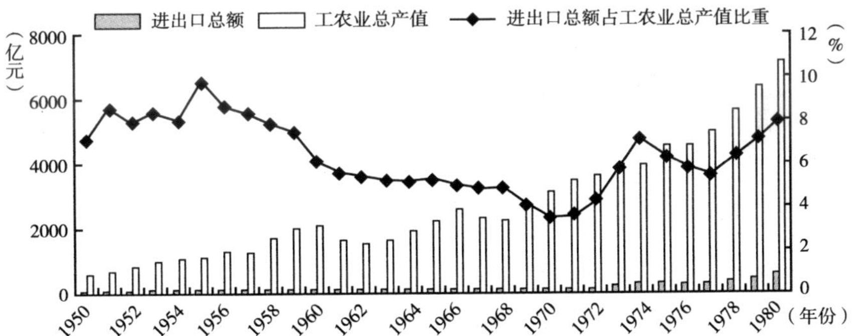

图5-4　1950~1980年进出口总额及工农业总产值情况

资料来源：《中国统计年鉴》（1980~1985年）。

第二，互动发展受到重工业优先发展战略的严重影响。新中国成立后，我国选择了以工业尤其是重工业为战略突破口。在重工业优先发展的产业结构演进路径下，我国的城镇化发展受到严重干扰。此时的城镇化发展为重工业优先发展的工业化战略服务，城镇化进程受到严重阻碍，形成了城镇化的滞后发展。重工业本身属于资本和技术密集型产业，而非劳动密集型产业。重工业优先发展造成劳动力配置的扭曲，工业化的结构转型也就排斥农业人口向工业部门转移，即走出了一条“没有城镇化的工业化”道路。因而，重工业优先发展的产业结构演进路径使我国形成了城镇化相对于工业化滞后发展的不协调格局。

第三，互动的内在联系机制被计划手段替代。在当时有限的积累条件下，重工业优先发展需要通过计划的手段配置资源，以尽快实现经济发展满足政治上的需要。改革开放前，指令性的计划手段是推动经济发展的基本方式。如果离开了计划的方式，我国独立自主、相对完整的现代工业体系的建立、综合国力的大幅提升，在短时间内都是难以实现的。政府利用中央计划经济体制，集全国之力建立起重工业偏向的城市工业体系，发展“政府推动型”城镇化。但是，在基本依靠计划配置资源的方式下，信息失真、决策失误等问题往往引发经济的巨大波动。这 30 年间，产业结构的几次重大调整、城镇化的曲折波动都说明缺乏市场机制的产业结构演进与城镇化发展存在严重的不合理性。

第四，内生于重工业优先发展战略的一系列制度安排进一步形成了互动的障碍。重工业优先发展是通过一系列制度的保障来实现的。例如，阻碍农村人口进入城市的户籍制度，以农业剩余来支持工业发展的扭曲的工农业价格机制、城市高福利的制度等。重工业优先发展排斥城镇化，劳动力的供给需求一旦满足，城镇化的进一步推进反而成为重工业发展的负担。因而，这些制度安排就成为互动发展的层层障碍。

三 改革开放前的互动状态下产业结构演进与城镇化发展特点

1. 产业结构畸形化，结构效益不高，产业发展、结构演进缺乏内在动力

我国是在基础水平较低的条件下提前启动工业化进程，并且走的

是优先发展重工业的工业化道路。根据钱纳里总结的人均 GDP 与经济发展阶段的关系模式，在工业化的启动阶段，人均 GDP 应达到 280～560 美元（按照1970 年水平）。而我国以美元计算的人均国民收入在改革开放前 30 年中始终处于较低水平，即使按照 1970 年美元计算，也只是处在“初级产品生产阶段”，远未达到工业化初级阶段水平。但是，在这样的低水平发展阶段，凭借计划手段，我国提前开始了工业化的进程。这就注定了我国的产业结构变化过程要打破一般规律，要通过非常规的手段，改变市场配置资源的既有方向。这也就导致了农业基础相对薄弱，工业与农业的结构失衡问题。

同时，在“赶超”战略下，我国优先配置重工业，试图跨越轻工业发展的阶段直接跨向重工业发展阶段。在资本积累并不充足的情况下提前强行发展重工业，这就需要高积累率的支撑。但是这种以过高的积累率支撑重工业发展的方式会造成严重的扭曲，比如工农业的交换关系。重工业化的过快发展也形成了与基础工业之间的矛盾，工业内部的结构失衡问题十分严重。

通过与库兹涅茨、钱纳里等人的产业结构变动一般模型比较，我国产业结构失衡的问题更加显著。根据我国当时的人均国民收入水平，即使将库兹涅茨模式 1958 年美元的人均 GDP、钱纳里等模式 1964 年美元的人均 GNP 根据 CPI 进行动态调整，我国经济发展的水平都处于两种模式的第一个水平上。那么，我国的三次产业结构就应为：库兹涅茨模式的 45.8∶21.0∶33.2，钱纳里等模式的 46.3∶13.5∶40.1。但是，我国的实际情况却是，第二产业比重偏高而第三产业比重过低。比如 1960 年我国三产结构为 27.2∶52.8∶20。不仅如此，第二产业比重偏高、第三产业比重过低的失衡格局还在进一步恶化。比如，到 1978 年，第三产业的比重持续下降，三次产业结构已经演变为 39.3∶49.8∶10.9。

表 6-1　库兹涅茨、钱纳里等人的产业结构变动一般模型

	第一产业	第二产业	第三产业
库兹涅茨模式(1971) 人均 GDP(1958 年美元)			
70	45.8	21.0	33.2
150	36.1	28.4	35.5
300	26.5	36.9	36.6
500	19.4	42.5	38.1
1000	10.9	48.4	40.7
钱纳里、艾金通和西姆斯特模式(1970) 人均 GNP(1964 年美元)			
100	46.3	13.5	40.1
200	36.0	19.6	44.4
300	30.4	23.1	46.5
400	26.7	25.5	47.8
600	21.8	29.0	49.2
1000	18.6	31.4	50.0
2000	16.3	33.2	49.5
3000	9.8	38.9	48.7
赛尔奎因和钱纳里(1989) 人均 GDP(1980 年美元)			
<300	48.0	21.0	31.0
250	41.3	26.9	31.8
300	39.4	28.2	32.4
500	31.7	33.4	34.6
1000	22.8	39.2	37.8
2000	15.4	43.4	41.2
4000	9.7	45.6	44.7
>4000	7.0	46.0	47.0

在产业结构严重失衡的情况下，产业结构一时的高度化并未带来结构效益，相反却扭曲了各种经济联系，造成经济效益低下。比如，1958～1960 年，炼钢能力增长 3.46 倍，炼铁能力增长 2.95 倍，而煤

炭采掘能力只增长 1.13 倍，货运量仅增加 1.8 倍，有 30% 的铁矿石和大量煤炭积压在矿区无法运出。到 1960 年，铁矿开采能力只能满足炼钢能力的 70%，铜铝等有色金属的综合生产能力只能适应炼钢能力的 35.3%，煤炭开采能力只能满足炼钢能力的 70%。[①] 更重要的是，从微观层面来看，企业缺乏自生能力，需要政府的大量补贴，需要人为压低利率、汇率、能源和原材料价格，以及工资和生活必需品的价格来降低发展的成本。也就是说，经济的持续发展对政府的计划手段形成了持续的惯性需要，产业结构丧失了内在的演进动力。

2. 由于重工业的优先发展，我国在城镇化率水平不高的情况下大中城市发展较快，形成了头重脚轻的不合理的城镇体系

伴随着工业化进入重工业阶段，电气化和机械化大生产是基本特征，这种特征也就决定了规模化的生产方式。企业的规模化必然带来城市规模的扩张。从城镇化发展的一般规律来讲，在重工业发展阶段，城镇化发展以高度集聚为主，突出表现为大城市的成长。20 世纪初美国大都市区的发展正是美国汽车、钢铁等工业规模化发展的结果。

我国改革开放前优先发展重工业，客观上也形成了大中城市快速发展的结果。这一时期集中力量建设了一批工业大城市。当时的建工部在 1958 年召开的城市规划工作座谈会上，提出“用城市建设的大跃进来适应工业建设的大跃进”和“快速规划”的方法，导致许多地方盲目地追求发展大城市，形成了城市规模过大、占地过多、求新过急、标准过高等问题。

从城市数量来看，1949～1978 年，我国城市净增 57 个，其中大城市、特大城市增加 27 个，中等城市增加 42 个，小城市则减少 14 个。

① 伍华佳、苏东水：《开放经济条件下中国产业结构的演化研究》，上海财经大学出版社，2007，第 52 页。

从各个规模等级城市所占比重看，小城市数量所占比例下降非常明显，从77.94%下降到47.67%；大城市、特大城市所占比例从9.56%上升至20.73%；中等城市从12.5%上升至30.57%。从城市人口分布来看，1952～1978年城市非农人口增加3717万人，其中特大城市、大城市所占比例合计超过2/3，中等城市增加人口略低于1/3，小城市人口增加不到2%。因而，大中城市发展速度远远超过小城市。

表5－2　1949～1978年不同等级城市数量、比重及变化情况

单位：个，%

年份	城市总数	100万人以上		50～100万人		20～50万人		20万人以下	
		数量	比例	数量	比例	数量	比例	数量	比例
1949	136	5	3.68	8	5.88	17	12.50	106	77.94
1952	157	9	5.73	10	6.37	23	14.65	115	73.25
1958	183	15	8.20	20	10.93	32	17.49	116	63.39
1966	172	13	7.56	18	10.47	46	26.74	95	55.23
1976	188	15	7.98	22	11.70	57	30.32	94	50.00
1978	193	13	6.74	27	13.99	59	30.57	92	47.67
1949～1978净增	57	8	14.04	19	33.33	42	73.68	－14	－24.56

资料来源：付晓东：《中国城市化与可持续发展》，新华出版社，2005。

表5－3　1952～1978年不同等级城市人口规模、比重及变化情况

单位：万人，%

年份	城市非农业人口总数	100万人以上		50～100万人		20～50万人		20万人以下	
		人口数	比例	人口数	比例	人口数	比例	人口数	比例
1952	4238	1859	43.87	644	15.20	683	16.12	1052	24.82
1957	6005	2531	42.15	1289	21.47	1073	17.87	1112	18.52
1965	7081	3007	42.47	1158	16.35	1399	19.76	1523	21.51
1975	7402	2866	38.72	1784	24.10	1642	22.18	1110	15.00
1978	7955	2988	37.56	1995	25.08	1854	23.31	1118	14.05
1952～1978净增	3717	1129	30.37	1351	36.35	1171	31.50	66	1.78

资料来源：顾朝林：《中国城镇体系——历史·现状·展望》，商务印书馆，1992。

3. 城市功能被异化，城市发展偏离正确方向

农业经济时期城市集聚消费的功能超过生产的功能，伴随着由农业经济向工业经济的转变，城市迅速转变为工业生产的中心，城市的生产功能逐渐居于主导地位。但是，城市的生产功能和消费功能始终都不是完全对立的。即使在进入工业经济时期，城市的消费功能依然重要，只是相对于生产功能而言地位有所下降。但是，新中国成立后的城市发展过程中，消费与生产被严格地对立了起来，这对城市的功能定位产生了重要影响。1949 年 3 月，中共七届二中全会上提出党的工作重心由乡村移到城市，并指出工作的中心环节是迅速恢复和发展城市生产，把消费的城市变成生产的城市。尽管这是针对当时中国消费型城市占据主导地位、恢复发展生产任务艰巨的特殊国情，而且对国民经济的迅速恢复起到了很好的作用，但是，客观来看在城市建设方针上将消费与生产严格对立起来势必严重影响城市健康发展。当时的城市建设完全为工业服务，有城市规划会议直接明确要求规划部门到工业区现场规划。而在完成为工业服务之后，其他方面的城市建设就往往被忽视或搁浅，形成了公用设施超负荷运转，失修失养严重等问题。如 1960 年，全国城市居民人均居住面积下降到 3.1 平方米，是新中国成立后最低的水平。即使有限的城市建设资源也被优先分配到有工业项目支撑的重点城市。例如，在“一五”计划的后 3 年，18 个重点工业城市分配公共事业投资 102403 亿元（旧币），其他城市仅分配 24000 亿元（旧币）。[①]

城市功能被异化不仅与在城市建设指导思想上存在偏差有关，而且

---

① 这 18 个城市是：北京、包头、太原、大同、石家庄、西安、兰州、武汉、洛阳、郑州、株洲、沈阳、鞍山、长春、吉林、哈尔滨、齐齐哈尔、成都。在 18 个重点城市里，一四一项目即有 88 个。来源自中国社会科学院、中央档案馆《1953～1957 中华人民共和国经济档案资料选编·固定资产投资和建筑业卷》，中国物价出版社，1998，第 893 页。

与重工业化优先发展的战略密切相关。在重工业优先发展的情况下，建设过程中强调“先生产、后生活”。过高的积累率势必影响消费。比如，1958～1959年，积累额从379亿元增加到558亿元，增加了179亿元；而同期国民收入使用额从1127亿元增加到1274亿元，仅增加147亿元，消费额则从738亿元减少到716亿元。

总之，在这种情况下，城市的功能过于单一。在服务于工业建设的过程中，城镇化发展如果有支撑作用的话，也就仅现定于要素供给的支撑，消费的拉动作用等功能就无法发挥。

第二节　改革开放后我国的产业结构演进与城镇化互动发展

一　产业结构演进与城镇化发展历程

（一）产业结构的演化历程

改革开放后，伴随着我国经济的高速发展，我国产业结构演进进程加快，并在调整改革开放前不合理的产业结构基础上，产业结构总体上向着合理化的方向演进。具体来看，根据三次产业及轻重工业的比例关系变化特点，这一时期产业结构演进可以划分为四个阶段：

1. 改革开放至20世纪80年代中期：畸形产业结构的矫正

改革开放后，为了解决当时存在的农轻重比例严重失调的问题，国家在1978年发布了《中共中央关于加快工业发展若干问题的决定》，并在1979年确立了“调整、改革、整顿、提高”的指导方针，把着重发展消费品工业放到重要地位，使重工业密切地为农业和消费品工业服务，同时加强能源、交通等基础设施的建设。在农业方面，实行并广泛推进家庭联产承包责任制，极大释放了农业的生产力，同时减少

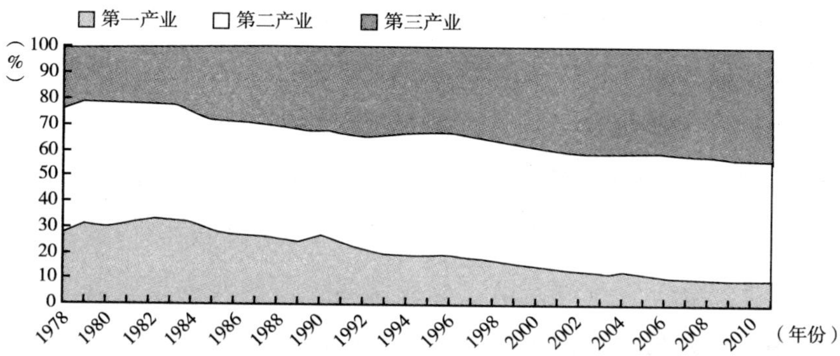

图 5－5　1978～2011 年我国三次产业结构情况

注：数据为增加值比重。

资料来源：历年《中国统计年鉴》及《2011 年国民经济和社会发展统计公报》。

对农产品的定购，增加农业投入，鼓励多种经营，由此带来了改革开放初期农业的快速发展，使得农业占 GDP 的比重由 1978 年的 28.2% 上升到 1983 年的 33.2%。在工业方面，国家对轻工业从资金、外汇、资源、基建、技改、运输等六个方面实行“六优先”政策，以彩电、电冰箱、洗衣机等为代表的轻工业蓬勃发展；而对“长线产业”发展则规定了“十二不准”，对能源原材料、交通运输、通信业等经济发展中的薄弱环节给予支持，促进“短线”基础设施和产业发展。从第三产业来看，由于工业过于畸重的状况得到改善，第三产业过于畸轻的状况也有所缓解，第三产业比重出现了恢复性的提升。

经过调整，这一时期三次产业比重由 1978 年的 28.2∶47.9∶23.9 调整为 1985 年的 28.4∶42.9∶28.7，轻重工业比重之间的差距逐步收窄，从 1978 年的 43.1∶56.9 变为 1985 年的 47.9∶52.1。

2. 20 世纪 80 年代中期至 90 年代初：产业结构的轻型化

1986 年第七个五年计划开始实施。“七五”计划第一次使用了

“产业政策”一词，并明确提出要进一步合理调整产业结构。这一时期，农业、轻工业继续加快发展，交通运输、邮电通信等基础工业的发展大大缓解了“瓶颈”产业的制约。从表 5－4 中可以看出，1986～1992 年工业总产值增速为 1.48 倍，饮料制造业、烟草制品业、纺织业、皮革等制品业、造纸及纸制品业、印刷业、文教体育用品制造业、医药制造业、化学纤维制造业、橡胶制品业、塑料制品业等劳动密集型产业的增速均超过工业总产值增速。同时，与石油和天然气开采业，黑色金属、有色金属、非金属矿采选业的增速相比，其相应的加工工业增速都相对较高。这说明深加工程度有所提升。

同时，在“有重点地开发知识密集和技术密集产业，努力开拓新的生产领域，有计划地促进新兴产业的形成与发展”指导方针下，通过设立高新技术产业开发区，一大批高新技术企业快速成长，高新技术产业发展较快。“七五”计划明确指出要重视加快发展第三产业。第三产业比重在 1985 年超过第一产业后，继续保持稳步提高的态势，在 1992 年达到 34.8%。

总之，20 世纪 80 年代中期至 90 年代初，产业结构进一步合理化，并逐步向“轻型化”方向演进，劳动密集型产业的地位不断提升，高加工度化倾向也比较明显。到 1990 年，轻工业产值占比已经与重工业十分接近。

3. 20 世纪 90 年代初至 19 世纪末：产业结构的进一步调整

在 20 世纪 80 年代末 90 年代初，经过加工工业的高速发展，农业、基础工业、基础设施相对较为滞后，油电煤等无法满足企业需要，引发了经济过热的问题。经过 1989～1991 年的三年治理整顿，这种矛盾得到缓解。自 1992 年，产业结构开始进一步调整。为了破解基础设施、基础工业的发展瓶颈，国家在 80 年代后期就逐步加大了对其投入力度，由此带来了以基础工业为主的重工业所占比重有所提升。同时，皮革等制品业、木材加工等制品业、家具制造业、造纸及纸制品业、文教体育用品制造业、化学纤维制造业、塑料制品业等劳动密集型产业仍保持相对较高的增速（见表5－4）。因而，在90年代，轻重工业比重之间的差距虽有所扩大，但是总体上两者相对稳定。

表5－4　我国工业各行业产值增速

单位：倍

	1986～1992年	1992～2000年	2000～2010年
工业总产值增速	1.48	2.09	7.15
煤炭开采和洗选业	1.60	1.09	16.32
石油和天然气开采业	1.64	4.12	2.17
黑色金属矿采选业	2.06	1.78	35.39
有色金属矿采选业	1.85	2.23	8.37
非金属矿采选业	2.04	1.85	7.67
其他采矿业	—	—	—
农副食品加工业	—	—	8.38
食品制造业	1.37	－0.14	6.87
饮料制造业	2.38	2.08	4.22
烟草制品业	1.88	1.24	3.03
纺织业	1.49	0.78	4.54
纺织服装、鞋、帽制造业	—	—	4.38
皮革、毛皮、羽毛（绒）及其制品业	2.25	3.14	4.87
木材加工及木、竹、藤、棕、草制品业	1.45	3.18	10.26
家具制造业	1.24	2.24	10.93
造纸及纸制品业	1.78	2.23	5.56
印刷业和记录媒介的复制行业	1.81	1.35	4.78
文教体育用品制造业	2.37	3.19	4.07
石油加工、炼焦及核燃料加工业	—	—	5.60
工业总产值增速	1.48	2.09	7.15
化学原料及化学制品制造业	1.99	2.01	7.34
医药制造业	2.69	2.13	5.59
化学纤维制造业	2.74	2.35	2.99

续表

	1986～1992年	1992～2000年	2000～2010年
橡胶制品业	1.57	1.13	6.27
塑料制品业	2.49	2.36	6.30
非金属矿物制品业	1.75	1.60	7.68
黑色金属冶炼及压延加工业	2.15	1.27	9.95
有色金属冶炼及压延加工业	2.05	2.07	11.90
金属制品业	1.92	2.17	6.93
通用设备制造业	—	—	10.53
专用设备制造业	1.61	3.16	8.83
交通运输设备制造业	3.45	2.47	9.34
电气机械及器材制造业	2.04	2.91	7.97
通信设备、计算机及其他电子设备制造业	2.85	7.13	6.28
仪器仪表及文化、办公用机械制造业	1.57	3.75	6.37
工艺品及其他制造业	—	—	—
电力、热力的生产和供应业	2.30	3.52	7.79
燃气生产和供应业	—	—	13.05
水的生产和供应业	2.66	3.03	2.49

资料来源：根据历年国家统计年鉴计算。

1992年，十四大报告中明确将机械电子、石油化工、汽车制造和建筑业作为我国经济发展的支柱产业，并在1994年颁布了《90年代国家产业政策纲要》。这一阶段，一般加工工业在制造业中占比有所下降，而具有一定技术密集型特征的产业比重有所提升。这突出表现在专用设备制造业，交通运输设备制造业，电气机械及器材制造业，通信设备、计算机及其他电子设备制造业，仪器仪表及文化、办公用机械制造业的增速普遍高于此阶段工业总产值增速（见表5-4）。这表明，产业结构在进一步调整的过程中结构升级也取得了一定成效。

同时，第一产业和第三产业占比继续朝着合理的方向调整。第一产业在国内生产总值中的比重持续下降，第三产业比重总体上也有所提升。第三产业获得了投资上的倾斜。从1990年到1998年，第三产业的投资增长率是逐年上升的，从39.72%上升到63.15%，而第二产业投资比例由57.37%下降到34.42%。①

4.21世纪初至今：产业结构的重新重工业化

从三次产业整体变动来看，第一产业比重仍然呈下降趋势，第二产业总体上略有升高，而第三产业所占比重在波动中基本上保持稳定，2008年之前并没有延续之前持续提升的走势，近几年有所提高。

进入21世纪以来，我国产业结构演进呈现的突出特征为重工业发展明显加快，重工业的产值比重一路走高，从1999年的58.03%一直提升至2010年的71.36%，而轻工业所占比重显著下降。从工业各行业的产值增速也可以看出产业结构重型化的趋势（见表5-4）。2000~2010年，我国工业总产值增速为5.92倍，而增速较高的行业主要集中在两类：一是基础工业，例如煤炭开采和洗选业（16.32），黑色金属矿采选业（35.39），有色金属矿采选业（8.37），电力、热力的生产和供应业（7.79），燃气生产和供应业（13.05）；二是高加工度产业，例如黑色金属冶炼及压延加工业（9.95）、有色金属冶炼及压延加工业（11.90）、通用设备制造业（10.53）、专用设备制造业（8.83）、交通运输设备制造业（9.34）、电气机械及器材制造业（7.97）。这些产业的快速发展有效带动了产业结构的提升。

（二）城镇化的发展历程

改革开放以来，我国城镇化发展发生了翻天覆地的变化，总体上城镇化进程显著加快。结合劳动力流动和城市发展，这一时期的城镇化可以划分为三个阶段：

---

① 张世贤：《论产业投资效率与结构变动方向》，《管理世界》2000年第5期。

表 5-5 改革开放以来我国城镇化发展阶段

	改革开放至 20 世纪 80 年代末	20 世纪 90 年代初 至 19 世纪末	21 世纪初至今
城镇化状况	隐性城镇化	半城镇化	发展质量不断提升
人口流动	进厂不进城，离乡不离土	进厂又进城，离乡又离土	市民化
城市发展	城市基础设施、公共服务等欠账也进行弥补，城市建设呈现出恢复性发展	城市建设快速发展，突出第三产业的建设，发挥城市的多功能性	城市群发展迅猛、中心城市出现以服务经济为主功能转型提升

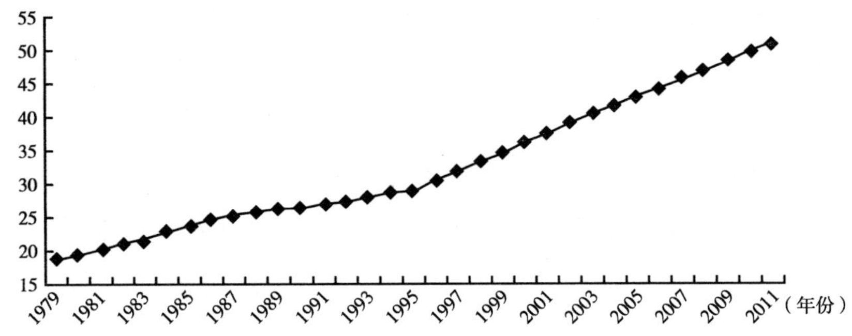

图 5-6 1979～2011 年我国城镇化率水平

资料来源：《新中国统计资料五十年汇编》。

1. 改革开放至 20 世纪 80 年代末：城市恢复性建设及农村隐性城镇化

党的十一届三中全会以后，人口流动的限制逐步被放松，长短途贩运也逐步放开。同时，由于各种形式的生产责任制在农村迅速发展，农业劳动生产率大大提高，暂时性的农业流动人口逐步活跃起来。

针对改革开放前形成的不合理城镇体系，1980 年国家了提出“控制大城市规划，合理发展中等城市，积极发展小城市”的总体方针。1984 年，小城镇发展受到关注，《中共中央关于 1984 年农村工作的通知》和《国务院关于农民进集镇落户的通知》相继在这一年颁布，进而进一步放松了对劳动力流动的控制，鼓励劳动力到临近小城镇打工。与乡镇企业发展相匹配的城镇化战略渐次走进人们的视野。在这一时期，伴随着乡镇企业的兴起，“进厂不进城，离乡不离土”的就地迁移是这一时期的主要途径。在相当一段时间里，农民工主要以这种方式就地转移到了吸纳容量大、转移稳定的乡镇企业。据统计，东部以这种方式转移的比例最高达到56.3%，中部次之为26.1%，西部最低仅19.4%。[①] 东部比例最高的原因在于依托集体经济的苏南模式、依托个体经济的温州模式和依托外向型经济的珠江模式等的兴起。

此时，城镇化率从1978年的17.9%提高至1989年的26.2%。但是，乡镇企业的发展实质上改变了当地的生活方式，促进了当地城镇化的发展。有学者对当时萧山市农村、津郊静海县农村地区等的研究发现，当地从事非农劳动时间、收入构成、恩格尔系数、家庭总支出中购买性支出所占份额等都已经与城镇地区接近。这种客观上已经城镇化的现象就被称为“隐性城镇化”。[②] 在小城镇蓬勃发展的同时，对城市基础设施、公共服务等欠账也进行弥补，城市建设呈现出恢复性发展。

2. 20世纪90年代初至19世纪末：城镇化率快速提升的半城镇化

1988年，政府才允许农民自带口粮进入城市务工经商。同时，19世纪80年代末，乡镇企业的发展也逐渐面临瓶颈，并且乡镇企业的分散发展也引发了一系列的问题。“离土不离乡”的模式已经难以为继。在经过90年代末经济的短暂调整，90年代初农民工在经济新一轮的扩张中开始大规模涌入城市。

---

① 朱家良、吴敏一：《中国不同区域农业劳动力转移的特性及趋势比较》，《人口与经济》1992年第6期。

② 王嗣均、周志刚：《农村隐性城镇化调查与水平估测——以萧山市农村为例》，《人口与经济》1993年第1期；李新建：《农村地区人口城镇化的发展潜能和阶段特征——津郊静海县农村地区隐性城镇化状况分析》，《人口与经济》1993年第2期。

伴随着农民工的大规模进入城市，城镇化率水平持续提高，至1999年已达到34.8%。但是，大量农民工进入城市给城市的承载力带来了严峻挑战，社会上对农民工进城产生了排斥心理。农民工的这种宏观流转结构被认为是盲目流动的表现，为了防止发达国家的城市病和“拉美陷阱”的出现，其流动处于严格的规范中。在特殊的制度安排下，农民工进城后始终生活在城市体制的边缘，并没有实现身份向市民的转变，处于一种半城镇化的状态。

这一时期，城市建设也快速发展，城市功能得到强化。伴随着城市第三产业在80年代的恢复和90年代的进一步发展，城市产业基础得到增强，城市多样化的功能逐步得到完善。发挥城市的多功能性，突出第三产业的建设，成为20世纪最后20年中国城市的建设方针和建设特点。[①] 同时，80年代后期的城市土地制度发生了根本性的改革，开始实行国有土地有偿出让和转让，从原来无偿、无限期、无流动的土地使用制度转变为有偿、有限期、有流动的土地使用制度。这一变革为城市建设带来了重大转机。政府通过协议、招标或拍卖等方式出让土地使用权，为旧城改造、新区建设以及基础设施投资提供了大量资金。在制度变革的有力推动下，城市建设日新月异，高新技术园区、工业开发区也纷纷建立，城市功能结构空间布局逐步向现代化方向发展。

3.21世纪初至今：提升城市功能、推进市民化

2004年初的中央一号文件将农民工确定为产业工人的重要组成部分，对农民工的地位进行了认可。在市场经济条件下，对“民工潮”堵是不能奏效，只能利用市场机制合理引导。这一时期农民工进入了

---

① 董志凯：《从建设工业城市到提高城市竞争力——新中国城建理念的演进（1949~2001）》，国史网，2009年6月28日。

相对公平的流动阶段，此时农民工城市体制外生存形成的“半城镇化”受到广泛关注，市民化的呼声日益高涨。

同时，在城镇化发展战略问题上，2000 年，“十五”计划中鲜明地指出：积极稳妥地实施城镇化战略，是经济结构战略性调整的一项重要任务。中国的城镇化不能照搬别国的模式，必须从自己的国情出发，走有中国特色的城镇化道路。发展小城镇是推进我国城镇化的重要途径，重点是发展县城和部分基础条件好、发展潜力大的建制镇。与此同时，积极发展中小城市，完善区域性中心城市功能，发挥大城市的辐射带动作用，提高各类城市的规划、建设和综合管理水平。这一判断和大中小城市、小城镇协调发展的战略决策使中国的城镇化迈入一个新的发展阶段。具体表现在：

第一，总体上来看，这一时期是我国城镇化高速发展的时期。1978～1990 年城镇化率每年增加 0.71 个百分点，1990～2000 年城镇化率每年增加 0.98 个百分点，而 2001～2011 年城镇化率每年增加 1.36 个百分点，个别年份如 2007 年、2010 年城镇化率提高超过 1.5 个百分点。

第二，城市群、城市圈发展迅猛。城市群、城市圈是城镇化发展的高级形态。东部三大城市群，即“长三角”城市群、“珠三角”城市群和京津冀城市群，已经相对成熟，成为拉动我国经济增长的巨大引擎。“长三角”城市群已经成为第六大世界性城市群，反映了世界城市群的发展方向。同时，在中西部地区，都市圈层化的特征也十分明显。

第三，城市转型逐步显现，城市功能进一步提升。伴随着城市群、城市圈的发展，尤其是东部三大城市群，其中心城市都出现了显著的以服务经济为主的产业结构调整，进而促进了城市功能向后工业化阶段的转型。例如，在现代服务业发展的推动下，上海市在“十一五”以来第三产业比重达到 59.4%，达到了改革开放以来最高水平。2009

年，上海金融市场交易总额累计达到251万亿元；股票成交额位列全球第三，沪市总市值18.4万亿元，位居全球第六；上海期货市场成交额占全国57%；黄金现货交易量位居全球第一；港货物吞吐量达到5.92亿吨，继续保持全球第一；国际集装箱吞吐量达到2500万标箱，继续名列全球第二；服务贸易总额超过800亿美元，约占全国1/4。上海正朝着国际经济中心、国际金融中心、国际贸易中心、国际航运中心迈进，世界城市的地位逐步加强。

二　互动的状态及影响因素

改革开放以来，我国产业结构演进与城镇化发展的互动有了显著改善，两者的互动性大大增强，但是当前两者的互动发展仍然存在着一些突出的问题，尤其在开放经济条件下持续互动的能力不强使当前的互动发展仍处在不健康的状态中。

（一）改革开放以来，我国产业结构演进与城镇化发展的协调程度在不断提高，工业化率与城镇化率之间的差距不断缩小，两者的互动关系显著增强

1. 改革开放后产业结构的演进带动了城镇化的强劲发展

从最初的矫正畸形产业结构，到产业结构呈现轻型化特征，再到产业结构进一步调整过程中逐步实现高加工度化、重型化并伴随着第三产业的发展和层次的提升，整个过程对城镇化发展产生了极大的带动作用。

（1）从城镇化率水平提升来讲，改革开放后近30年间劳动密集型产业的快速发展对吸纳农村劳动力所发挥的作用功不可没。劳动密集型产业持续扩大的就业需求有效带动了农村剩余劳动力的流动规模的扩大。改革开放前，城镇化的滞后使农村积攒了大量的剩余劳动力。

按照刘易斯的二元经济理论，大量边际劳动生产率为零的农村剩余劳动力形成了无限供给的状态。因而在改革后允许劳动力向小城镇流动时，短时间内这种积攒很久的存量得到释放。尤其是在 1990 年前后，他们都涌入城镇时造成城镇劳动供给的急剧增加。仅农村劳动力外出就业数量 1993 年就新增 800 万。我国城镇化的滞后和严格的人口流动控制制度使我国的城镇劳动力供给在改革开放前集聚了一个巨大的“势能”。理论上来讲，随着“势能”的不断释放，农村外出劳动力数量应该逐渐减少。然而，目前农村劳动力外出就业并没有逐渐减退，相反却有逐年上升的趋势。从表 5－6 中可以看出，农村劳动力外出就业每年新增数量在 1997 年之前确实处于下降状态，但是自 2001 年开始却逐年增加。2007 年上半年，农村外出务工劳动力人数就比去年同期增加 860 万人，同比增长 8.1%①。这说明，积攒的“势能”只能提供一部分解释。

表 5－6　1993～2006 年农村劳动力外出就业数量

单位：万人

年份	外出就业	年新增数量	年份	外出就业	年新增数量
1993	6200	800	2002	9430	479
1995	7000	400	2003	9820	390
1996	7223	223	2004	10260	440
1997	7722	499	2005	10824	564
2001	8961	348	2006	11490	666

注：按照农业部农村经济研究中心统计口径，这里的农村劳动力外出就业是指外出时间在 3 个月以上的就业。

资料来源：1995～2003 年数据来自王德文、蔡昉、高文书《全球化与中国国内劳动力流动：新趋势与政策含义》，《开放导报》2005 年第 4 期，第 6～12 页，2004～2006 数据来自农业部农村经济研究中心。

① 孙侠、于文静：《今年上半年农村外出务工劳动力同比增加 860 万人》，新华网，2007 年 9 月 13 日。

其实，农村劳动力外出就业数量的持续扩大与城市劳动密集型产业的快速发展有直接联系。这种判断可以从农民工就业分布的变化得到证实。农民工从事制造业和建筑业的农民工比重逐年上升，且上升幅度也逐年加大。从事制造业的农民工 2002 年占 22%，2003 年占 25.2%，2004 年占 30.3%，2007 年初达到 42.1%；从事建筑业的农民工 2002 年占 16.6%，2003 年占 16.8%，2004 年占 22.9%，2007 年初达到 36.7%。伴随着产业结构逐步高加工度化和重型化，尽管劳动密集型产业的增速相对工业总产值的增速有所下降，尤其是进入 21 世纪后（见表 5-4），但是这些产业都一直保持着较高的绝对增速，与工业总产值的增速相差并不太大。

同时，城市服务业的发展也带动吸纳了相当一部分劳动力就业。从表 5-7 中可以看出，批发、零售业和餐饮业、社会服务业等劳动密集型产业 1991～2003 年始终保持了较高的绝对增长速度。因而，制造业和服务业中的劳动密集型工种成为接收农村转移劳动力的主渠道。

表 5-7　1991～2003 年我国服务业增加值构成

单位：%

	增加值较上一年增速												
	1991	1992	1993	1994	1995	1996	1997	1998	1999	2000	2001	2002	2003
服务业	8.8	12.4	10.7	9.6	8.4	7.9	9.1	8.3	7.7	8.1	8.4	8.7	7.8
农林牧渔服务业	10.7	10.4	2.2	10.3	8.7	5.8	32.5	13.4	6.3	3	11.7	12	3.2
地质勘察业水利管理业	10.9	15.1	11.2	16.3	5.4	5.1	4.3	0.7	6.2	4.1	3.7	4.8	-3.4
交通运输和仓储业	8.6	7.9	5.9	7.1	5	3.8	5.3	2	5.6	5	4.8	4.5	1.6
邮电通讯业	35.5	30.3	53.3	20.1	39	34.1	23.1	27.4	20.1	20.4	17.5	12.9	12.9
批发、零售业和餐饮业	4.5	13.1	6.6	7.7	5.9	5.4	8.5	7.7	7.2	8.2	7.5	8.1	9.1
金融保险业	2.3	8	10.9	9.4	8.5	7.5	8.5	4.9	4.8	6.5	6.4	6.9	7

续表

	增加值较上一年增速												
	1991	1992	1993	1994	1995	1996	1997	1998	1999	2000	2001	2002	2003
房地产业	12	34.7	10.8	12	12.4	4	4.1	7.7	5.9	7.1	11	9.9	9.8
社会服务业	26.8	19.3	18.9	8.3	5.8	5	7.9	10.6	8.1	8.7	10.9	11.2	9.3
卫生体育和社会福利业	14.9	9.4	11.8	8.2	6.4	10.3	8.1	7.8	4.6	6.3	11.6	9.2	7.2
教育和文化艺术及广播电影电视业	7.8	8	14.9	15	8	13.9	14.8	10.2	7.2	5.3	8.6	11	7.5
科学研究和综合技术服务业	12	15.3	6.9	17.9	10.5	14	12.1	10.8	10.5	6.9	7.4	12.1	7.8
国家机关、政党机关和社会团体	14.5	8.6	7.7	8.3	6	6.2	7	8.3	8.6	7.7	7.3	8.4	7.9
其他行业	14.8	19.5	17.9	10.6	8.6	9.5	10.2	8.1	6.5	5.6	4.4	5.7	4.5
	在服务业中所占比重												
	1991	1992	1993	1994	1995	1996	1997	1998	1999	2000	2001	2002	2003
服务业	100	100	100	100	100	100	100	100	100	100	100	100	100
农林牧渔服务业	0.7	0.7	0.7	0.7	0.6	0.6	0.8	0.8	0.8	0.8	0.8	0.8	0.8
地质勘察业水利管理业	1.1	1.1	1.2	1.3	1.4	1.4	1.3	1.2	1.2	1.1	1	1	0.9
交通运输和仓储业	17.5	16.3	16.1	14.8	13.2	12.9	11.7	11.5	11.3	11.4	10.9	10.3	8.8
邮电通讯业	2	2.1	2.6	3.2	3.8	4.2	4.8	4.9	5.2	6.7	7.1	7.5	8.2
批发、零售业和餐饮业	28.9	29.9	27.3	27.1	27.5	27.2	26.7	26.1	25.6	24.5	23.9	23.5	23.6
金融保险业	17.8	17.5	18.2	18.5	19.4	19.7	19.7	18.6	17.9	17.4	16.8	16.5	16.5
房地产业	5.1	5.7	5.7	5.8	5.9	5.6	5.5	5.8	5.7	5.7	5.8	5.8	6.1
社会服务业	6.2	6.6	7.9	8	8.6	8.4	9.5	10.5	10.7	10.9	11.6	12.1	12.4
卫生体育和社会福利业	3	2.9	2.9	2.9	2.7	2.8	2.7	2.7	2.7	2.8	3	3	3
教育和文化艺术及广播电影电视业	6.3	6	6.3	6.5	6.3	6.6	6.8	7.2	7.8	8	8.4	8.6	8.7
科学研究和综合技术服务业	1.3	1.4	1.3	1.4	1.5	1.6	1.9	1.9	2.1	2.1	2.1	2.2	2.2
国家机关、政党机关和社会团体	9.2	8.9	8.7	8.6	8	7.9	7.7	7.8	8.1	7.9	7.8	7.9	8
其他行业	0.9	1	1.1	1.1	1	1	1.1	1	1	0.9	0.9	0.8	0.8

资料来源：陈宪、殷凤、程大中：《中国服务经济报告2009》，上海大学出版社，2010。

（2）从城市本身的发展来讲，第三产业的发展对城市功能产生了重要影响。从1978年至今，第三产业占GDP比重总体上保持持续上升的态势。这又可以分为两个阶段：

第一阶段，2000年以前，第三产业比重提升相对较快，年均提高1.26个百分点，但是对经济增长的贡献率始终维持在30%左右。这一时期，第三产业的快速发展逐步改变了改革开放以前城市生产功能占绝对压倒优势的状况，“骨头”和“肉”的关系逐渐协调，城市功能逐渐多元化。

第二阶段，2000年以后，第三产业比重相对稳定，提高缓慢，至2011年年均仅提高0.372个百分点。这一阶段第三产业对经济增长的贡献率提升至40%以上，最高达到48.2%，但是近几年又有所下降，2010年则下降到38.5%。贡献率的提高与第三产业内部结构的变化有直接联系。从表5－7、表5－8中可以看出，交通运输和仓储业、批发零售业和餐饮业等传统服务业相对于服务业整体增速而言较低，所占比重处于持续下降状态。而邮电通讯业则爆发性增长，虽然增速略有下降，但是总体上仍明显高于服务业整体增速，其所占比重持续提高。

表5－8　2004～2010年我国服务业增加值构成

单位：%

	2004年	2005年	2006年	2007年	2008年	2009年	2010年
交通运输和仓储业和邮政业	14.4	14.2	13.8	13.1	12.5	11.3	11.0
批发零售业	19.3	18.6	18.7	18.8	19.9	19.6	20.7
住宿餐饮业	5.7	5.6	5.4	5.0	5.0	4.8	4.7
金融业	8.4	8.1	9.1	11.1	11.3	12.0	12.1
房地产业	11.1	11.4	11.7	12.4	11.2	12.6	12.9
其他	41.2	42.0	41.3	39.6	40.0	39.7	38.7

注：因从2004年起统计数据的行业分类按新国民经济行业分类（GB/T 4754－2002）进行划分，故与表5－7分列。

资料来源：历年国家统计年鉴。

2000年以前，金融、房地产等现代服务业比重处于下降状态；但是2000年以后，金融业、房地产等现代服务业一改过去比重下降的状态，所占比重逐步提高，尤其是2004年以后，其所占比重的提升趋势十分明显。金融业增加值占第三产业比重由2004年的8.4%提高到2010年的12.1%。房地产业也从2004年的11.1%提高到2010年的12.9%。现代服务业比重的提升使得中心城市逐步实现功能向服务化的转型和再造。

2. 改革开放后城镇化发展有力地支撑了产业结构的演进

改革开放后，在工业化的带动下我国城镇化的发展迅速，同时快速发展的城镇化也给产业结构的演进提供了有力的支持。具体表现在两个方面：

（1）城镇化给工业化发展提供了充足的要素供给。

在市场机制下，农村劳动力要素依据正确的信号在部门间流动，并同时实现地域上的流动，推动了城镇化发展。因而，城镇化的发展必然会对城市产业提供要素支撑作用。改革开放后我国的城镇化发展也存在这种要素供给的效应。但同时这种供给效应又不仅限于此。改革开放以来，我国城镇化的发展给我国工业化提供了大量的廉价劳动力，有力支撑了低价工业化模式。

改革开放30多年来，中国农民工总量已接近2.3亿，其中外出农民工达到1.45亿。然而由于我国特有的户籍制度，不同于国外城镇化过程中的人口流迁模式，我国农村劳动力在进入城市的过程要复杂曲折得多。一般来讲，国外农村人口在城市化的过程中由乡到城的地域转移与从农民变为工人的职业转变是同时完成的。但是，户籍上的差异使我国农村劳动力与城市市民又多了一重身份上的差异。因而，我国的农民劳动力进入城市就要在实现地域转移和职业转变的同时完成身份的转变，进而实现彻底的城镇化（见图5－7）。改革开放后80年代，我国农民先经历了“离土不离乡、进厂不进城”的就地转移，虽然实现了职业转变，但并未实现地域上的转移。90年代，进城的农民工掀起了“离土又离乡、进厂又进城”的异地流动潮，这就实现了地域转换。但是由于户籍身份上的差异，农民工在城市的就业状况不容乐观，遭受着“同工不同酬、同工不同时、同工不同权”的不平等待遇。这就使得进入城市的农村人口并不能完全融入城市，需要农民工再经历一次市民化的过程。因而，如果将“半城镇化”的因素考虑在内进而按照户籍人口计算，中国的城镇化率只有30%左右。[①]

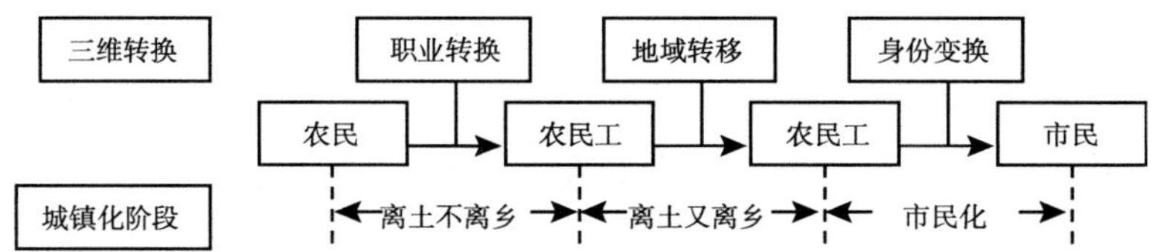

图5－7 我国农村劳动力向城镇流动阶段示意图

在半城镇化的状况下，农民工承受了较低的工资和福利待遇。从工资福利水平的内容来看，与城镇居民相比，在绝对水平上，农民工的工资收入偏低，公共服务和福利保障缺失。农民工通过租赁廉价房、无社会保障等为政府、企业节省了需要支付的高额成本。2004年我国因雇佣农民工一项就节省了11462亿元的工资开支，相当于当年中国GDP的8.5%，这大体相当于中国当年的经济增长率。[②] 在相对水平上，农民工忍受着超时劳动、工资被拖欠等不公平待遇。从增长幅度

① 辜胜阻、李华、易善策：《均衡城镇化：大都市与中小城市协调共进》，《人口研究》2010年第5期。

② 辜胜阻、易善策、郑凌云：《基于农民工特征的工业化与城镇化协调发展研究》，《人口研究》2006年第5期。

来看，农民工的工资水平增长十分缓慢。对调查数据分析，在农民工流向比较集中的广东省，从 1995 年至 2004 年的 9 年间扣除物价上涨，农民工实际工资的平均增长速度仅为 4.8%[①]，与广东省 12.9% 的经济增长速度相比差距甚大。因而，农民工较低的工资水平和非工资性的成本共同支撑了低价的工业发展。尤其在国际市场上，这种城镇化模式下形成的廉价劳动力资源优势使我国制造业获取了较强的竞争力，进而加快了资本的积累，为产业结构的高级化演进奠定了基础。

（2）城镇化发展、城市建设形成的需求有力带动了产业结构的演进。

城镇化发展具有较强的带动投资的效应。城镇化的发展必然对城市基础设施提出要求，城市基础设施的建设将产业巨大的投资需求。同时，城市房地产业也将在城市化快速发展的阶段成为重要的支柱行业。由于产业关联效应明显，房地产业进入发展的快车道将有力地带动水泥、建材、钢铁等多个行业的发展。

自 1998 年以来，城镇化对于产业结构向重工业化方向的发展起到了重要作用。城镇化发展，尤其是城市建设的加快，将对能源等基础产业产生大量需求。这无疑将带动重工业的发展。图 5－8 表明，重工业产值增速与城市建成面积增速之间存在比较明显的趋势相关关系，伴随着城市建成区面积的增速的波动，重工业产值增速也发生了相应的波动。重工业产值增速和城市建成区面积分别在 1998 年、1999 年达

① 由于对农民工的统计缺乏连续性，我们只能通过区域性调研获得两个时点上的数据计算出平均工资增长速度。在 1995 年 2 月 15 日～3 月 14 日，广东外来农民工联合课题组对广东省东莞市、中山市进行了综合考察，并在深圳市作了相应的补充调研，调查显示一般企业农民工的平均工资在 400 元左右，而且认为在过去的十年中农民工的实际工资不仅没有提高，反而稳中有降；国家统计局农调总队也在后来利用农村住户调查等资料进行农民工方面的调查，结果显示 2004 年广东农民工月收入 702 元。90 年代中旬，珠三角也有类似的调查，表明工资大多在 300 元至 500 元，占样本的 50.8%；但低于 300 元的占 33.3%；500 元以上的已属少数，只占样本的 15.9%；800 元以上的仅占 3.7%。其中 CPI 1995 年为 302.8，2004 年为 347.7（1978＝100）。

到谷底，两者都开始新一轮的高速增长。2003 年城市建成区面积增速达到 0.9，重工业产值增速 2003 年也有了显著提高，并在 2004 年增速达到最高 0.5。应该说，这一轮新的扩张城镇化发展的作用十分显著。自 1998 年以来，国家一方面大规模地投资于基础设施以推动城市化进程；另一方面启动住房消费信贷，将消费者与城市化进程对接，作为城市化最重要标志的房地产业成为支撑经济的重要因素。

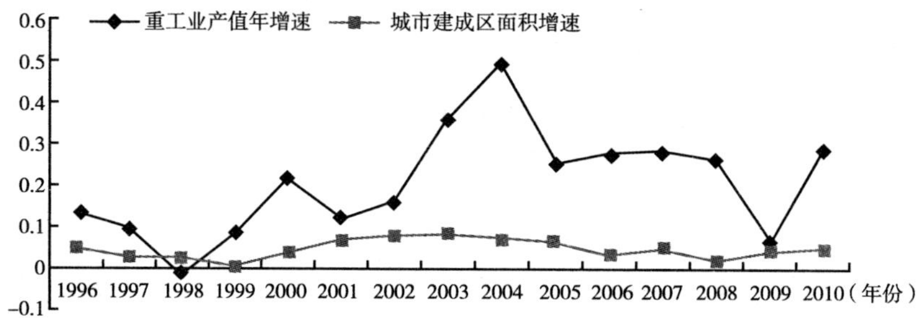

图 5－8　重工业发展与城市建设情况（1995～2010 年）

资料来源：历年国家统计年鉴。

3. 通过制度创新、市场机制的建立和完善，产业结构演进与城镇化发展过程中政府与市场相互配合，基于市场机制形成的动力逐步成为推动两者互动发展的主导力量

改革开放以来，产业结构演进与城镇化的互动发展虽然也多次受到政府宏观调控的干预和影响，但是基于市场机制形成的动力逐步主导着产业结构的演进及城镇化的发展，与改革开放前纯粹的计划方式有着本质区别。

（1）从工业化与城镇化自身发展来看，市场机制逐步发挥配置资源的基础性作用，与政府干预一起共同推动了工业化与城镇化的发展。

改革开放以来，随着中国市场化取向的经济体制改革逐步深入，在传统体制和传统模式的外围出现了自发的、诱致性的制度创新。这方面的典型代表是农村城镇化的温州模式和苏南模式。随着市场化改革的展开，我国一些地区出现了农民集资建镇、农民推进农村工业化的方式，开始了以基层组织和个人为发动主体、实现全部社会生产工业化的二次工业化进程，拉开了“市场拉动型”城镇化发展的序幕。一大批小城镇相继涌现，我国的城镇化率也开始快速增长。① 相关学者根据调查和统计资料总结分析了 20 世纪 80 年代中国人口流动的原因（见表 5－9），计划和市场的共同作用是中国人口流动的主要原因。由此可以看出，我国城镇化发展是在政府与市场双重作用力的推动下实现的，并且来自市场的动力作用逐步在增强。

表 5－9　20 世纪 80 年代中国人口流动原因

单位：%

类型	1982～1987	1985～1990	类型	1982～1987	1985～1990
市场型	46.6	48.5	其他	7.6	9.3
计划型	45.8	42.2	合计	100	100

资料来源：辜胜阻、刘传江主编《人口流动与农村城镇化战略管理》，华中理工大学出版社，2000，第 211 页。

改革开放后，产业政策仍在频繁使用，但是，产业政策的制定、对产业结构的调控也越来越依据消费需求。“七五”计划就明确指出产业结构的调整必须以消费需求结构及变化为导向；“八五”计划也要求按照国民经济逐步现代化的要求和居民消费结构的变化积极调整产业结构。这就使得政府干预与市场机制紧密结合起来，共同推动着工业化与城镇化的发展。

① 辜胜阻、易善策、李华：《中国特色城镇化道路研究》，《中国人口·资源与环境》2009 年第 1 期。

（2）产业结构演进与城镇化互动发展过程中消费结构升级明显并发挥着决定性作用。

伴随着工业化、城镇化的发展，我国经济发展迅速，人均国内生产总值不断提高，从1978年的381元提高到2010年的29992元，居民可支配收入水平也不断提高，这必然带来消费结构的升级。表5-10显示，我国居民消费结构中，与第一产业密切相关的食品、衣着产品等所占比重总体下降，与第二、三产业相关的居住、家庭设备用品及服务、交通通讯、医疗保健、娱乐教育文化服务所占比重呈上升态势。特别是2000年之前家庭设备用品支出及服务的高速增长带动了当时以

表5-10 我国城镇居民消费结构及变化情况（1985~2009年）

		1985	1990	1995	2000	2005	2009
居民消费	所占比重(%)	100	100	100	100	100	100
	消费额增速(倍)	—	0.88	1.60	0.41	0.54	0.55
食品	所占比重(%)	54.02	55.68	52.27	40.94	38.83	37.61
	消费额增速(倍)	—	0.94	1.44	0.10	0.46	0.50
衣着	所占比重(%)	13.01	11.61	11.74	8.75	9.04	9.33
	消费额增速(倍)	—	0.68	1.63	0.05	0.59	0.60
家庭设备用品及服务	所占比重(%)	3.33	3.04	3.68	7.55	5.31	6.10
	消费额增速(倍)	—	0.72	2.16	1.88	0.08	0.78
居住	所占比重(%)	11.69	11.26	9.88	12.08	11.23	12.51
	消费额增速(倍)	—	0.81	1.28	0.72	0.43	0.73
交通及通讯	所占比重(%)	6.11	6.48	7.15	7.63	11.83	12.83
	消费额增速(倍)	—	1.00	1.87	0.50	1.39	0.68
医疗保健	所占比重(%)	2.22	3.19	4.40	5.95	7.32	7.04
	消费额增速(倍)	—	1.70	2.59	0.90	0.90	0.49
娱乐教育文化服务	所占比重(%)	4.51	4.95	7.27	12.56	13.27	11.15
	消费额增速(倍)	—	1.06	2.82	1.43	0.63	0.30
其他商品及服务	所占比重(%)	5.11	3.80	3.60	4.56	3.17	3.43
	消费额增速(倍)	—	0.40	1.46	0.78	0.07	0.68

资料来源：历年中国统计年鉴，经计算。

电视机、洗衣机、电冰箱等为代表的家电轻工业发展。2000 年之后，家用电器的升级、照相机、手机、计算机等难用消费品需求旺盛，使得之后的家庭设备用品和通讯用品支出增速相对较高。同时，住房需求旺盛，轿车消费也进入大众化时代，由此带动了重化工业的发展。

（二）开放经济虽然极大推动了我国产业结构的演进、城镇化的发展，但是对外资外需的依赖在一定程度上也弱化了两者之间的互动关系，当前互动的内生性依然不足

1. 在开放经济下外资、外贸对产业结构演进与城镇化的发展产生了重要的推动作用

改革开放以来，我国产业结构演进与城镇化的互动发展从封闭环境走向开放，外资、外贸成为推动产业结构演进和城镇化发展的重要动力之一。

第一，对外开放加快了我国生产要素的市场化建设。对外开放的过程也是我国市场化程度不断提高的过程。改革开放以来，我国的经济体制改革与对外开放紧密相连、相互促进，以对外开放推动经济体制改革、以经济体制改革进一步提高对外开放水平和层次。对外开放对市场经济体制的建立和完善主要体现在：一是培育了活跃的市场经济主体。对外开放的过程中，不仅引入了大量的外企，更重要的是非公经济逐步发展壮大，形成了市场经济发展所要求的微观基础。非公经济的发展加速推动市场主体的形成和市场机制的发育，在体制外形成一个有效竞争的市场环境。这种市场环境反过来又形成一种竞争的压力，“倒逼”国有企业改革，从而形成国企、民企、外企多元竞争而又共同发展的充满活力的市场经济体制。二是完善了市场经济的环境。通过参与经济全球化，充分借鉴其他市场经济国家的积极经验，促进国内经济管理体制、企业管理模式、市场运作规则与国际接轨，进而

推动国内市场经济体制改革的深化。例如，通过加入世界贸易组织，我国加快修订了一批法律法规，完善了外汇管理体制、外贸体制等经济管理体制。

第二，外资的大量进入增加了产业发展和城市建设的资本供给。改革开放以来我国东南沿海地区，尤其是珠江三角洲的工业化发展很大程度上得益于对外开放、外资推动。劳动密集型产业转移带来的外商投资带来了产业发展的资本，有力推动了当地工业化进程。同时，对于城市建设来讲，外资也发挥了积极作用。从我国历年城市市政公用设施建设固定资产投资资金来源来看，外资占据了一定的比例，其中在1996年、1997年都达到了12%以上，并且在90年代中期以后平均规模达到了100亿元。

表5-11　中国城市市政公用设施建设固定资产投资资金来源情况

年份	本年资金总额(亿元)	利用外资(亿元)	外资所占比例(%)
1985	63.8	0.1	0.16
1986	79.8	0.1	0.13
1987	90	1.3	1.44
1988	112.6	1.6	1.42
1989	106.8	1.5	1.40
1990	121.2	2.2	1.82
1991	169.9	6	3.53
1992	265.4	10.3	3.88
1993	521.6	20.8	3.99
1994	665.5	64.2	9.65
1995	807.5	84.9	10.51
1996	871.1	105.6	12.12
1997	1056.6	129.5	12.26
1998	1346.4	110.1	8.18
1999	1453.2	68.6	4.72
2000	1740.5	76.7	4.41
2001	2112.8	97.8	4.63

续表

年份	本年资金总额(亿元)	利用外资(亿元)	外资所占比例(%)
2002	2705.9	109.6	4.05
2003	4143.4	90	2.17
2004	4383	87.2	1.99
2005	5276.6	170	3.22
2006	5435.2	92.9	1.71
2007	5914	73.1	1.24
2008	6890.4	91.2	1.32

资料来源：《中国城市建设统计年鉴 2008》。

在引进外资建设城市的同时，外资经营城市的先进理念也被引入，对现有城市的城区改造、功能提升都有积极意义。例如，台商沈庆京先生在扬州投资开发的“扬州·京华城中城”项目，就极大地带动了扬州新城西区的建设。整个京华城中城位于扬州新城西区“黄金地段”，总占地面积 2060 亩，是扬州新城区的 1/4，总投资达 100 多亿人民币。从理念上，京华城中城是大陆第一座全生活产业城，也是大陆第一个以住宅群配合城市功能导向作为商贸新城中心的“城中城”。该项目将台北京华城“全生活”（Living City）的概念复制过来，引入了台湾先进的经营模式及经验，为城市的发展孕育“12 + 1”的效应，即集教育、体育、文化、艺术、休闲、娱乐、旅游、展销、婚庆、餐饮、零售、政府服务及住宿为一体的生活新体验。这种“12 + 1”的功能可以带动“加速招商引资、繁荣第三产业、提升城市档次、丰富观光诱因、增加创业就业机会、扩大政府税基、节省公建开销、娱乐带动教育及科技融入生活”等“9 + 1”效应，并在“购物中心、娱乐中心、媒体中心、生命中心及联合服务中心”的五大基础上，为城市发展提供一个三百六十度的配套服务，形成一个城市运营商理念。[1] 在该项目的带动下，扬州西区逐渐集聚了国际、国内知名零售巨头和酒店、餐饮、休闲娱乐等企业，使西区逐渐成为以生活居住、公共服务功能为主，配套设施完善的城市新区，也整体上推动扬州城市发展迈上了一个新台阶。

第三，外资和技术引进促进了我国产业的升级。大量的实证研究表明，外商直接投资具有显著的技术溢出效应。同时，利用后发优势，技术引进不仅能够对传统产业进行技术改造和提升，也能够推动国内新兴产业的发展。因而，外商直接投资和技术引进能够在一定程度上提升国内产业技术水平，优化产业结构。从我国外商投资和技术引进的行业结构变动来看，其变动趋势与我国产业结构的演进有很大联系。表 5－12 反映了外商直接投资分布行业的变化，其中，制造业所占比重从 2000 年以后不断下降，而金融、房地产、批发零售住宿餐饮、租

表 5－12　中国实际使用外商直接投资部分行业比重（1999～2009 年）

单位：%

	1999	2000	2001	2002	2003	2004	2005	2006	2007	2008	2009
农林牧渔	1.76	1.66	2.55	2.04	1.87	1.84	0.99	0.86	1.11	1.10	1.52
采矿业	1.38	1.43	0.93	0.46	0.63	0.89	0.49	0.66	0.59	0.53	0.53
制造业	56.06	63.48	70.59	71.61	70.02	70.95	58.63	57.69	48.93	46.04	49.72
建筑业	2.27	2.22	2.63	1.28	1.14	1.27	0.68	0.99	0.52	1.01	0.74
交通运输仓储邮政	3.85	2.49	1.28	1.85	1.62	2.10	2.50	2.86	2.40	2.63	2.69
计算机服务和软件	—	—	—	—	—	1.51	1.40	1.54	1.78	2.56	2.39
批发零售住宿餐饮	2.39	2.11	2.02	2.01	2.09	2.61	2.20	3.77	4.45	4.96	6.63
金融业	0.24	0.19	0.12	0.56	0.43	0.42	16.99	9.70	10.79	15.22	4.77
房地产业	13.86	11.44	7.27	8.72	9.79	9.81	7.48	11.85	20.46	17.15	17.86
租赁和商务服务业	—	—	—	—	3.21	4.66	5.17	6.08	4.81	4.67	6.46

资料来源：历年《中国对外经济贸易年鉴》及《中国商务年鉴》。

---

① 来自“京华城中城”介绍资料。

赁和商务服务业等服务的比重总体上呈上升趋势。从技术引进来看，2004~2008年技术引进中，交通运输设备制造业、电子及通信设备制造业、化学原料及化学制品制造业、黑色金属冶炼及压延加工业、电力蒸汽热水的生产和供应业、电气机械及器材制造业都一直排名在前十位。这些技术的引进推动了重工业的发展。

第四，外贸出口维持了劳动密集型产业的持续增长，促进了城镇化水平的提高。前文已经分析，农村劳动力外出就业数量的持续扩大与城市劳动密集型产业的快速发展有直接联系。而城市劳动密集型产业的快速发展则与外贸出口的持续高速增长有很大联系。从表5-13中可以看出，这些劳动密集型产业进入2000年后一直保持高速的增长（除了全球金融危机期间出现下滑）。外贸出口对国内制造业的有力拉动使得城市吸纳劳动力的能力保持在较强的水平，进而有力地推动了城镇化的发展。

表5-13 中国部分劳动密集型产品出口同比增速（1995~2010年）

单位：%

年份	四类商品	七类商品	八类商品	十类商品	九类商品	十一类商品	十二类商品
1995	20.5	37	17.2	48.7	30.8	4.8	10.4
1996	9.6	3.2	-4.5	-7.5	-4.3	-2.5	4.7
1997	-8.3	31.1	16	29	7.2	23.5	19.1
1998	-7.9	6.4	-5.6	1.6	-16.9	-6.3	0.8
1999	1	2	-0.5	-4	18.9	2	2.8
2000	19.4	26.2	27.6	43.4	23.2	19.7	13.2
2001	12.1	4.7	11.8	7	8.3	0.9	2.5
2002	15.7	20.5	11.3	18.1	22.9	16.1	9.4
2003	14.5	25	24	29.6	22.2	26.8	16.6
2004	22.7	34.9	18.1	25.4	39.1	21	17.8
2005	19	37.7	14.2	34.7	24.8	21.3	23.7
2006	23.3	27.3	-1.4	34.9	30.9	28.3	15.3

续表

年份	四类商品	七类商品	八类商品	十类商品	九类商品	十一类商品	十二类商品
2007	19.4	23.2	6.4	33.4	15.4	20.1	16.5
2008	10.5	12.7	10.8	12.4	0.6	8.1	17.1
2009	.2	-13.2	-8.8	-3.6	-19.3	-10.2	-4.3
2010	21	38	39.5	23.8	20.9	23.6	27.4

注：商品按照《商品名称及编码协调制度》（The Harmonized System，HS）分类，表中类别商品具体指：

四类：食品；饮料、酒及醋；24章烟草、烟草及烟草代用品的制品

七类：塑料及其制品；40章橡胶及其制品

八类：生皮、皮革、毛皮及其制品；鞍具及挽具；旅行用品、手提包及类似品；动物肠线（蚕胶丝除外）制品

九类：木及木制品；木炭；软木及软木制品；46章稻草、秸秆、针茅或其他编结材料制品；篮筐及柳条编结品

十类：木浆及其他纤维状纤维素浆；纸及纸板的废碎品；纸、纸板及其制品

十一类：纺织原料及纺织制品

十二类：鞋、帽、伞、杖、鞭及其零件；已加工的羽毛及其制品；人造花；人发制品

资料来源：中经网统计数据库。

2. 在开放经济条件下，我国对外过度依赖的状况已经严重影响了互动系统的内生性

开放经济条件下，外资外贸推动我国工业化的发展，并为城镇化提供了产业基础，增强了工业化对城镇化的推动效应。珠三角、长三角的经济发展历程已经很好地证实了这一过程。但是，改革开放以来，我国在引进外资发展外贸的同时逐渐形成了对外需和技术引进的依赖。

对外需的过度依赖替代了国内需求对产业结构演进的拉动作用，也是对内需不足的掩盖，城镇化对消费的积极作用被削弱。改革开放以来，我国的经济增长主要是被工业增长所拉动。图5-9中，除个别年份外，工业增加值的增速都高于经济增速。从需求来看，出口拉动工业增长的作用较显著。出口增速虽然波动幅度较大，但总体上处于高位，并且很多年份都高于社会消费品零售总额的增速。尤其在

2001年以后，这种情况更加突出。在经历了世纪之交的通货紧缩时期以后，社会消费品零售总额没有出现80年代中期、90年代初期相对于经济增速和工业增加值的快速增长，基本与这两者的增速相当，只略微偏高。而出口增速则一直保持在较高增速水平上，并与它们形成较大的差距。

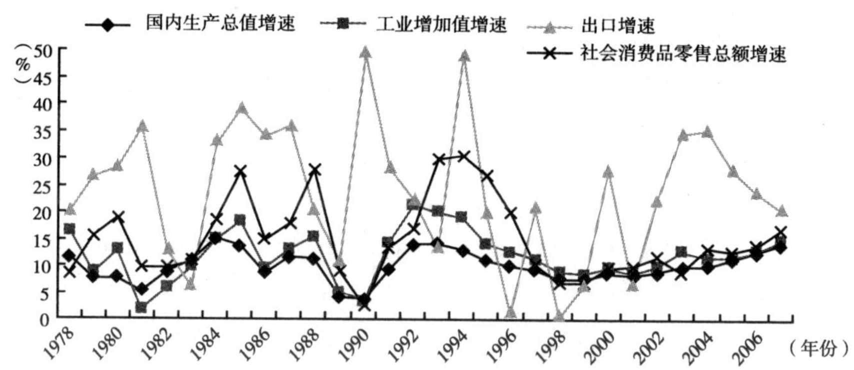

图5－9　改革开放以来我国经济增速、工业增加值增速以及内外需情况

注：1990年、1994年出口增速值分别为52.64%、97.20%。

从日本和美国比较中，也可以发现我国经济对出口的过度依赖。20世纪六、七十年代是日本经济的快速发展时期。期间日本也经历出口的高速增长。据统计，1961～1970年日本GDP年平均增速为10.4%，工业年平均增速为13.4%，出口年平均增速则为15.8%。但是，尽管出口增速相对较高，对经济拉动作用较强，但是其出口占GDP的比重始终在20%以内。而美国出口占GDP的比重则更低，最高未超过12%。而我国的出口占GDP的比重不断提高，在2006年已经接近40%（见表5－14）。这种过度依赖出口的情况不仅是内需不足的替代选择，而且也进一步掩盖了内需不足问题。

表 5-14 中国、日本、美国出口占 GDP 的比重

单位：%

年份	中国	日本	美国	年份	中国	日本	美国	年份	中国	日本	美国
1960	—	10.72	5.19	1976	4.81	13.58	8.26	1992	22.29	9.91	10.11
1961	—	9.28	5.11	1977	4.69	13.12	7.91	1993	23.30	9.17	9.93
1962	—	9.43	5.00	1978	6.60	11.14	8.21	1994	24.57	9.10	10.27
1963	—	9.04	5.08	1979	8.52	11.59	9.04	1995	23.07	9.16	11.06
1964	—	9.49	5.32	1980	10.65	13.72	10.14	1996	20.05	9.83	11.19
1965	—	10.52	5.21	1981	12.58	14.71	9.83	1997	21.75	10.88	11.58
1966	—	10.58	5.24	1982	12.26	14.52	8.77	1998	20.35	10.90	10.99
1967	—	9.65	5.26	1983	10.86	13.93	7.89	1999	20.40	10.28	10.75
1968	—	10.11	5.31	1984	11.28	15.03	7.75	2000	23.33	10.99	11.23
1969	—	10.56	5.33	1985	9.94	14.37	7.21	2001	22.60	10.56	10.25
1970	2.61	10.82	5.82	1986	11.74	11.32	7.24	2002	25.13	11.36	9.66
1971	2.76	11.73	5.66	1987	16.23	10.34	7.74	2003	29.56	12.01	9.54
1972	3.18	10.60	5.78	1988	16.92	9.94	8.77	2004	33.95	13.30	10.01
1973	4.33	10.05	6.96	1989	16.62	10.42	9.25	2005	37.08	14.33	10.43
1974	4.98	13.62	8.52	1990	19.04	10.49	9.59	2006	39.08	16.11	11.10
1975	4.59	12.82	8.54	1991	20.79	10.04	10.04	2007	38.29	17.62	11.87

资料来源：世界银行数据库。

对技术引进的过度依赖替代了国内技术创新对产业结构演进的推动作用，严重制约了产业持续升级的能力。改革开放以来，在“以市场换技术”的战略下，我国进行了大规模的技术引进，技术引进合同数量及合同金额都出现了快速增长。尤其是在 90 年代中期和进入 21 世纪以来，技术引进的增长速度显著提高（见图 6-10）。虽然引进的技术对产业升级发挥了积极作用，但是也产生了核心技术缺乏、重大技术设备和关键零部件对外依赖度相对较高等一系列问题。就发明专利来看，国外发明专利授权量长期以来一直高于国内。2008 年发明专

利授权数为93706件，但其中50.28%的专利为国外申请。就技术引进本身来讲，本无可厚非。但是如果只是引进并依赖引进获取持续的技术进步，这就产生了严重的问题。毕竟，技术引进只是手段，最终是要获取自主的创新能力。但是我国很多企业只重引进，轻视对引进技术的消化吸收。与日本、韩国等同样也经历过技术引进阶段的国家相比，我国的消化吸收经费相对于技术引进经费过低。这样就陷入了"引进—落后—再引进"的怪圈，对技术引进产生过度依赖。因而，在缺乏自主创新能力的情况下，通过技术引进替代了国内技术进步供给不足的问题。这种对外的依赖虽然在我国产业结构层次较低的阶段能够有力地推动产业的发展。但是，伴随着技术差距的缩小，后发优势逐渐减小，依靠技术引进推动的产业结构高级化将逐渐走到尽头。并且，在国际竞争中，伴随着经济实力的增强，国外对我国技术进口的管制也更加严格，一些关键领域的核心技术是无法买到的。缺乏自主创新能力势必严重制约产业持续升级的能力。

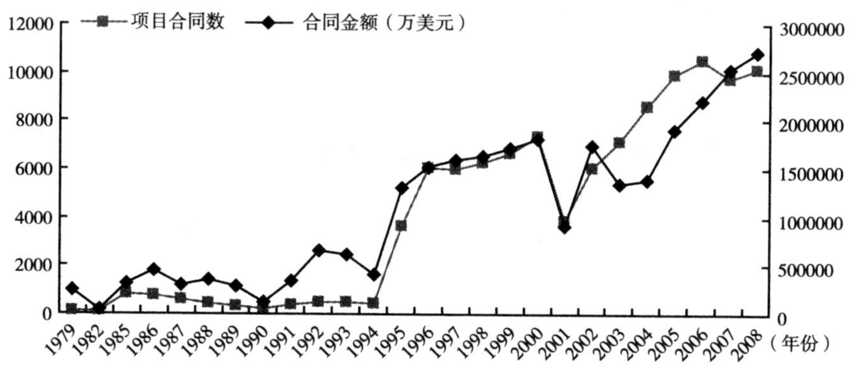

图6-10　改革开放以来技术引进合同情况

因而，在开放经济条件下，我国对外过度依赖的状况已经严重影响了互动系统的内生性。基于互动生成的内源性的消费需求和技术创新动力，很大程度上被出口需求和技术引进所替代，城镇化的积极效应既无法完全发挥也不受到重视，产业结构实现进一步演进的内生动力不足。

三　改革开放后的互动状态下产业结构演进与城镇化发展特点

（一）产业结构仍存在结构性偏差，第三产业发展明显不足，城镇化发展的后续动力相对不足

当前，我国三次产业结构仍存在一定的偏差，突出表现为第三产业比重偏低。这可以从以下两个方面的比较看出：

一是，与我国经济发展水平相当的国家相比，我国第三产业比重偏低。2010 年和 2011 年我国人均 GDP 分别为 4283 美元和 5414 美元。根据世界银行的划分标准，我国正处于由中等偏下收入国家向中等偏上收入国家过渡的阶段。我国 2008 年三次产业结构为 10. 1∶46. 8∶43. 1。从这一结构比例来看，我国服务业比重不论与中等收入国家总体水平，还是中上收入国家、中下收入国家相比都较低，分别低大约 7 个百分点、14 个百分点和 8 个百分点。

表 6－15　2009 年不同收入水平国家的三产结构

单位：%

组别	人均 GDP 或地区划分	农业	工业	服务业
世界平均水平	—	3	27	70
高收入国家	≥12276 美元	1	26	73
中等收入国家	1006～12275 美元	10	35	55
中上收入国家	3976～12275 美元	7	36	57
中下收入国家	1006～3975 美元	17	31	51
低收入国家	≤1005 美元	26	24	50
中低收入国家	≤12275 美元	10	35	55

资料来源：《世界发展报告》2012 年。

二是，从日韩等新兴工业化国家的发展历程来看，其服务业所占比重始终保持在较高的水平上，并在后工业化阶段显著提高。战后日本经济发展迅速，1960～1970年，工业产值比重提升了3个百分点，同时服务业比重提升了4个百分点，达到54%。之后，工业占比持续下降，服务业占比持续提升。韩国工业化过程中，1960～1995年工业比重从19%提升至42%，同时服务业也呈现缓步升高，从41%提高至49%。之后进入后工业化社会，工业比重开始下降，服务业比重进一步快速升高。从这一过程可以发现两个基本特点：第一，在工业化起步时，服务业所占比重已达到一定水平；第二，尽管在工业化阶段其工业比重提升较快，但是服务业所占比重都保持在相当水平。对比我国的发展情况，改革开放以来，我国第三产业起点较低，虽然经历了20世纪80年代的恢复性发展，并在90年代后期有显著提高，但是总体上与这些国家工业化过程中的服务业所占比重相比仍然偏低。而且，进入21世纪以来，第三产业所占比重徘徊不前，并呈现出略微下降的状况。

表5－16　日本、韩国三产结构变化（1960～2010年）

单位：%

年份	日本			韩国		
	农业	工业	服务业	农业	工业	服务业
1960	13	42	45	40	19	41
1965	9	43	48	39	21	39
1970	6	45	49	29	26	45
1975	5	41	54	27	29	44
1980	4	41	56	16	37	47
1985	3	39	57	14	39	47
1990	2	39	58	9	42	49
1995	2	34	64	6	42	52
2000	2	32	66	5	38	57
2005	2	30	68	3	38	59
2010	1	28	71	3	39	58

资料来源：世界银行数据库（http：//databank. worldbank. org）。

当前，我国就业弹性下降是一个不争的事实。从产业结构演进的角度来看，就业弹性下降背后的原因是我国进入重化工业阶段，资本投入对经济的拉动作用大大增强。这是资本技术密集型的重化工业发展的必然结果。因而，在进入重化工业阶段以后，如果第三产业发展相对不足，“有增长、无就业”的状况将使城镇化的发展面临后续动力不足的问题。我国目前的城镇化率水平刚刚超过50%，发展任务仍然十分艰巨。但是，当前第三产业发展不足势必制约城镇化的持续发展。

（二）产业结构演进的技术创新动力相对不足，自主创新能力不强，产业结构的高度化存在一定的虚化问题

改革开放以来，我国依靠廉价的劳动力资源优势形成了“低成本、低技术、低价格、低利润、低端市场”的“低价工业化模式”，在国际市场上赢得了竞争，确立了世界制造业大国的地位。但是，伴随着经济发展和经济结构的演进，低价工业化的弊端逐渐显露。一方面，我国的经济发展付出了“高能耗、高物耗、高排放、高污染”的巨大代价。另一方面，由于缺乏创新动力，产业升级缓慢，经济发展缺乏后劲。

当前，我国产业结构演进的技术创新动力相对不足突出表现在自主创新能力不强。从表5－17的几项创新能力指标来看，不论在研发投入上还是产出上，我国都落后于美日韩等国家，而且差距仍然较大。尤其在研发投入上，我国企业普遍存在投入不足的问题。即使在研发投入强度较高的高技术产业，我国R&D经费占工业总产值比重也仅仅为1.29%，与美国16.41%、日本10.64%的水平差距巨大。而且，这一比重甚至还低于R&D占GDP比重。从我国500强企业研发投入来看（见表5－18），通过2006年与2009年的比较，研发投入在1%以下的企业数量反而增加，超过10%、5%～10%、1%～5%三个档次中的企业数量都存在不同程度的下降。

表 5－17　中国自主创新能力主要指标的国际比较

	中国	美国	日本	韩国
R&D 占 GDP 比重(%)	1.44	2.68	3.44	3.47
高技术产业 R&D 经费占工业总产值比例(%)	1.29	16.41[a]	10.64[a]	5.98[a]
百万人口发明专利授权数(项目)	70.2	575.0[b]	941.5[b]	742.1[b]
每万人劳动力中从事 R&D 活动人员(人)	22	—	141	111
每万人劳动力中科学家工程师(人)	18	94[a]	107	92
R&D 活动人员人均国际发表论文(篇)	0.12	0.44	0.18	0.225

注：a 为 2006 年数据，b 为 2002 年数据。其余为 2007 年数据。

资料来源：历年《中国科技统计年鉴》。

表 5－18　中国企业 500 强研发投入分布状况表

按研发投入(研发费用/销售收入)		超过 10%	5% ~10%	1% ~5%	1% 以下	总数
2009 年	分类的企业数目(个)	4	18	171	233	426
	企业数目比例(%)	0.9	4.2	40	54.7	100
2006 年	分类的企业数目(个)	6	37	206	199	448
	企业数目比例(%)	1.3	8.3	46.0	44.4	100

资料来源：《中国 500 强企业发展报告》(2009、2006)。

近年来，我国高技术产业发展迅猛，高技术产业总产值、销售收入、利润以及在出口中所占比重都有很大幅度的提高。但是，由于创新能力不高，技术水平低下，我国高技术产业的快速发展并不代表自主创新能力的实质性提高。通过对我国高技术产业出口及利润情况的分解就可以看出，我国高技术产业受三资企业的影响巨大。三资企业数量在我国高技术产业中不到 40%，但所获得利润一直在 60% 左右，在出口中占比高达 90% 左右。这说明我国高技术产业的快速发展仍然是在外资的推动作用下实现的。

自主创新能力相对较低直接导致了产业的低附加值。发达国家高技术产业的增加值率大多在30%以上，美国2000年达到了42.6%。[①]

表5-19　三资企业在我国高技术产业中的情况

指标	1995	2000	2004	2005	2006	2007	2008
高技术产业企业数(个)	18834	9758	17898	17527	19161	21517	25817
三资企业数(个)	4581	3046	6560	6491	6999	8028	9296
三资企业数占比(%)	24.32	31.22	36.65	37.03	36.53	37.31	36.01
高技术产业总利润(亿元)	178	673	1245	1423	1777	2396	2725
三资企业利润(亿元)	107.79	406.38	873.50	928.00	1155.99	1485.53	1557.81
三资企业利润占比(%)	60.56	0.60	0.70	0.65	0.65	0.62	0.57
高技术产业出口交货值(亿元)	1125.23	3388.38	14830.90	17635.97	23476.46	28422.79	31503.94
三资企业出口交货值(亿元)	830.16	2882.06	13827.40	16145.27	20942.50	25892.98	28324.45
三资企业出口交货值占比(%)	73.78	85.06	93.23	91.55	89.21	91.10	89.91

资料来源：《中国高技术产业统计年鉴》(2009)。

表5-20　我国高技术产业中部分行业利润率与增加值率情况

单位：%

行业		1995	2000	2003	2004	2005	2006	2007
销售利润率	电子及通信设备制造业	5.35	7.25	4.64	4.66	3.91	4.21	4.17
	1. 通信设备制造	8.78	9.76	5.54	6.65	4.76	4.75	3.75
	2. 雷达及配套设备制造	11.83	-0.38	6.09	7.76	7.06	7.10	8.82
	3. 广播电视设备制造	2.82	4.89	4.41	5.51	4.67	4.09	5.87
	4. 电子器件制造	10.78	8.99	4.28	4.67	2.21	3.09	4.11
	5. 电子元件制造	3.26	6.59	5.08	5.63	5.03	5.25	5.02
	6. 家用视听设备制造	-0.06	2.78	2.65	-0.22	2.11	2.13	2.84
	7. 其他电子设备制造	0.48	9.29	8.35	5.60	5.13	5.88	5.77
	电子计算机及办公设备制造业	1.76	4.74	2.71	2.32	2.45	2.19	2.98
	1. 电子计算机整机制造	1.84	5.52	2.34	1.82	1.82	1.43	1.78
	2. 电子计算机外部设备制造	1.66	4.41	2.98	2.76	3.05	2.92	4.38
	3. 办公设备制造	1.94	3.27	4.02	4.37	4.16	3.86	4.92

① 上海财经大学课题组编《2006中国产业发展报告——制造业的市场结构、行为与绩效》，上海财经大学出版社，2006，第17页。

续表

行　业		1995	2000	2003	2004	2005	2006	2007
增加值率	电子及通信设备制造业	24.90	24.60	25.17	24.03	23.81	24.12	23.15
	1. 通信设备制造	32.33	25.74	28.35	24.69	22.18	22.95	20.65
	2. 雷达及配套设备制造	24.42	25.48	29.66	32.40	32.14	31.32	28.37
	3. 广播电视设备制造	27.31	25.77	26.06	24.88	29.85	27.92	26.33
	4. 电子器件制造	34.72	26.16	26.62	27.12	27.53	28.34	26.43
	5. 电子元件制造	23.26	25.86	25.45	24.50	25.75	25.17	24.32
	6. 家用视听设备制造	13.41	19.75	18.37	18.62	19.10	18.82	20.39
	7. 其他电子设备制造	22.53	30.83	29.94	31.14	29.84	27.18	26.32
	电子计算机及办公设备制造业	26.15	22.32	17.06	14.11	17.10	16.88	15.30
	1. 电子计算机整机制造	31.37	23.26	12.16	10.40	14.15	13.29	11.69
	2. 电子计算机外部设备制造	23.21	21.44	20.68	17.47	20.15	20.40	19.17
	3. 办公设备制造	19.38	22.65	30.34	23.80	21.78	22.32	21.64

资料来源：《中国高技术产业统计年鉴》(2008)。

在我国高新技术产业中，电子及通信设备制造业和电子计算机及办公设备制造业是两个主要行业，两个行业的产值占全部高技术产业的约70%。从这两个行业来看，利润率都不高。2007年通信设备制造业的利润率为3.75%，电子计算机及办公设备制造业总体上利润率只有2.98%，其中电子计算机整机制造的销售利润率仅有1.78%。同样，从增加值率来看，2007年通信设备制造业的利润率为20.65%，电子计算机及办公设备制造业也非常低，并都呈现下降的趋势。

总之，尽管高技术产业在我国发展迅速，并在经济中的比重显著提升，但是这并未带来我国创新能力的实质提高，产业结构的高级化呈现一定程度的虚高。

（三）城镇化的投资带动效应显著，但消费需求效应有待提高，尤其是在半城镇化状态下消费不足问题成为制约产业结构演进的一大瓶颈

产业结构的演进需要消费需求的拉动。消费需求不旺一直是我国经济增长中的“软肋”。我国消费的全面提升不仅仅需要城镇居民进一步提高消费水平，还需要数量上超过城镇居民的农村人口也同时提高消费能力。改革开放以来，城镇居民收入增长较快，其消费的升级对产业的升级发挥了积极作用。但是，相比之下，农村居民收入增长缓慢，与城镇居民收入差距不断扩大，其消费能力和消费升级相对滞后。由前文的分析可知，城镇化对于提高农村居民和流转人口收入消费水平具有积极的作用。但是当前，我国的城镇化发展的消费需求效应并未充分发挥。

当前，我国流动人口、农民工在城市的生活方式变革具有高价特征，主要表现为两个方面：第一，在两栖生存状态下，农民工在经济上处于弱势地位，改变生活方式的机会成本非常高。农民失地现象严重，据估计目前失去土地或部分失去土地的农民高达4000万～5000万人，这种失地农民很多是农民工。同时，土地流转的收益分配失衡。调查表明，在江苏农地转用增值的土地收益分配中，政府得60%～70%，农村集体经济组织得25%～30%，而农民只得5%～10%。第二，中国现有经济城乡差距显著的情况下，生活方式变革本身的成本相当高。不同城市的城镇化成本核算是不一样的。例如一个新增加城镇人口需要增加市政公用设施配套费：小城市为2万元；中等城市为3万元；大城市为6万元；特大城市为10万元。此外，高成本还表现在高额的房价、高额的医疗费和高额的子女教育费用使农民工的生活方式转变的代价很高。①

---

① 辜胜阻、易善策、郑凌云：《基于农民工特征的工业化与城镇化协调发展研究》，《人口研究》2006年第5期。

这种城镇化发展势必形成两种截然不同的结果：较高的城市建设投入将产生强劲的投资拉动效应，但高昂的城镇化代价将不利于消费需求的扩大。当前，城镇化的消费需求拉动效应相对较弱可以从两个方面来进行具体分析。从向城市流动的农民工群体来看，在低价工业化模式下，农民工获得的是低工资，享受的是低福利，收入水平直接就制约了其消费能力。同时，农民工在城市生活往往面临着住房、医疗以及子女教育等固定的高额支出，这势必挤占其他方面的消费。2004 年农民工月平均收入水平为 780 元，与城镇职工的月平均 1335 元还相距甚大。农民工在城镇务工的平均月消费支出为 291 元，仅相当于城市居民的 49%。① 因而，城镇化扩大流动人口消费的效应并不十分显著。从农村未转移人口来看，囿于缺乏有效的土地流转途径和方式，土地抛荒与种田能手无地可种之间仍存在矛盾，城镇化发展对农业的规模化经营、提高农业生产效率的积极作用就十分有限。

（四）城市建设还不能很好地适应经济的信息化、服务化的要求，城市功能相对滞后，对产业发展的支撑能力有待提高

当前，我国的城市转型相对缓慢。从整体上来看，伴随着第三产业在经济中比重的提高，城市功能出现了向服务化转变的趋势。但是，从各个规模等级城市来看，其中还存在着一些问题。表 5 - 21 根据 2004 年和 2009 年《中国城市统计年鉴》数据，分类统计了我国不同人口规模的城市（类型Ⅰ城市：人口规模大于 200 万；类型Ⅱ城市：人口规模在 100 万 ~200 万；类型Ⅲ城市：人口规模在 50 万 ~100 万；类型Ⅳ城市：人口规模小于 50 万）各个行业的就业人口比重。从表 5 - 21 中可以看出。

① 国家统计局调研组：《当前农民外出务工情况分析》，载《中国农民工调研报告》，2006。

表 5－21　我国不同规模城市就业分布情况

单位：%

	城市规模（万人）	农林牧渔业	采矿业	制造业	建筑业	电力燃气及水生产供应	交通运输仓储及邮政业	批发和零售业	住宿餐饮业	金融业	房地产业
2008 年	全国水平	0.88	4.27	32.11	9.15	2.32	6.01	5.28	2.25	3.99	2.02
城市规模	>200	0.52	1.50	32.27	9.07	1.68	7.26	6.16	2.87	3.83	2.60
	100～200	0.77	6.24	34.37	9.83	2.70	4.71	4.01	1.41	4.01	1.42
	50～100	1.81	9.02	30.89	8.78	3.41	4.18	4.46	1.57	4.26	1.25
	<50	2.16	9.38	24.66	8.31	3.88	4.43	4.07	1.50	4.71	0.98
2003 年	全国水平	1.54	4.65	33.48	8.81	2.51	6.55	6.01	2.21	3.45	1.55
城市规模	>200	0.77	1.52	34.37	8.65	1.82	7.41	6.84	2.83	3.40	1.95
	100～200	1.34	4.75	33.49	10.31	2.80	6.22	5.28	1.78	3.40	1.47
	50～100	2.34	10.74	33.13	7.76	3.26	5.46	5.33	1.51	3.52	0.96
	<50	5.31	6.81	28.08	7.75	3.96	5.13	5.10	1.65	3.73	0.88
2008 年与全国水平差值	>200	－0.36	－2.77	0.16	－0.08	－0.64	1.25	0.88	0.62	－0.16	0.58
	100～200	－0.12	1.98	2.26	0.68	0.38	－1.30	－1.27	－0.84	0.02	－0.60
	50～100	0.92	4.76	－1.22	－0.37	1.09	－1.83	－0.82	－0.67	0.27	－0.77
	<50	1.27	5.12	－7.45	－0.84	1.56	－1.58	－1.21	－0.75	0.72	－1.04
2003 年与全国水平差值	>200	－0.77	－3.13	0.90	－0.17	－0.70	0.86	0.83	0.62	－0.05	0.40
	100～200	－0.20	0.09	0.01	1.49	0.29	－0.32	－0.73	－0.43	－0.04	－0.08
	50～100	0.80	6.09	－0.34	－1.05	0.75	－1.08	－0.69	－0.70	0.07	－0.58
	<50	3.76	2.16	－5.40	－1.06	1.45	－1.41	－0.92	－0.56	0.29	－0.67
2008 年各规模城市与 2003 年差值	全国水平	－0.66	－0.39	－1.37	0.34	－0.19	－0.54	－0.73	0.04	0.54	0.47
	>200	－0.25	－0.02	－2.10	0.42	－0.13	－0.15	－0.69	0.04	0.43	0.66
	100～200	－0.57	1.50	0.88	－0.47	－0.10	－1.52	－1.27	－0.38	0.61	－0.05
	50～100	－0.53	－1.72	－2.24	1.03	0.15	－1.28	－0.86	0.06	0.74	0.28
	<50	－3.15	2.57	－3.42	0.56	－0.08	－0.70	－1.03	－0.14	0.98	0.10

续表

	城市规模（万人）	租赁商务服务	信息传输计算机服务软件业	科研技术服务和地质勘查业	水利环境和公共设施管理业	居民及其他服务业	教育	卫生社会保障福利	文体娱乐业	公共管理和社会组织
2008 年	全国水平	3.10	1.83	2.96	1.57	0.64	8.53	3.99	1.26	7.83
城市规模	>200	4.09	2.17	3.84	1.43	0.82	8.06	3.79	1.51	6.53
	100~200	1.91	1.21	2.03	1.61	0.45	9.41	4.26	0.92	8.74
	50~100	1.87	1.45	1.65	1.80	0.40	8.55	4.12	0.94	9.51
	<50	1.81	2.08	1.84	2.13	0.29	9.80	4.61	1.11	12.26
2003 年	全国水平	2.20	1.37	2.85	1.58	0.67	8.30	3.64	1.32	7.31
城市规模	>200	3.06	1.59	3.85	1.51	0.95	8.24	3.58	1.56	6.11
	100~200	1.56	1.15	2.39	1.63	0.54	8.86	3.77	1.23	8.04
	50~100	1.31	1.06	1.54	1.62	0.32	7.74	3.53	0.91	7.97
	<50	1.40	1.70	1.74	1.77	0.29	8.49	3.96	1.33	10.93
2008 年与全国水平差值	>200	0.99	0.34	0.89	-0.14	0.18	-0.47	-0.20	0.25	-1.30
	100~200	-1.20	-0.62	-0.92	0.05	-0.18	0.87	0.26	-0.34	0.91
	50~100	-1.24	-0.37	-1.31	0.23	-0.24	0.02	0.13	-0.32	1.68
	<50	-1.29	0.25	-1.12	0.57	-0.35	1.27	0.62	-0.15	4.43
2003 年与全国水平差值	>200	0.86	0.22	1.00	-0.07	0.28	-0.07	-0.06	0.24	-1.19
	100~200	-0.64	-0.22	-0.46	0.05	-0.13	0.55	0.13	-0.09	0.73
	50~100	-0.89	-0.32	-1.32	0.04	-0.35	-0.56	-0.11	-0.41	0.66
	<50	-0.80	0.33	-1.11	0.19	-0.37	0.18	0.32	0.01	3.62
2008 年各规模城市与 2003 年差值	全国水平	0.90	0.45	0.11	-0.01	-0.03	0.23	0.35	-0.06	0.52
	>200	1.03	0.57	-0.01	-0.08	-0.13	-0.17	0.21	-0.05	0.42
	100~200	0.34	0.06	-0.35	-0.01	-0.09	0.55	0.48	-0.31	0.70
	50~100	0.56	0.40	0.11	0.18	0.08	0.81	0.59	0.03	1.54
	<50	0.41	0.37	0.10	0.36	-0.01	1.31	0.65	-0.22	1.33

数据来源：《中国城市统计年鉴》2004 年、2009 年，经整理计算。所计算城市为地级及以上城市。

（1）就全国水平来讲，2008 年制造业仍在城市经济中占主导地位。但从 2003 年到 2008 年，农林牧渔业、制造业、交通运输仓储及邮政业、批发和零售业的就业比重都出现了下降，分别下降了 0.66、1.37、0.54、0.73 个百分点，其中制造业下降幅度最为显著。这说明，整体农业、工业所占比重在下降，城市中传统服务业比重也在下降。

（2）从不同规模城市的制造业就业来看，通过与全国水平的比较可以发现，2008 年类型Ⅱ和类型Ⅰ城市的制造业就业比重比全国水平分别高出 2.26 个和 0.16 个百分点。而类型Ⅳ和类型Ⅲ城市则分别低 7.45 个和 1.22 个百分点。并且与 2003 年数值的比较，后两种城市制造业就业比重低于全国水平的幅度在扩大，类型Ⅱ城市制造业就业比重高于全国水平的幅度也在扩大，而类型Ⅰ城市高于全国水平的幅度也微弱减小。这表明，当前制造业正在从第一类城市和后两类城市向第二类城市集聚，并且从幅度上来看后两类城市减少得更快。从 2003 年到 2008 年，类型Ⅰ、类型Ⅲ和类型Ⅳ城市的制造业就业比重分别减小 2.10 个、2.24 个和 3.42 个百分点。

（3）从不同规模城市的传统服务业就业来看，伴随着城市规模的提高，传统服务业在类型Ⅱ城市集中的趋势比较明显。2008 年和 2003 年交通运输仓储及邮政业、批发和零售业、住宿餐饮业的就业比重大体上都呈现这种规律。2003～2008 年比重的变化上，虽然整体都在下降，但是类型Ⅰ城市下降幅度最低，并且其住宿餐饮业就业比重还有略微升高。

（4）从不同规模城市的现代服务业就业来看，其中表现出较大差异。2003 年和 2008 年，只有类型Ⅰ城市的房地产、租赁商务服务的就业比重超过了全国水平，其他三类城市都低于全国水平。并且，超过的幅度还在进一步扩大。从 2003 年到 2008 年的变动来看，类型Ⅰ城市的增长幅度远高于其他城市。这表明房地产业等服务业部门在特大城市发展迅速。但是，这一规律在金融业就业比重上则发生了完全的颠倒。金融业就业比重的高低以及提高幅度的大小都与城市规模的大小相反。这与发达工业化国家的一般规律完全相悖。信息传输计算机服务软件业的就业比重以及提高幅度呈现出类型Ⅰ城市和类型Ⅳ城市较高而类型Ⅱ城市较低的特征；科研技术服务和地质勘察业的就业比重虽然符合与城市规模同向的变化规律，但是在变化趋势上出现了前两种类型城市比重下降、后两种类型城市比重升高的现象。

这些现象说明，当前我国城市仍是制造业工业生产中心的功能较强。同时，这一趋势正在发生变化。制造业和传统服务业的比重都在降低，现代服务业的比重都在提升，经济正在向着后工业化方向迈进，城市功能的服务化趋势在进行。但是，这一趋势仍存在着一定的问题。在制造业总体就业比重下降的同时，在类型Ⅱ城市的制造业比重却在上升；类型Ⅰ城市服务化的功能和优势还只能从传统服务业和房地产业等一些服务业部门上有所表现；对于金融保险业这一对现代服务业具有重要指示意义的服务业部门来说，其在前两类城市发展的速度并不理想，这对于经济服务化过程中城市功能的转型势必产生不利影响。

我国城市功能还存在支撑体系不完善的问题，城市建设还不能很好满足发展的需要。与城市化率快速提高相比，我国的城市建设还相对滞后，基础设施陈旧、市政公用设施超负荷运转、环境质量下降、绿地面积不足、住房紧张等问题比较突出。尤其在轿车进入大众化消费时代后，城市交通拥堵日益严峻。从公共卫生设施来看，根据世界银行数据，我国城市的公共卫生设施只能覆盖58%的城市人口。而世界平均水平为76.5%，中等偏下收入水平国家这一数字为63.3%，中等偏上收入国家则为89.9%，高收入国家则接近100%。这些问题成为城市经济健康发展的重要障碍。

第六章　实现我国产业结构演进与城镇化良性互动的对策建议

未来实现中国经济的持续健康发展，必须推动产业结构演进与城镇化发展的良性互动。目前，我国的产业结构演进与城镇化发展之间还存在一定程度的不协调性，互动发展也存在内生性不足等问题。同时，也应当看到，未来中国经济发展的外部环境并不宽松，内部约束也越收越紧。针对这些问题与挑战，推动我国产业结构演进与城镇化实现良性互动，关键就是要在完善互动机制的同时逐步增强互动的内生性。

第一节　后危机时代互动发展面临的挑战

当前，伴随着我国的经济发展，产业结构演进与城镇化互动所依赖的内外部环境和条件都在发生深刻的变化，这使得我国未来的互动发展面临着诸多挑战。

一　经济结构失衡的风险

后危机时代，国外需求的减弱使中国内需与外需、消费与投资之间的结构性失衡状况更加突出，现有过度依赖外需的产业结构演进和城镇化发展模式亟须转变。

全球金融危机带来的外需减弱对中国经济产生了巨大冲击，同时也将内需与外需、消费与投资之间的结构性失衡充分暴露出来。有人戏称：全球金融危机下，美国受轻伤，而中国受内伤。相对于投资的高速增长，我国的消费明显不足。目前，我国居民消费支出占国内生产总值的比例不到35%。而美国的居民消费率高达70.8%，即使同处东亚地区的日本、韩国也超过55%。以此来看，我国居民消费占GDP比重明显偏低。同时，近年这一比例还呈现出逐年下降的趋势（见图6-1），尤其是2000年以后，居民消费占GDP的比重从46%下降了10个百分点。从整个分配格局来看，我国的劳动报酬总额占GDP比重一直偏低，且呈下降趋势。据统计，1997～2007年我国劳动者报酬占GDP的比重从53.4%下降至39.74%。[①] 从行业性质来看，不同行业的收入分配差距明显，尤其是垄断行业与其他行业收入差距显著。研究表明，2008年我国18个行政性垄断行业职工总数占岗位职工人数的10.8%，工资总额占了全部行业的17.2%。[②] 从地区差异来看，城乡收入差距仍然较大。2008年农村居民人均纯收入6977元，城镇居民人均可支配收入21810元，城乡收入比是3.12。我国经济结构的失衡状态势必严重影响经济发展的质量和效率，中国经济的持续增长迫切需要改变这种结构上的失衡状况。

后危机时代，出口拉动经济增长的模式也将在全球经济结构再平衡的过程中被迫加以调整。目前，欧债危机继续深化，美国经济难言好转，新兴经济体增长也出现一定程度的乏力，全球经济放缓趋势更加明显。这意味着我国的外贸出口将进入相对的“低潮期”。即使金融

① 刘熠辉：《中国储蓄的悬河》，《商界评论》2009年第8期。

② 宋晓梧：《长期看中国就业问题在于弹性过低》，《经济参考报》2009年6月17日。

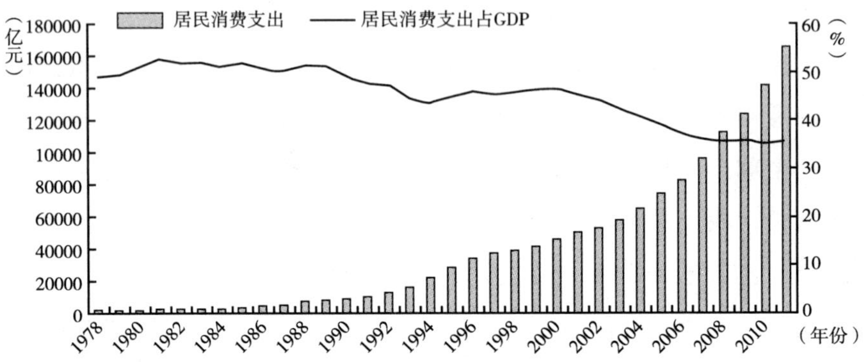

图 6－1　中国居民消费占国内生产总值的情况

资料来源：WIND 咨询。

危机过后全球经济实现再复苏，但是中国出口的高速增长时代难以再现。从外部来看，美国、欧盟等国家和地区的经常账户赤字已经引起了当局的高度重视，尤其是中美之间的贸易不平衡已经深深刺痛了美国的神经。这些国家和地区将致力于经济外部不平衡的调整。这在一定程度上促使国际贸易保护主义的盛行，部分国家也提高对中国出口品的进口关税、实施绿色技术壁垒等一系列新的贸易保护举措。这些因素势必在相当长一段时间内制约了中国外需的进一步拓展。从国内来看，推动出口高速增长的低成本比较优势在逐步弱化，人民币汇率步入升值通道，竞争力的下降对出口的持续高速增长形成内在的约束。

伴随着中国经济结构的调整，当前产业结构演进与城镇化的互动发展也势必相应地进行转变和调整。但是，伴随着外需的减弱，互动的内在机制能否顺利“接力”，还存在很大的不确定性。这需要给予充分的关注。

二　发达国家的“再工业化”

全球金融危机过后，各个国家都在反思以往的发展模式。当美国等一些发达国家在不断抬高金融杠杆的时候，德国却通过扎实的制造业与中国、印度等金砖国家开展竞争。经过全球金融危机的洗礼之后，美国的虚拟经济受到重创，而德国的制造业依然坚挺，注重制造业的“德国模式”备受关注。目前，德国制造业在经济中的比重为21%，不仅远高于美国的13%，而且比OECD国家16%的平均水平也要高很多。德国实业的成功在很大程度上要归功于两个制造部门。第一个是主要以中小型企业为主的部门，包括生产新兴市场在发展自身制造能力时所需的精密机床的企业。第二个部门包括宝马、戴姆勒、保时捷以及奥迪等德国汽车名牌厂商。[①] 这些相对高端的制造业壮大了德国经济，制造业的出口不仅带来了更多的利润，而且提供了更多的工作岗位，从而使国内经济走向良性循环。据统计，在全球失业率普遍升高的情况下，德国的失业率却从2007年的8.5%下降至2011年的7.1%，失业人数自1992年以来首次少于300万。而美国同期的失业率从4.6%上升至9%。2000年以来，美国制造业就减少370万个就业岗位，即减少21%的制造业就业人数。尽管金融、房地产等行业能够赚取相当丰厚的利润，但是提供就业岗位的能力有限，而且门槛较高，广大中下阶层难以从中获取实惠。一个不争的事实就是美国的收入差距也在不断拉大，收入和财富积聚在最富有人群手里，中产阶级被掏空，处在社会底层的人越来越贫穷。据统计，2008年以来，美国人所增加的收入中有93%被占美国人口1%的最高收入者获取。

正是在这一背景下，一些主要发达国家，尤其是美国提出了去虚拟化、再工业化的发展战略，希望重新回归实体经济。比如，2009年11月，美国总统奥巴马发表声明，指出美国经济应从过去的主要以债

① 〔美〕史蒂文·拉特纳：《德国成功的奥秘——欧洲的制造业强国能给美国什么经验》，《外交》，2011年7~8月。

务推动型增长模式转向出口推动型增长和制造业增长的发展模式，以此来重塑其竞争优势。在奥巴马看来，美国经济出口推动型增长和制造业增长是美国未来的可持续增长模式，这种模式也将为广大中产阶级带来高工资和高生活水平。2010 年 8 月，美国通过《制造业促进法案》，旨在帮助制造业降低成本，恢复竞争力，创造更多就业岗位。欧盟也提出了欧盟工业政策的方向与目标，其重点是促进创新，并启动了以下方案：2007 年成立欧洲研究理事会；2008 年建立欧洲创新技术学院；实施联合技术倡议，研发如卫星监测环境与地球安全、微电子工艺燃料电池、药物创新等技术与工艺，以提升“再工业化”进程。

发达国家的“再工业化”将对我国的制造业发展产生影响。一方面，发达国家外包的制造业可能从国外回岸。目前，美国制造业正在逐渐“搬回家”，从中国、印度、印度尼西亚等国家撤回。据统计，截至 2010 年初，回岸的制造业已经在美国创造了 50 万份工作。据美国波士顿咨询公司估计，到 2015 年，美国企业将创造 80 万份工作机会，这些工作不会到海外去，而是留在美国国内。[①] Business Insider 也评出了其中最有代表性的 10 家制造回归的美国企业（见 6－1）。另一方面，应当看到，发达国家的“再工业化”并非简单的重新振兴制造业，再走以前工业化的老路，而是在寻找未来能够支撑经济增长的动力源泉。不论是美国还是欧盟，从其“再工业化”政策的重点来看，他们大多是在创新最活跃、附加值最高的新兴产业领域寻求突破，即依靠科技创新，重新获得实体经济的竞争优势，提高国家在世界经济格局中的位置。因而可以说，再工业化的实质就是新一轮的产业升级。这意味

① 薛牧青：《美国制造业“让工作机会回家”》，《青年参考》2012 年 7 月 25 日。

着在未来发展新能源、信息、生物等新兴产业的过程中，各国之间的研发与竞争将更为激烈。

表 6－1　Business Insider 评出的有代表性的 10 家制造回归的美国企业

公司		事　　件
1	克莱斯勒公司	这家美国着名汽车公司 2012 年计划在底特律的大切诺基平台上投产柴油动力的吉普车，新增 1100 个就业岗位。
2	Collegiate Bead 公司	业务涵盖 140 所美国大学，一直拒绝把生产线设在中国，是唯一一家纯美国制造的珠宝制造商。
3	伊莱克斯公司	这家家电巨头一改多年来的地区授权代工生产的形式，将旗下品牌的高端水槽和水龙头外包给北美制造商来生产。
4	通用电气公司	2012 年它把冰箱的生产线从墨西哥转移到肯塔基州，并在首批招聘 1000 名工人后，以此获得了政府的奖励和减税。
5	雅各布工程集团	2012 年 3 月，它和天津钢管股份有限公司签订了 10 亿美元的合同，为其在得克萨斯的新厂提供工程管理咨询服务。
6	惠而浦公司	这家家电企业旗下的手持式搅拌器的生产业务已迁回本土，并提高了生产效率以对抗中国的低劳动力成本。
7	Marinetek 公司	这家芬兰的船坞制造商在美国的圣彼德斯堡市设立北美总部，新增了 50 个就业机会，包括销售、工程规划等。
8	Master Lock 公司	这个锁具制造商在将部分生产点从中国迁回美国后，为 379 人提供了新的就业机会。
9	NCR 公司	虽然作为 ATM 供应商巨头之一，号称在中国拥有最大的 ATM 安装量，但它已把部分 ATM 生产转移回美国佐治亚州。
10	奥的斯电梯公司	这家全世界最大的电梯制造商把生产业务从墨西哥迁回了南加州，该公司说此举主要是为了降低成本。

资料来源：《回到美国》，《第一财经周刊》2012 年第 31 期。

三　刘易斯拐点与人口红利衰竭的挑战

伴随着我国经济的发展，我国已经逐步迎来了刘易斯拐点。对刘易斯拐点到来的判断则可以综合考虑以下几个方面的标准：一是农村向城市转移劳动力的工资水平。刘易斯转折点到来的显著标志是劳动力成本的上升。当农村向城市转移劳动力的工资水平出现明显上涨或者上涨加速时，可以形成刘易斯拐点到来的证据。二是农村向城市转移劳动力数量增速的变化。刘易斯拐点到来的原因是，农村剩余劳动力的供给不再能完全满足城市工业部门的扩张。因而，在工业化过程中，当农村向城市转移的新增劳动力呈现下降趋势时，这在一定程度上表明农村剩余劳动力的无限供给状况已经发生转变。同时，还需要从劳动力需求方面对劳动力数量的变化趋势进行进一步确认。三是当农业部门的工资水平与城市现代工业部门的工资水平趋同时，这表明二元经济已经消除，不存在农村剩余劳动力。

第一，关于农村向城市转移劳动力的工资水平。

当前，针对我国外出就业农村劳动力和农民工的调查统计数据都显示，农村向城市转移劳动力的工资水平已经出现了加速上涨的趋势。据农业部调查数据，2005 年我国农村外出就业劳动力月平均工资为 855 元，比上年增长 12.9%。至 2008 年上半年，外出就业劳动力月平均工资达到了 1240 元，同比增长 16.4%。[①] 由于全球金融危机的影响，经过短暂调整，2010 年我国外出务工劳动力工资水平同比提高了 16.3%。[②] 转移劳动力工资水平的增速已经超过了经济的增长速度。

从农民工统计口径来看，农民工工资水平的上涨也十分显著。在 1995 年 2 月 15 日至 3 月 14 日，广东外来农民工联合课题组对广东省的东莞市、中山市进行了综合考察，并在深圳市作了相应的补充调研，调查显示一般企业民工的平均工资在 400 元左右，而且认为过去的 10

---

① 黄庆畅、毛磊：《我国农民人均纯收入增量首次连续 4 年超 300 元》，《人民日报》2008 年 8 月 29 日。

② 中国社会科学院农村发展研究所、国家统计局农村社会经济调查司：《农村经济绿皮书：中国农村经济形势分析与预测（2010～2011）》，社会科学文献出版社，2011。

年中农民工的实际工资不仅没有提高（考虑物价因素），反而稳中有降。[①] 至2002年，国家统计局农业司的数据显示农民工的月平均务工收入为659元，增长相对缓慢，并低于经济的增长速度。相关的研究也指出，2002年农民工工资增长率为2% ~3%，2003年该增长率变为5% ~6%，而在此之前农民工工资几乎没有增长。[②] 之后，国家统计局的数据显示，2004年农民外出务工月平均收入780元，2007年突破千元达到1060元，年均名义增长为10.8%。2008年底农民工统计监测调查制度开始建立，监测结果显示2009年外出农民工的平均月收入已经达到1417元。[③] 针对东部地区的调查则显示出东部地区农民工工资更快地上涨。2010年1月，中国人民银行对珠三角、长三角、京津冀地区的调查显示，2009年农民工月均工资收入1783.2元，同比增长17.8%，增幅较上年提高3.1个百分点。[④] 从实际工资增长来看，扣除物价因素，农民工工资水平在2003年以后持续显著增长，2008年的增长高达19.6%（见图6-2）。

第二，关于农村向城市转移劳动力数量增速的变化。

当前，我国农村外出就业劳动力数量的增长速度也出现了变化。2007年以前，我国每年新增的农村外出就业劳动力数量保持快速平稳较快增长。2007年新增外出就业劳动力超过1000万人，之后增速开始下滑。如果说2008年主要是受到全球金融危机的影响，那么2009年伴随着危机对农村劳动力就业不利影响的基本消除，外出就业劳动力增

---

① 广东外来农民工联合课题组：《在流动中实现精英移民——广东外来民工调研报告》，《战略与管理》1995年第5期

② 张丽宾：《“刘易斯拐点”尚未到来——对我国现阶段就业形势的认识问题》，《中国发展观察》2011年2月。

③ 国家统计局农村司：《2009年农民工监测调查报告》，国家统计局网站，2010年3月19日。

④ 中国人民银行：《2009年中国区域金融运行报告》，2010。

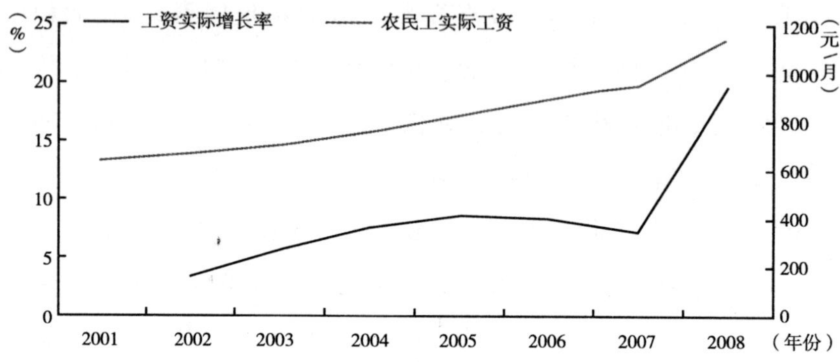

图 6－2　我国农民工实际工资增长情况

资料来源：国家统计局农业司：《中国农村住户调查年鉴》（历年）。

长出现了回升，但是增速仅达到 6.8%。并且，2010 年的增速进一步下降至 5.5%，进一步确认了下降的趋势（见图 6－3）。

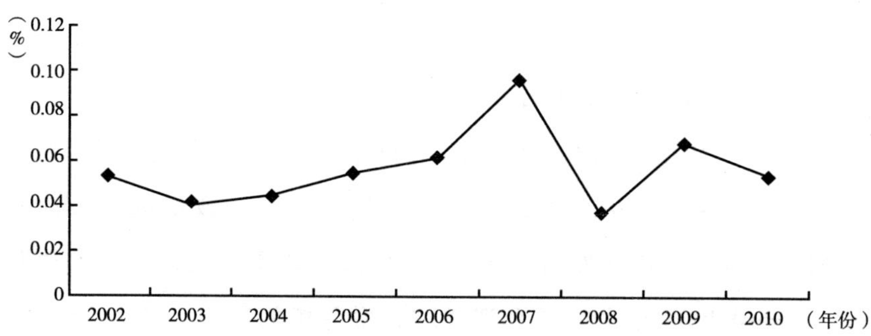

图 6－3　我国农村外出就业劳动力每年增长速度

资料来源：农业部。

当然，仅仅最近两年的变化可能难以看清未来的趋势，但是深入其背后的逻辑，将其放入整个劳动人口变化的趋势当中，我们就可以有更进一步的认识。当前，我国农村外出就业劳动力数量增长的下降是我国新增劳动年龄人口下降的一个方面。从图 6－4 可以明显看出，自 2005 年，我国新增劳动年龄人口呈持续下降趋势。2005～2010 年每年新增劳动力下降至 900 万左右，随后的 5 年有可能进一步下降至 500 万左右，2015 年以后将出现负增长。因而，在我国劳动年龄人口总体下降的背景下，基本可以确认农村外出就业劳动力数量增速的下降趋势。

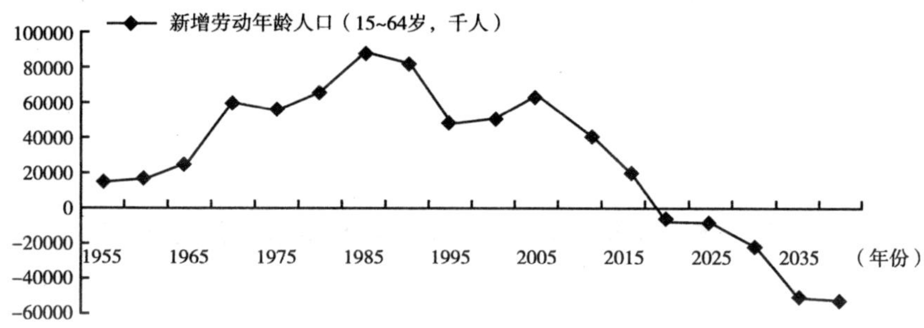

图 6－4　我国新增劳动年龄人口情况

注：2010 年以后为预测数据。

资料来源：Population Division of the Department of Economic and Social Affairs of the United Nations Secretariat, World Population Prospects: The 2010 Revision.

从劳动力需求的角度也可以进一步说明当前农村向城市转移劳动力数量增速的变化并非纯粹是经济周期的作用。近年来，我国城市劳动力市场供求状况也在发生改变，2001 年以来市场中岗位需求和求职人数总体上保持上升态势，劳动力需求的增长速度高于求职人数的增长（见图 6－5）。其中，有以下几个方面变化需要格外关注：第一，2004 年以来，岗位空缺与求职人数的比率始终保持在 0.9 以上，相对于之前较低的比率，这说明劳动力的供给已经逐步趋紧。第二，尽管受到全球金融危机的影响，该比率在 2008 年、2009 年分别有所下降，但是在2010年比率迅速恢复并创出新高，这说明劳动力供给趋紧状况是趋势性的，短暂的外部冲击难以改变长期的趋势。第三，2010年、2011年的数值已经超过1，说明岗位需求人数已经大于求职人数。

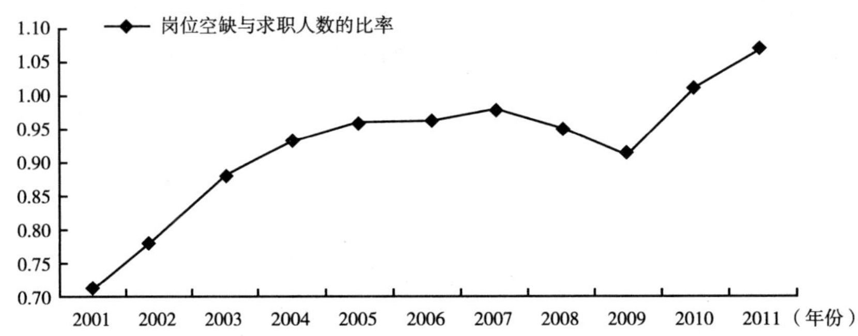

图6－5 近年我国城市劳动力市场供求总体变化

注：岗位空缺与求职人数的比率＝需求人数/求职人数；另，2011年数据为第一季度数据。

资料来源：中国人力资源市场信息监测中心。

但是，关于我国刘易斯拐点是否到来的问题上还存在一些争论。概括来讲，反对刘易斯转折点到来的研究所持的依据主要有两种：

一是，城市劳动力市场上出现的“民工荒”以及“涨薪潮”是制度政策因素作用的结果。一些研究认为，工资的上涨是对以往农民工过低工资的一种补偿；惠农政策导致农业比较收益提高带动了工资的上涨，农业比较收益提高及制度性因素又影响了农村剩余劳动力的转移速度；“民工荒”带有种种的结构性特征。我们并不否认这些观点，但是需要指出的是，它们并不能成为“刘易斯拐点尚未到来”的论据。一方面，“民工荒”已经逐步从东部沿海地区蔓延至中西部省份。安徽省2010年底缺工总数达到25万人；湖北省预计2011年劳务输出人数将缩减10%～15%，减少外出人员至少100万人，省内的用工缺口约有60万人。[①] 国务院发展研究中心农村经济研究部部长韩俊在中国发展高层论坛2010年会上指出，招工难将会常态化，农村不再是剩余劳动力无限供给的蓄水池。另一方面，不论是惠农政策或是制度障碍，它们确实影响了农村剩余劳动的供求关系，使得农村剩余劳动力的供给增速开始落后于工业部门劳动力需求的增速，并由此引发了工资水平的上涨。如果说对刘易斯拐点的影响，那么它们不是推迟了刘易斯拐点的到来，而是加速了刘易斯拐点的来临。即使户籍、社会保障制度等进行了完善，农村劳动力的供给也很难再出现之前无限供给的状况。

二是，农村剩余劳动力数量依然庞大。基于我国的人口规模，农村剩余劳动力数量的绝对规模势必十分巨大。但是绝对数量的多少并不能成为刘易斯拐点的依据。首先，在讨论刘易斯拐点时农村剩余劳动力数量应当是一个相对量，即相对城市劳动力市场的需求。尤其是对于第一个刘易斯拐点而言，农村剩余劳动力相对于用工需求从无限供给转变到有限供给。其次，作为一个大国经济，人口规模庞大也表明市场需求庞大，企业的用工需求也较大。因而，农村剩余劳动力绝对数量的庞大并不一定代表劳动力市场上的供求关系。

同时，在迎来刘易斯拐点的同时，我国人口红利也即将衰竭。据第六次全国人口普查数据，我国60岁及以上人口占13.26%，其中65岁及以上人口占8.87%。人口的快速老龄化让人们有理由相信人口红利正在耗尽，廉价劳动力供给的时代正在终结。也就是说，我国的刘易斯拐点是在人口快速转型的情况下出现的，这与其他国家存在很大不同。在我国刘易斯拐点来临时，我国已经快速完成了人口结构的转型。由于计划生育政策的实施，我国较早地享受到了人口抚养比快速下降带来的人口

---

① 肖翊、汪孝宗：《中西部“民工荒”调查》，《中国经济周刊》2011年第17期。

红利。但是，生育率的快速下降也使得人口机会窗口关闭的时间大大提前。图 6-6 显示，从 20 世纪 70 年代中期开始，我国的人口抚养比开始快速下降，在 2005 年左右已经接近 40%。但是，在 2015 年前后，我国的劳动年龄人口将达到峰值，之后开始步入下降轨道。与此同时，抚养比开始升高，老龄人口比重快速提高。也就是说，在 2015 年之后，我国的人口红利将逐步减弱。这也就形成了与日本等国家的一个显著差别：我国刘易斯拐点与人口红利衰竭之间的时间间隔相对较短。

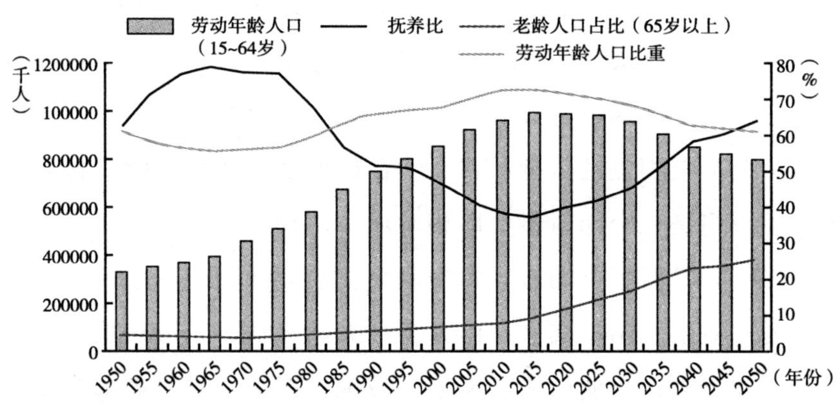

图 6-6　我国人口结构变化

注：2010 年以后为预测数据。

资料来源：Population Division of the Department of Economic and Social Affairs of the United Nations Secretariat, World Population Prospects: The 2010 Revision.

较短的时间间隔使得我国“未富先老”的问题格外突出。因为人口红利消失后人口老龄化对经济的负面影响十分突出。首先，劳动力供给将出现全面短缺。其次，净消费人口的增加以及养老医疗等支出的上涨，虽然能够带来消费的提升，但是在收入并不显著增长的情况下，消费的增加必然减少储蓄，进而减少用于生产的投资。例如，日本在 20 世纪 80 年代末进入老龄化社会以后，消费在 GDP 中的比重又开始新一轮的升高，但同时投资出现快速下降（见图 6－7）。再次，人口老龄化以后，经济的整体创新能力下降。从图 6－8 也可以看出，日本进入老龄化社会以后，全要素生产率的提高基本上处于停滞状态。因而，人口红利衰竭以后进入老龄化社会，经济的增长速度将出现一定程度的下滑。

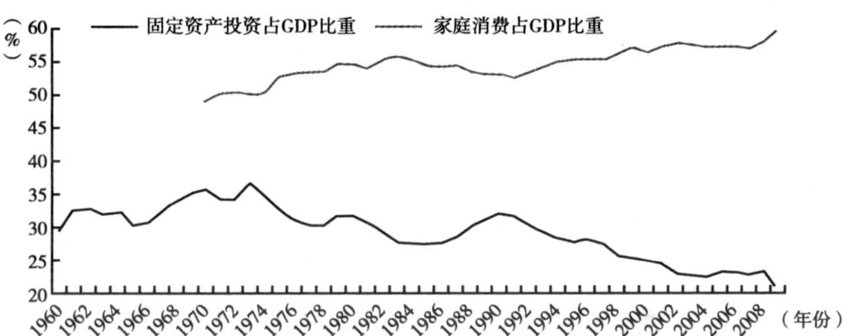

图 6－7　日本家庭消费与固定资产投资占 GDP 比重情况

资料来源：世界银行数据库（http：//databank. worldbank. org）。

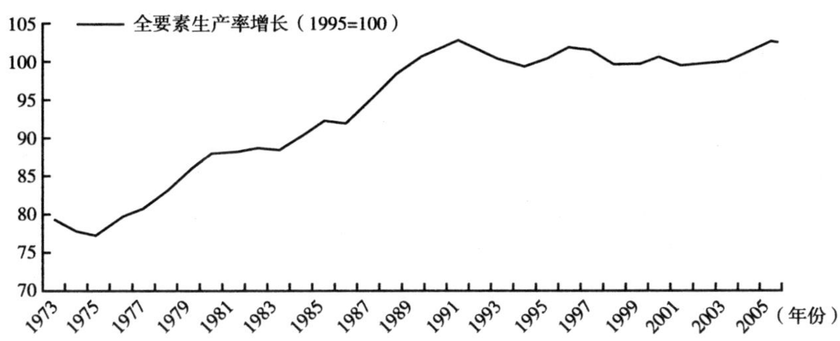

图 6－8　日本全要素生产率增长情况

资料来源：Timmer，Inklaar，O'Mahony and van Ark，Economic Growth in Europe，Cambridge University Press，2010。

刘易斯拐点蕴涵着深刻的经济含义，揭示了基于劳动力市场变化以及由此引发的二元经济结构的变化。更进一步说，刘易斯拐点关系着我国经济经济结构转型内在逻辑，具有重要的政策意义。当前，我国仍处于工业化中期向后期过渡的阶段，发展的任务还很艰巨。未来伴随着人口红利的减弱，廉价劳动力优势逐渐被削弱，产业发展和城市化的推进将进入高成本时代，经济增长的约束将越来越紧，这将压缩结构调整的回旋空间。

从长期趋势来看，人口结构转型下劳动力供给的变化必然逐步改变低成本优势。并且从经济发展的一般规律来看，劳动力成本的上升也是一种客观趋势。因而，制造业低劳动力成本的优势将伴随着经济的发展逐步消失。人口结构的转型使得未来产业的发展和城市化的推进步入了高成本时代。对产业发展来讲，一方面人口结构的转型意味着在消费需求变化推动下一些新兴产业的勃兴以及消费行业、服务经济的快速发展。另一方面，劳动力成本上升必将增加产业的转型升级的压力，并形成“倒逼”的动力。对于城镇化发展来讲，人口老龄化意味着社会保障的高投入，这将是进一步推动城镇化的重大挑战。

四　资源环境的约束

能源资源、环境气候的硬约束越来越刚性化，粗放、外延式的产业发展和城市建设走到尽头。

当前，我国经济发展过程中“高能耗、高物耗、高排放、高污染”的问题十分突出。我国能源消耗增长速度较快，能源利用效率较低，能源消费弹性系数超过 1。全国有 70% 的江河水系受到污染，40% 基本丧失了使用功能，流经城市的河流 95% 以上受到严重污染；3 亿农民喝不到干净水，4 亿城市人呼吸不到新鲜空气；1/3 的国土被酸雨覆盖，世界上污染最严重的20个城市我国占了16个。综合世界银行、中科院和环保总局的测算，我国每年因环境污染造成的损失约占GDP的10%。[①] 针对日益严峻的能源资源消耗和环境气候问题，政府逐渐加大了调控的力度。在“十一五”规划中首次区分了预期性指标和约束性指标，并在将单位GDP能源消耗降低、单位工业增加值用水量降低、耕地保有量、主要污染物排放总量减少、森林覆盖率等指标列为预期性基础上进一步明确并强化了政府责任的约束性指标。在节能环保方面，“十二五”规划则进一步强化了约束性指标，新增加了非化石能源占一次能源消费比重、单位GDP二氧化碳降低以及森林蓄积量指标，并将主要污染物排放总量减少在二氧化硫和化学需氧量两个具体指标的基础上进一步增加了氨氮、氮氧化物两项。这些举措都表明能源资源、环境气候的约束越来越紧，并越来越刚性化，粗放的产业发展将面临调整。

从城镇化发展来看，当前，我国快速发展的城镇化面临的突出问题就是城市粗放扩张，土地浪费现象严重。很多城市在发展过程中存在城市盲目扩张的现象。一些地方政府将城镇化发展片面地理解为土地的城镇化，在“加快推进城镇化发展”的战略思路下片面地快速推进土地的城镇化，通过摊大饼式的扩大城市边界，占用了大量耕地。甚至个别地区为了追逐土地增值收益，增加土地财政收入，有意打着“经营城市”的幌子，肆意抢占耕地。这就形成了城市建设用地扩张速度过快，土地利用的集约化程度不高等一系列问题。表6-2的数据表明，1990~2008年城市建成区面积从12855.7平方公里增长至36295.3平方公里，18年间增长了1.82倍。而城市建设用地增长速度

① 数据来源：《环保生死劫：中国每年因污染造成损失达GDP的10%》，《瞭望新闻周刊》2007年第11期。

表 6-2 城市人口及建成区、建设用地面积增长情况（1990~2008年）

年份	城镇人口		建成区		城市建设用地	
	数量（万人）	增长率（%）	面积（平方公里）	增长率（%）	面积（平方公里）	增长率（%）
1990	30195	—	12855.7	—	11608.3	—
1991	31203	3.34	14011.1	8.99	12907.9	11.20
1992	32175	3.12	14958.7	6.76	13918.1	7.83
1993	33173	3.10	16588.3	10.89	15429.8	10.86
1994	34169	3.00	17939.5	8.15	20796.2	34.78
1995	35174	2.94	19264.2	7.38	22064.0	6.10
1996	37304	6.06	20214.2	4.93	19001.6	-13.88
1997	39449	5.75	20791.3	2.85	19504.6	2.65
1998	41608	5.47	21379.6	2.83	20507.6	5.14
1999	43748	5.14	21524.5	0.68	20877	1.80
2000	45906	4.93	22439.3	4.25	22113.7	5.92
2001	48064	4.70	24026.6	7.07	24192.7	9.40
2002	50212	4.47	25972.6	8.10	26832.6	10.91
2003	52376	4.31	28308	8.99	28971.9	7.97
2004	54283	3.64	30406.2	7.41	30781.3	6.25
2005	56212	3.55	32520.7	6.95	29636.8	-3.72
2006	57706	2.66	33659.8	3.50	34166.7	15.28
2007	59379	2.90	35469.7	5.38	36351.7	6.40
2008	60667	2.17	36295.3	2.33	39140.5	7.67
年均增长率	—	3.95	—	5.94	—	6.99

资料来源：《中国统计年鉴》（2009）、《中国城市建设统计年鉴》（2009）。

更快，期间增长了2.37倍。与土地被快速城镇化相比，人口的城镇化则相对较慢，1990~2008年城镇人口仅增加了1倍。以年均增长速度来衡量，近20年来，我国城市建设用地以年均6.99%的速度增加，而城镇人口的年均增速却不到4%。即使人均土地面积远远大于中国的欧美发达国家，在其城市化加速期的城市用地增长率与城镇人口增长率的比例也为 1.1～1.2∶1，而我国已经高达 1.51∶1。[①] 2001～2007 年，我国地级以上城市市辖区建成区面积平均增长 70.1%，但是市辖区中人口增长只有 30%。[②] 因而，城镇化的外延扩张式发展特征十分显著。

在这种土地城市化的速度超过人口城市化速度的情况下，城镇化发展面临土地的制约瓶颈。一方面，土地供给是刚性的，城市过度的外延扩张必然受到约束；另一方面，土地供给中城市用地与其他用地之间必须保持一个合理的结构。尤其是当前耕地数量变化不容乐观，耕地减少量增加、耕地净减少量增加、耕地补充量减少。因而，在 18 亿亩耕地红线的约束下，耕地保护制度将越来越严格，外延扩张式的城镇化发展终将面临转变。

同时，外延扩张式的城镇化还产生了城市经济效益不高的问题。这主要表现在两个方面：一是城市人口密度不高，并呈下降趋势。从图 6－9 来看，1997～2003 年，我国地级及以上城市人口密度出现了显著的下降，其中市辖区人口密度从 1998 年每平方公里 689 人下降到 2002 年每平方公里 604 人。同样，全市的人口密度也出现了下降。之后的时间，人口密度基本上保持稳定。二是土地利用效率低下。从人地情况来看，在土地大扩张的情况下，我国城市人均综合占地很快达到 130 平方米的高水平，远远超过发达国家城市建设用地人均 82.4 平方米和发展中国家人均 83.3 平方米的水平。[③] 从土地产出效率来看，与国外大都市相比我国城市每平方公里的经济产出远远不及世界的一

---

① 祝华军：《对我国城市化健康发展的理论思考》，《科学发展》2010 年第 1 期。

② 中国社会科学院城市发展与环境研究中心：《城市蓝皮书》，社会科学文献出版社，2009。

③ 程开明：《当前我国城市化速度的论争与审视》，《城市发展研究》2009 年第 10 期。

些大城市（香港除外），即使是我国北京、上海、深圳等发达城市也不例外（见表6－3）。

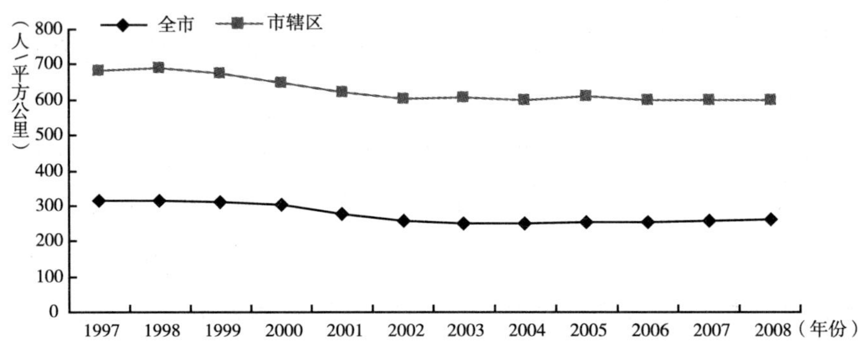

图6－9 中国地级及以上城市人口密度变化情况

资料来源：历年《中国城市统计年鉴》。

表6－3 我国及世界主要城市的土地利用效率

城市	北京	天津	上海	苏州	无锡	杭州	青岛
地均 GDP(万美元/km^2)	814	695	2411	1513	1495	1144	1621
城市	深圳	重庆	香港	纽约	洛杉机	大阪	柏林
地均 GDP(万美元/km^2)	3817	122	17180	52179	16333	93627	11518
城市	巴黎	罗马	东京	伦敦	首尔	芝加哥	多伦多
地均 GDP(万美元/km^2)	88000	40700	36418	18019	32727	24746	22453

注：国内城市的地均 GDP 为2006年数据，国外城市为2004年数据。

资料来源：程开明：《当前我国城市化速度的论争与审视》，《城市发展研究》2009年第10期。

五 区域适度平衡发展的需要

大国经济下非均衡的区域发展面临着适度平衡的内在需要。中国作为一个大国，经济发展的区域差异十分明显。基于东中西部及东北地区经济发展的差异性，有人形象地成为“一个中国、四个世界”。从经济发展水平来看，东部、东北地区与中西部地区呈现出显著的差距。各大区域板块的人均 GDP 水平整体上依次递减，东部地区最高，西部地区最低。在产业结构上，比较显著的特征是除了北京、上海两地第二产业比重较低、第三产业比重较高外，整体上我国几大区域第二产业比重都较高，但是在第一产业比重和第三产业比重方面存在较大差异。具体表现为：东部地区第一产业比重整体上明显低于其他几个区域，而第三产业比重相对略微偏高。这说明东部地区的工业化程度较高。而中西部地区的第一产业比重相对较高，第三产业比重相对较低。这表明这些地区正在加速推动工业化发展。而对于西藏、云南、甘肃、贵州等几个人均 GDP 靠后的西部省份，第三产业也相对较高，但是第一产业比重较高，第二产业比重偏低，这说明它们的工业化发展仍相对落后。

中国区域经济的差异性对城镇化的发展产生了重大影响，城镇化发展表现出明显的区域不平衡性。从城市分布上看，十大城市群中有 6 个分布在东部，占国土面积不到 11% 的东部地区城市比重已经超过 40%，城镇化率达到 56.2%。而且，长三角、珠三角和京津冀三大经济圈工业化水平和城镇化率较高，城镇层次结构相对分明，空间布局较为合理，圈内城镇化发展能够利用都市圈的结构性和网络性，充分发挥“城市节点—网络—乡村腹地”的作用，形成城镇之间相互促进和共同发展。相比之下，占国土面积超过 70% 的西部地区城市比重却不到 30%，城镇化水平只有 38.3%。而且广大的中西部地区城镇化主要以点状发展为主，面临着城镇布局分散、人气弱、中小城市发展不足的困境。[①]

---

① 辜胜阻、李华、易善策：《均衡城镇化：大都市与中小城市协调共进》，《人口研究》2010 年第 5 期。

表 6－3　2011 年各个区域省份的人均国内生产总值与产业结构情况

		人均 GDP（元）	第一产业比重（%）	第二产业比重（%）	第三产业比重（%）
东部地区	上　海	82560	0.7	41.3	58
	北　京	81658	0.8	23.1	76.1
	天　津	85213	1.4	52.4	46.2
	江　苏	62290	6.2	51.3	42.4
	浙　江	59249	4.9	51.2	43.9
	广　东	50807	5	49.7	45.3
	山　东	47335	8.8	52.9	38.3
	福　建	47377	9.2	51.6	39.2
	河　北	33969	11.9	53.5	34.6
	海　南	28898	26.1	28.3	45.5
东北	辽　宁	50760	8.6	54.7	36.7
	吉　林	38460	12.1	53.1	34.8
	黑龙江	32819	13.5	50.3	36.2
中部六省	湖　北	34197	13.1	50	36.9
	山　西	31357	5.7	59	35.2
	河　南	28661	13	57.3	29.7
	湖　南	29880	14.1	47.6	38.3
	江　西	26150	11.9	54.6	33.5
	安　徽	25659	13.2	54.3	32.5
西部十二省	内蒙古	57974	9.1	56	34.9
	重庆市	34500	8.4	55.4	36.2
	宁　夏	33043	8.8	50.2	41
	陕　西	33464	9.8	55.4	34.8
	新　疆	30087	17.2	48.8	34
	青　海	29522	9.3	58.4	32.3
	四　川	26133	14.2	52.5	33.4
	广　西	25326	17.5	48.4	34.1
	西　藏	20077	12.3	34.5	53.2
	云　南	19265	15.9	42.5	41.6
	甘　肃	19595	13.5	47.4	39.1
	贵　州	16413	12.7	38.5	48.8

资料来源：《中国统计年鉴》（2011）。

当前，针对区域发展的显著差异，这种不平衡的状况必然产生寻求新平衡的内在需要。而伴随着经济发展，两种新的趋势正在进行：一是，东部地区结构转型和产业升级需要劳动密集型产业将向中西部地区转移。近年来，东部一些地区正面临着土地空间、能源资源、人口重负及环境承载力难以为继的问题，传统制造业的进一步发展受到制约。同时，在当前国际金融危机的影响下，东部地区产业结构升级的问题显得尤为迫切。因而，东部地区的产业升级与向中西部地区的转移将对人口、资金和各种资源的流向产生重大影响。二是，在经历了30年的外出流动之后，农民工的回流创业趋势也日益显现。许多农民工经过打工实践，在外开阔了眼界，学会了本领，掌握了技术，拥有了资本，接受了现代城市中创业观念的熏陶，具有饱满的创业激情，其中的一部分已经成为精英返回农村。正是在这种“双转移”的带动下，区域的产业结构和城镇化发展将面临新的机遇和挑战。

第二节 实现我国产业结构演进与城镇化良性互动的战略对策

一 实现良性互动的总体思路

针对存在的问题和面临的挑战，当前推动我国产业结构演进与城镇化发展实现健康的良性互动，需要从两个方面着手：一是，完善互动的机制；二是，增强互动的内生性。

（一）完善互动机制

产业结构演进与城镇化的互动发展本质上是技术创新、要素流动、集聚三者之间相互作用的结果。那么，推动我国产业结构演进与城镇化发展的良性互动也就需要推进技术创新，促进要素流动，增强集聚经济。这也正是针对我国当前产业结构演进与城镇化发展过程中存在的技术创新仍不活跃、要素流动仍存在种种障碍以及集聚经济或“集而不聚”或“集聚不经济”等问题。同时，从互动的影响因素来看，推进技术创新、促进要素流动、增强集聚经济则需要在既定的要素禀赋下通过优化制度安排、实施正确的政策导向、平衡外向程度等手段来实现。

——推动技术创新。完善要素价格形成的市场机制，使要素结构的动态变化正确引导企业生产战略，增强技术创新动力；根据我国所处的发展阶段和未来发展趋势，确立恰当的创新战略，妥善处理技术引进与自主创新的关系；完善有利于技术创新的制度框架，形成创新激励机制。

——促进要素流动。创新农地、户籍、就业、社保、教育、医疗、住房等方面的制度安排，破除人口乡城流转的障碍；在充分发挥市场机制作用的基础上，构建合理的利益引导机制，促进人口、资金、知识等要素合理的流动。

——增强城市集聚经济。立足于我国发展的实际和未来世界城市发展方向，实施合理的城市发展战略；增强城市产业基础，优化空间布局；完善城市基础设施，提高城市承载力；推动城市功能转型，提升城市发展水平。

（二）增强互动内生性

当前，实现良性互动迫切需要解决互动的内生性问题。应该说，改革开放的前 30 年和后 30 多年，我国产业结构演进与城镇化的互动在很大程度上受到外力作用的影响，不同在于：前 30 年的互动在封闭环境下完全听命于政府行政计划干预；后 30 多年的互动在开放环境下受到外资外贸的影响和冲击。

当前，进一步推动我国产业结构演进与城镇化互动发展迈向更高水平、实现良性互动，关键就是要逐步增强互动的内生性。互动的内生性来源于本国两个方面的因素：持续的技术进步和旺盛的国内需求。

技术进步是互动的源头。只有获得持续的技术进步，产业结构演进与城镇化才能持续地互动发展下去。持续的技术进步与技术创新的能力密切相关。只有具备了较强的技术创新能力才能获得持续的技术进步。提高创新能力需要选准突破口，找好切入点，寻求好的产业载体。当前，战略性新兴产业与现代服务业发展方兴未艾，是提升技术水平和培养创新能力的有效途径。从战略性新兴产业来看，战略性新兴产业是以重大技术突破和重大发展需求为基础，对经济社会全局和长远发展具有重大引领带动作用，知识技术密集、物质资源消耗少、成长潜力大、综合效益好的产业。[①] 从本质属性上来看，战略性新兴产业属于知识技术密集型产业，代表了未来技术发展的方向，也代表了产业发展的方向。战略性新兴产业的实质是新兴技术。战略性新兴产业的发展依赖技术创新，同时也能够带动技术创新。从功能上看，战略性新兴产业未来发展潜力巨大，带动效应显著，关联作用强。据预测，信息产业、节能环保产业在2020年的产业空间均超过10万亿。因此，把战略性新兴产业发展与传统产业改造提升密切结合，用高新技术改造、提升传统产业，不仅是推动产业升级的重要抓手，对当前产业结构的调整起到重要支撑作用，而且有利于提升创新能力，实现经济的内生增长、创新驱动，更是掌握未来发展的主动权，增强国家竞

---

① 《国务院关于加快培育和发展战略性新兴产业的决定》，国发〔2010〕32号。

争力的重要途径。从现代服务业来看，创新是现代服务业发展的核心要素，科技创新与服务业发展密切相关，现代服务业的迅猛发展正是在技术创新的推动下实现的。英国国家统计局的数据显示，2002 年英国服务业的科研投资总额达到 25 亿英镑，远远超过 1996 年的 17 亿英镑；其中银行、律师事物所、咨询机构和媒体公司等现代服务业企业的科研投资总额大增了 49%，达到 3.6 亿英镑。[①] 据经济合作与发展组织（OECD）统计，2005 年冰岛研发投入占 GDP 的 3.3%，列世界第三位，其中制造业占 28%，服务业占 70%。同样，美国也正是由于在信息产业、软件业、金融业等知识、技术密集型服务业对技术创新的高投入，才获得了信息产业及服务贸易中的优势地位。从发展趋势来看，生产性服务业与其他产业的深度融合不仅促进了现代农业、现代制造业的发展，而且进一步拓展了服务业的发展空间，使得创新和服务成为价值链的核心环节。因而，大力发展现代服务业、培育服务业的竞争优势就必须加快技术创新。提升技术创新能力不仅需要产业载体，而且需要空间载体，这也就需要进一步提升城市发展的水平，推动城镇化的内涵发展。因此，实现技术进步，就需要加强产业技术创新，要切实提高自主创新能力，通过发展战略性新兴产业和服务业，在提升产业结构层次的同时大力发展新兴技术，并进一步提高城市发展水平，打造生产性服务业的城市高地。

从产业结构演进与城镇化的互动机制来看，创造旺盛的国内需求是城镇化支撑产业结构演进的重要途径。在我国，内需中消费是短板。创造旺盛的国内需求关键在于积极扩大国内消费。城镇化发展是我国最大的内需所在。当前，扩大居民消费的重要途径就是通过高质

① 刘桂山：《英国服务业科研投资迅速增加》，新华网，2004 年 9 月 25 日。

量的城镇化发展来实现“一箭双雕”的效果：在城市消费，城镇化的发展能够引发消费需求，优化消费环境，并培育高消费的群体；在农村消费市场，城镇化是“跳出三农来解决三农”的大战略，有利于加快实现城乡统筹，积极启动农村消费市场。因而，加快城镇化发展是未来扩大内需、提升消费的重大战略，要把城镇化作为扩大消费的重点。这需要，一方面进一步提升城镇化率水平，另一方面稳步推进市民化进程，改变半城镇化状况，使进城农民确实能够成为有能力的消费者。因而，扩大国内消费需求，就需要大力发展中小城市，进一步提高城镇化率水平，并加大制度创新，改变半城镇化状况，切实提高城镇化发展质量和水平。

二 实现良性互动的政策建议

综上分析，实现我国产业结构演进与城镇化良性互动具体需要采取以下举措：

（一）以提高技术自主创新能力为根本立足点，从战略性新兴产业和服务业着力

实现产业结构演进与城镇化的良性互动，必须不遗余力地提高产业技术的自主创新能力，并在当前结构调整的过程中，以战略性新兴产业和服务业为载体，通过大力发展战略性新兴产业和服务业来增强自主创新能力。

1. 建立和完善“倒逼”企业创新的市场机制，增强企业技术创新的动力

胡锦涛同志在全国科学技术大会上的讲话中指出，要建设以企业为主体、市场为导向、产学研相结合的技术创新体系，使企业真正成为研究开发投入的主体、技术创新活动的主体和创新成果应用的主体，

全面提升企业的自主创新能力。[①] 但是，当前很多企业开展技术创新的动力不足。当前大部分企业借助于廉价的要素资源、相对成熟的技术所形成的价格优势，在国际市场上赢得了竞争，但是在整体上形成了我国产业层次较低的状况。尤其是通过参与国际竞争，我国的产业结构在某种程度上被竞争优势所“固化”，产业升级十分缓慢。在浙江地区，有学者认为，在低廉的劳动力竞争优势下，浙江块状经济通过开拓国际市场，在“体外循环”式的国际分工模式下，高速增长近 30 年，人均 GDP 从 300 美元增长到 4000 美元，却没有发生明显的产业升级，这是世界经济史上的一个奇迹。[②] 面对有限的利润空间，企业仍然对“成三败七，九死一生”的创新活动退避三舍，甚至认为“不创新是等死，创新是找死”，“不创新慢慢死，一创新就快快死”。

但是，当前企业面临的要素条件和外部环境正在发生变化，企业的要素成本正在不断升高，并通过市场机制形成逼迫企业创新的压力。例如，深圳就面临“四个难以为继”的问题：一是土地、空间难以为继；二是能源、水资源难以为继；三是实现万亿 GDP 需要更多劳动力投入，而城市已经不堪人口重负，难以为继；四是环境承载力难以为继。在高成本时代下，企业微薄的利润也将难以为继，背水一战的企业家冒险精神将被重新激发。另外，劳动力成本的上升也改变了企业投入要素的禀赋，迫使企业用各种机械化、自动化设备来替代劳动，进而促进了技术快速进步。因而，高成本时代客观上给了企业创新的压力，改变企业“动力不足，不想创新”的状况，使国家的“创新意志”真正转变为企业的“创新行为”。

---

① 胡锦涛：《坚持走中国特色自主创新道路为建设创新型国家而努力奋斗》，《求是》2006 年第 2 期。

② 韦黎兵：《浙商升级》，《南方周末》2007 年 9 月 20 日。

当前，要充分利用多种有利的积极因素，通过进一步深化改革，强化要素投入的约束，使得市场倒逼的机制充分发挥积极的作用。第一，要深化收入分配体制改革，加快提高劳动者报酬所占比重，实现包容性增长，使劳动者能够体面生活。“十二五”在分配制度改革方面提出要实施“两个同步”：一是实现居民收入增长和经济发展同步，二是劳动报酬增长和劳动生产率同步。当前，要提高个人所得税起征标准，调节居民收入差距，规范收入分配秩序，促进居民分配合理化。要创造条件提高居民财产性收入。要健全有利于劳动者收入提高的长效机制，建立健全居民收入跟经济增长挂钩、劳动所得与企业效益挂钩、工资与物价水平挂钩的收入增长机制，使广大居民的收入有切实提高，收入提高得到切实保障。

第二，要加快资源价格形成机制改革，改变企业的粗放式增长。我国粗放型经济增长中所产生的“高能耗、低效率”状况与市场经济条件下能源价格被扭曲有直接联系。长期以来，我国能源市场改革缓慢，与国际市场相比能源价格偏低。价格信号及时、正确地显示是市场配置资源的基础。当前，加快经济发展方式转型，必须加快资源价格形成机制改革，形成企业节能减排、淘汰落后产能的倒逼机制。要进一步深化资源性产品的价格形成机制，逐步放开价格管制，建立完善产权制度和产权交易市场，使市场机制发挥基础性作用。要加快资源税改革，完善资源性产品的计税方法，尽快提高资源税税率，抓紧研究实施能源税，使资源性产品的稀缺性和造成的环境成本得以体现。

2. 优化创新的制度环境，大力培育创新集群，健全产学研体系，全面增强自主创新能力

第一，充分重视制度因素在推动技术创新方面的重要作用，构建有利于创新的财政、金融制度，加强知识产权保护，培育创业创新文化。在资金、人才、制度三大要素中制度是第一重要的：作为激励功能的制度可以充分调动人的积极性，发挥人的潜能，作为市场配置功能的制度可以充分调动包括资金资源在内的各种资源并实现资源的优化配置；制度具有整合功能，可以实现资金、人才、技术三大科技要素的互动与集成。[①] 当前，应从以下几个方面完善相关的制度安排：首先，加大对自主知识产权的保护与激励。知识产权（专利）制度位于创新体系的核心。[②] 要针对当前的新形势和新情况及时完善有关知识产权相关法律，并进一步加强知识产权法制化建设。要加大知识产权执法力度，加大赔偿额度并严格执行，完善司法程序，提高效率，通过提高侵权成本、降低维权成本严厉打击各类侵权行为。要强化行政监管，并积极发挥行业协会和知识产权法律服务机构的作用。要进一步增强全社会的知识产权保护意识，尤其是对很多企业，要通过教育培训帮助它们完善知识产权的内部管理机制，逐步实现技术的专利化、专利的标准化。要加大奖励力度，将专利法等法律法规中“一奖两酬”等规定落到实处，激励发明人的积极性。其次，要进一步完善鼓励创新的财税金融制度。在财政制度方面，要进一步加大政府科技投入，在保证政府科技投入总量实现较快增长的基础上实现政府研发预算增速超过经济增速，并通过相关法律明确予以保障。要进一步加大政府采购力度，对国内高新技术产品、战略性新兴产业产品实行首购。要进一步加大税收扶持力度，对创新创业型中小企业提供政策性融资。在金融制度方面，要积极构建多层次的资本市场，使具有创新能力的优质企业与资本市场对接。要大力发展企业债券市场，积极发展风险投资，并鼓励民间天使投资发展。最后，要重视创新文化的建设，努

① 辜胜阻：《硅谷精神与制度》，《中国经济时报》2000年8月24日。

② 约瑟夫·斯蒂格利茨：《走向新经济模式》，《财经》2007年第8期。

力在社会培养鼓励冒险、宽容失败、开放融合的社会环境。

第二，要处理好多种创新模式之间的关系，提高基础学科和基础研究能力，加强产学研合作，加速科技成果转化，实施创新人才战略，切实增强技术创新能力。当前，针对关键技术和核心技术，尤其是科技前沿及未来社会经济等重点基础领域，要实施技术攻关，集中高等院校和科研院所的力量开展原始创新重点突破。罗森伯格将基础研究投资描述为科学和知识积累网络的入场券。曼斯菲尔德对美国主要公司所作的系统研究表明，这些公司相信如果没有创新之前15年内大学所作的基础研究，他们在1975～1985年推出的绝大部分新产品和新工艺是不可能开发成功的。[①] 因而，通过对基础研究、前沿研究领域稳定持续的支持尽快形成一批优势领域。要完善企业创新的利益补偿机制、风险分担机制和创新合作机制，建立科技开发准备金，鼓励中小企业与大企业进行战略联盟，实施有效的产学研合作，进而健全合作创新的组织形式。在进行原始创新、集成创新的基础上，还要加快引进消化吸收再创新。要有目的、有选择地引进国外先进技术、工艺和关键设备，组织研发力量在消化吸收的基础上实现再创新，并切实加大引进技术和装备的消化吸收投入强度，并增强管理和监督，避免重复引进和陷入“引进—落后—再引进”的恶性循环。此外，要积极推进创新的中介服务体系建设，完善包括技术市场、人才市场、信息市场、产权交易市场等在内的市场体系，逐步培育规范各类社会中介组织，充分发挥他们在推进科技成果转化方面的积极作用。实施创新人才战略，营造有利于各类人才智慧和才能施展的宽松环境，激励科研人员的积极性，培养一批既懂科技又懂市场的创新创业人才。

---

① 克里斯·弗里曼、罗克·苏特：《工业创新经济学》，北京大学出版社，2004，第349页。

第三，实施集群创新战略，构建开放型的区域创新体系，提升我国集群的创新能力。当前，我国很多地区的产业集群初具规模。但是，这些产业集群往往整体上技术水平不高，集群效益主要体现在成本方面的静态收益。产业集群也具有生命周期，由产生、成长到发展成熟。当产业集群进入成熟发展阶段，集群的静态外部经济利益将不断削弱，产业集群的发展动力则依赖于动态的创新网络来支持。[①] 一些学者通过对衰退期集群的发展轨迹的研究也发现，缺乏知识互动的创新是衰退的主要原因，表现为过度依赖本地化网络形成的功能性锁定、认知性锁定和政治性锁定。[②] 这种锁定效应削弱了企业到网络外部获取新信息的动机，形成“高度趋近、同质性的群体性思维”，并维持本地区特殊的生产使命与功能定位，缺乏适时调整生产方式的能力。因而，当前要积极在实力较强的国家高新技术开发区重点建设推进技术创新，将其建设成具有强大生命力的创新集群。同时，要不断提高创新集群的开放程度，加强区域间的交流合作，构建开放性的创新网络，促进知识信息在人员、企业和研究机构之间的流动。

3. 积极培育战略性新兴产业，抢占产业技术制高点

温家宝同志曾明确提出：科学制定发展规划，选择若干重点领域作为突破口，力争在较短时间内见到成效，使战略性新兴产业尽早成为国民经济的先导产业和支柱产业。《国务院关于加快培育和发展战略性新兴产业的决定》也指出：现阶段重点培育和发展节能环保、新一代信息技术、生物、高端装备制造、新能源、新材料、新能源汽

---

① 刘力、程华强：《产业集群生命周期演化的动力机制研究》，《上海经济研究》2006 年第 6 期。

② Grabher. The weakness of strong ties：the lock-in of regional development in the Ruhr area [A]. In Grabher, eds. The Embedded Firms ：on Social-Economics of Industrial Networks [C]. London：Routledge，1993.

车等七大战略性新兴产业。当前国际金融危机的余波犹在，主要发达国家纷纷加大对科技创新的投入、加快对新兴技术和产业发展的布局，大力培育新兴产业，创造新的经济增长点，争取率先走出危机。回顾历史，每次危机的过程中往往孕育了一批新兴产业。新兴产业在危机后以其特有生命力成为新的经济增长点，成为摆脱经济危机的根本力量，推动新一轮的经济繁荣。成思危先生曾认为，“从世界产业革命的历史看，第一次产业革命是蒸汽机，第二次是电力，第三次是电脑，我认为第四次产业革命将是新能源引领的产业革命。”以新能源为代表的战略性新兴产业将引领新的科技革命和产业革命，这是我们在未来发展中赢取主动、实现跨越发展的重大机遇。在机遇关口，抢占未来发展制高点，把握新一轮发展的先机必须加快培育发展战略性新兴产业。

第一，在战略性新兴产业发展的过程中一定要避免再走低成本竞争的老路，通过技术突破抢占价值链高端。当前我国很多战略性新兴产业发展仍呈现出“低端过热、高端不足”的问题。当前，要加强战略性新兴产业的发展规划，制定清晰、有序的技术开发路线图，重视中长期战略技术的储备，避免被动跟从。要整合政府、企业和高校科研院所的研发资源，完善技术创新的产品研发、检验检测和技术推广等公共服务平台。要加大对战略性新兴产业前沿领域的支持和投入，积极鼓励和引导企业在战略性新兴产业方面开展多种形式的产学研合作和技术合作，力争在一些关键性和瓶颈性的技术方面取得自主知识产权，并在国际竞争中取得领先地位。要加强国际技术交流与合作，积极发展论坛、展会等多形式、多层次的技术交流。要重视新能源技术研发人才的培养和引进，创新人才培养模式、完善人才流动与激励机制，实施“以用为本”的人才战略，为战略性新兴产业的技术开发提供人才支撑。

第二，要加大政府的扶持力度，使新兴产业尽快发展壮大。新兴产业在其发展初期，大多为缺少竞争优势的弱势产业。其发展初期投入大、风险高、周期长，普遍都面临投入不足、发展缓慢、盈利模式欠缺等问题，仅靠市场这只“无形之手”难以获得健康快速发展。对这些产业进行必要的培育和扶持，是促使它们快速发展的重要条件。当前各国政府对新兴产业的扶持力度空前。美国奥巴马政府将政策重点放在新能源和环保产业上，还在应对前瞻性问题的挑战上发挥着至关重要的作用，比如，在太空探险、医疗保健和环境保护等方面为国内产业创造了新的发展空间。欧盟重在提高“绿色技术”和其他高技术至全球领先水平，并决定在2013年之前投资1050亿欧元用于“绿色经济”的发展。日本政府2009年出台了为期3年的信息技术发展计划，为配合第四次经济刺激计划推出了新增长策略，发展方向为环保型汽车、电力汽车、低碳排放、医疗与护理、文化旅游业、太阳能发电等。针对这种情况，当前，我国要尽快建立战略性新兴产业专项开发建设基金，创新投融资模式，加强对战略性新兴产业技术创新、规模化发展支持。要修改政府采购目录，设定相关产品中战略性新兴产业产品采购比例。要完善产品定价机制，尤其是针对新能源发展过程中面临的成本偏高问题，要尽快完善上网电价的定价制度，使新能源发展有利可图。同时，要针对部分战略性新兴产业存在的行业内集中度不高、企业生产规模偏小、无序竞争等问题，要实施积极的产业政策，要加强区域间协调，合理布局，坚决遏制重复建设，淘汰落后产能，加快行业内整合力度，重点扶持一批具有较强竞争力和发展前景的重点龙头企业做强做大，有序推进战略性新兴产业发展，防止“一哄而起、一哄而散”的现象。

4. 坚持提高服务业比重与优化服务业结构并重，尽快提高生产型服务业在服务业及国民经济中的比重，保持适应居民消费结构升级的消费性服务业同步增长

当前，服务业的发展在我国承载着多重功能和任务。一是，服务业的发展承载着扩大就业、吸纳农村劳动力的艰巨任务。当前，我国产业结构的重工业化现象显著，对就业的带动效应有所下降。劳动密集型的传统性消费服务业成为进一步吸纳农村转移人口的重要渠道，发展服务业成为实施积极就业政策的重要抓手。二是，服务业的发展承载着产业结构优化升级的重大使命。服务业对产业结构的优化提升、对经济产生较强的带动作用主要体现在生产性服务业发展方面。生产性服务业通过与农业、制造业、信息产业的融合，能够极大地提高其他产业部门的生产效率，将是经济增长中最具活力的产业部门。从长远来看，加快发展生产性服务业具有重大的战略意义。

我国的服务业不仅存在在国民经济中比重偏低的问题，而且存在内部结构不合理的问题。出现这些问题，既是长期以来服务业发展相对滞后的直接结果，也与服务业长期存在的体制机制不完善有关，还与发展的战略目标有很大关系。如前所述，在服务业的发展过程中，一方面要积极发展传统消费服务业来扩大就业，另一方面又要大力发展生产性服务业来提升整个经济的质量水平。但是在实际政策制定中，往往忽视了后者，传统消费服务业成为服务业发展政策激励的重点。在这种情况下，整体上发展相对滞后的服务业中生产性服务业就成为“短板”中的“短板”。因而，当前推动我国服务业的进一步发展必须坚持提高服务业比重与优化服务业结构并重，尽快提高生产性服务业在服务业及国民经济中的比重，保持适应居民消费结构升级的消费性服务业同步增长。

第一，要加强规划，统筹服务业肩负的功能和任务，因地制宜地选择服务业发展战略目标，力争在消费性服务业进一步增长的同时实现生产性服务业的较快增长。因地制宜地选择服务业发展战略目标主要基于两个方面的考虑：一是生产性服务业，尤其是金融、保险、房地产、会计咨询等服务业具有显著的地域选择性，往往在大城市高度集聚，一般性的中小城市无法满足其发展的条件；二是我国经济发展具有显著的区域差异性，有的地区已经呈现出显著的后工业化社会特征，而有的地区工业化还刚刚起步。因而，在发展服务业的过程中，坚决不能实施一刀切的发展战略，而应当在具备一定基础、条件相对成熟、就业压力不大的地区结合自身优势优先、重点发展各具特色的生产性服务业；而对于工业尚不发达、就业压力较大的地区，可以重点鼓励发展劳动密集型的消费性服务业。尤其是要做好重点大城市的服务业中长期发展规划，明确重点大城市把发展服务业特别是生产性服务业放在优先战略位置。

第二，要进一步深化服务业领域改革，加快完善服务业发展的体制机制，优化服务业发展的外部环境。当前，要加快金融、电信等垄断行业的改革，放宽市场准入机制，逐步降低进入门槛、消除行政性壁垒，为民间资本进入营造公平竞争的环境。要进一步加大对生产性服务业的扶持力度，完善相关的法律法规，优化促进生产性服务业的财税、信贷政策。要加强公共服务平台建设，通过建设高水平的信息通信设施、交通网络、物流园区以及科技服务平台等，为服务业的集聚发展提供有力支撑。要进一步扩大服务业对外开放，大力发展服务外包。要积极推动服务业的创新，并加强行业监管，要建立开放过程中重点产业的安全及风险防控体系。要积极引导服务业行业协会等中介机构的发展壮大，充分发挥它们的积极作用，加强行业自律，规范市场行为。

（二）以发挥城镇化的积极效应为重要切入点，从外延型城镇化与内涵型城镇化同步发展着眼

实现产业结构演进与城镇化的良性互动，必须在进一步推动外延型城镇化发展的同时着重加快内涵型城镇化的发展，充分发挥城镇化对产业结构演进的积极效应。

1. 以大城市为依托发挥规模效应和集聚效应，坚持内涵式发展，把一批大城市建设成各具特色的生产性服务业高地，推动大城市群、城市圈建设，构建支撑经济发展的增长极

城市群体的出现带来的不仅仅是城市空间地理分布的变化，它更体现出一种新的生产方式的布局，代表了一种新的经济驱动力，是高级形态的城镇化模式，展现了区域经济发展的实力。[①] 首先，城市群、城市圈是一种新的经济驱动力量。国外以城市群为载体的区域经济体现出了对经济巨大的带动作用。其次，城市群、城市圈是一种新的竞争力表现形式。在经济全球化与信息化推动下，城市圈已成为高端产业集群的基地和创新之源，成为经济发展和区域竞争力的重要表现形式。再次，城市群、城市圈也是一种新的城镇化模式。戈特曼认为，“大都市圈是城市群体发展、人类社会居住的最高阶段，具有无比的先进性，因而必然成为21世纪人类文明的标志。”[②] 区别于以往的城镇化模式，城市圈推动的城市化体现出新的特点。“传统的城市化过程是依靠工业化推动的，靠乡镇工业推动的，新型的城市化是靠城市圈来推

① 辜胜阻、易善策、李华：《城市群的城镇化体系和工业化进程》，《中国人口科学》2007年第4期。

② Jean Gottmann. Megalopolis: or the urbanization of the Northeast seaboard [J]. Economic Geography, 1957, 33 (7): 31 -40.

动的。”① 也即，在这种“二次城市化”的过程中，城市群、城市圈通过大城市的扩散效应来推动周边地区的城镇化。当前，按照城市群的构成标准②，我国东部地区已经形成了以“长三角”城市群、“珠三角”城市群和京津冀城市群为代表的三大城市群，中西部地区也形成了诸如武汉城市圈、长株潭城市群等。东部三大城市群发展水平较高，其中“长三角”城市群已经形成了一定的世界竞争力，成为全球第六大城市群。可以预见，未来这些城市群和都市圈将在我国经济发展中发挥不可替代的作用。当前，推动我国城市群、都市圈的发展需要采取以下方面的举措：

第一，城市群、城市圈发展要科学规划，合理定位。当前，我国城市群、城市圈发展方兴未艾，大大小小的城市群正在如雨后春笋般地出现在中国经济版图上。但是，这些城市群、城市圈一方面由于地理位置、优势产业的差异，其战略在区域经济中承担的具体功能并不相同。另一方面，由于经济基础的差异，城市群、城市圈的实力也有强有弱。因而，在各个城市群、城市圈的发展过程中一定要合理定位，切忌盲目攀比。要强化优势，走差异化的战略功能，进而从整体上谋划我国城市群、城市圈的发展，形成各个城市群、城市圈之间在竞争中发展、在互补中配合的良好态势。同时，在城市群、城市圈的发展

① 伍新木、杨莹：《建设城市圈实现长江经济带跨越式发展》，《长江建设》2004 年第 1 期。

② 戈特曼认为：大城市圈应有区域内比较密集的城市；有连接核心城市的联系方便的交通走廊，市区之间有紧密的社会经济联系；有一定的规模，一个大城市带，至少居住 2500 万人口，过着现代城市方式的生活；是国家社会经济发展的核心区域，具有国际影响力（Jean Gottmann. Megalopolis: or the urbanization of the Northeast seaboard [J]. Economic Geography, 1957, 33 (7): 31 -40.）；倪鹏飞则根据我国的发展实际认为城市群的最低标准应为：城市群人口 >1000 万、城市密度 >0.5 个/万平方公里、城市数量 >5、人口密度≥300 人/平方公里和城市化水平 >20%（倪鹏飞：《中国城市竞争力报告 No.4》，社会科学文献出版社，2006）。

建设中要充分尊重市场的作用，城市群、城市圈的发展应当建立在市场机制的基础上，防止通过行政干预“规划”而形成的城市群、城市圈出现。

第二，以现代服务业和创意产业为抓手，要做强核心城市，积极培育符合城市功能转型需要的产业集群，不断提升城市圈、城市群核心城市的发展水平。纵观国外的城市群、城市圈发展，核心城市都是区域的增长极，在城市群、城市圈中发挥着不可替代的中枢作用。诸如美国以纽约为中心的东北部城市群、日本大东京城市圈以及英国伦敦城市圈，其中心城市都以巨大经济总量发挥着强劲的“极化效应”和“扩散效应”，从而拉动周边地区的发展。当前，我国大城市群、城市圈虽然已经初具形态，尤其是东部三大城市群发展水平相对较高，但是与国外相比仍有较大差距。而这种差距主要体现在核心城市的实力上。而核心城市发展上的差异主要是现代服务业和创新性产业发展的差异形成的。因而，提升城市群、城市圈的竞争力的关键就在于核心城市现代服务业和创新产业发展的水平。未来，要在城市群、城市圈发展的过程中明确核心城市的战略发展方向，将各具特色的现代服务业和创意产业作为提升城市发展水平的重要抓手，不断推进核心城市由“生产中心”向“服务中心”“创新中心”转变，实现核心城市的功能转型。

第三，优化城市群、城市圈的空间结构，推动网络式发展，增强城市间的经济联系。从外在的形态来看，城市群、城市圈的空间结构要素一般由节点、网络及基质三部分组成。只有节点、网络及基质实现有机结合才能形成合理的城市群体、城市圈空间结构，推动城市群、城市圈的良性发展。从节点来看，圈内各个城市之间必须保持一定的承继性，使各个城市之间体现出一定的层级性，进而才能保证集聚与扩散的有效传递。内部圈层结构是城市群、城市圈的重要特征。核心城市固然重要，但是如果出现“一城独大”的局面，那么核心城市势必“孤掌难鸣”，过强的极化效应难以使其成为区域经济的引擎。这就需要在城市群、城市圈发展过程中在积极做强核心城市的同时协调城市之间的发展水平，形成层级紧密的城市节点。从网络来看，城市群、城市圈之所以是城市的集聚体，关键就在于边界内城市之间形成了相对于边界外的紧密联系。内在联系的增强使得以前垂直型的城市联系减弱，网络化的联系成为主要形式。这种网络化的经济联系实质上是基于圈内城市间产业分工的结果，前提条件是区域内的市场一体化，外在地表现为活跃的交通物流、通讯信息传递。因而，针对当前不少城市群内部城市之间存在着产业结构雷同的问题，要形成圈内城市的合理分工，加快中心城市的产业升级；要加强区域协调管理，优化制度安排，加快推进区域内商品市场、要素市场的一体化建设；完善基础设施建设，形成高效便捷的公路网、铁路网、航空网、信息网。

第四，切实提高城市群、城市圈的可持续发展能力。城市群、城市圈的人口密度往往较高。当前，我国东部三大城市群的承载力就面临着严峻的挑战。一方面，多年来经济发展过程中的粗放增长已经使环境不堪重负；另一方面，我国城镇化过程中相对集中的人口流向使得东部大城市人口急剧膨胀。未来，城市群、城市圈的发展必须统筹兼顾经济发展与社会生态，使城市产业、人口与资源、环境协调共进，实现城市群、城市圈的可持续发展。这就需要充分发挥城市群、城市圈内的协同效应，加强区域内资源开发保护的统筹规划，制定区域内相对统一的资源开发与保护措施，提高资源利用效率，并积极开展联合行动，加大环境治理力度。

2. 大力发展中小城市和县城，通过产业的集中和公共服务的均等化增强中小城市的吸引力，积极提高城市的承载力，引导人口适当向中小城市和县城集中

中国未来城镇化的发展只有有限的几个城市群和城市圈是远远不够的。从美国城镇化的发展来看，19 世纪末至 20 世纪初是美国大都市区的孕育阶段，20 世纪初期至 20 世纪中期才是美国大都市区的快速发展阶段。而在 1920 年美国的城镇化率水平已经达到 51.2%，大都市区人口占全国人口的比例从 1910 年的 31% 上升到 1940 年的 48%，并在 1980 年达到 74.8%。[①] 因而，中国的城镇化发展不可能跨越阶段，仅依靠城市群、城市圈的发展。同时，城市群和城市圈与经济发展水平密切相关，我国东部三大城市群之所以形成并发展水平较高，就是建立在相对发达的经济水平之上，目前其城镇化率水平也达到 56.2%。但是我国中西部广大地区总体上还相对落后。总之，在中国经济的版图中，城市群和城市圈还难以支撑起中国整个城镇化发展。

在非都市圈地区，城镇化的发展需要两条腿走路，在发展大城市的同时高度重视中小城市和县城的发展。第一，我国的城镇化发展任务仍然十分艰巨，仅靠少数大城市的发展无法满足未来农村转移人口的需要。根据“十二五”规划，未来五年，我国城镇化率水平将提高 4.5 个百分点。以 2009 年末人口计算，未来五年将有 6000 万左右的农村人口转移到城市。如此庞大规模的人口，显然需要通过多种渠道来分流。第二，从发挥城镇化的积极效应来看，大城市相对中小城市而言，固然具有较好的集聚经济效益。但是，在我国当前快速城镇化的过程中，人口大规模向大城市过度集中势必会形成集聚不经济。同时，

① 卡尔·艾博特：《现代城市化的美国》（1920 年至今），哈伦·戴维森出版公司，1987。

使转移出来的农村人口在中小城市安居乐业也能发挥城镇化扩大消费的积极作用。第三，我国人口迁移具有高度的复杂性。流动人口规模庞大是一个方面，人口流向相对集中也是一个显著的特征。这使得许多大城市已经难堪重负。同时，我国人口迁移的复杂性还来自制度上的障碍。但是从制度变迁的成本来看，大城市制度变迁的成本相对较大，阻力也较大，进展缓慢，而中小城市成本相对较低。第四，我国中小城市未来发展潜力巨大。2007 年我国城市数量为 655 个，其中 50 万人口以下的中小城市共计 418 个，占全部城市数量的 64%。[①] 与美国相比，仅统计前 100 个最大城市，1990 年 50 万人以下的城市比例为 94%，1950 年为 82%，1970 年为 74%，1990 年为 77%。[②] 显然，如果以美国全部城市统计，50 万人以下的城市所占比例将更高，我国中小城市数量上的差距也更加明显。这表明我国中小城市的发展仍然不足，也意味着未来可挖掘的潜力巨大。“十二五”规划明确指出：要积极挖掘现有中小城市发展潜力，优先发展区位优势明显、资源环境承载能力较强的中小城市。

从迁移者的角度来看，迁移决策是一种理性的选择。人口迁移是就业机会、收入水平等经济因素和生活质量等非经济因素综合影响的结果。但是，个体理性可能会导致集体非理性。人口过多流向大城市所带来的负面影响就是其典型表现。那么，如何影响流动人口的迁移决策进而引导人口流向中小城市，这是在城镇化过程中发展中小城市和县城所面临的关键问题。换句话说，增强中小城市和县城对农村转移人口的吸引力是当前必须解决的问题。当前，需要采取以下举措来

---

① 国家统计局：《城市社会经济建设发展成绩显著》，http：//www.stats.gov.cn，2008 年 11 月 4 日。

② 数据来源：U. S. Bureau of the Census，1998。

增强中小城市和县城的吸引力：

第一，进一步增强中小城市和县城的经济实力。城市的经济关键在于产业。一些地区城市经济不发达主要是缺少有力的产业支撑。改变这种状况，首先要将中小城市定位在专业化城市上，改变过去“大而全、小而全”的传统发展观念，集中精力大力发展特色产业和特色经济，使资源和要素向优势产业集中，做强做大优势产业。其次，要大力发展民营经济，以民营经济特有的活力带动城市经济的发展。再次，中西部地区的中小城市要以承接产业转移为契机加快城市经济发展。最后，实现产业的集聚发展，通过打造一批产业基地来提升城市经济实力。

第二，要积极营造良好的创业环境，鼓励返乡农民工到所在地县城和中小城市创业。当前鼓励农民工返乡创业是正当其时。有调查显示，2000 年之后回乡创业占全部返乡创业人数的 65.4%，即 2/3 的回乡创业者是在近 6 年实现的，农民工回乡创业步伐正在明显加快。[①] 当前，鼓励农民工创业需要政府创新农村土地流转模式，积极优化创业环境，对农民工创业企业提供税收优惠，并对属于鼓励发展行业的创业企业在用地、水电费用方面给予优惠和补贴；要优化创业服务，简化行政审批，开辟绿色通道；要适时开展创业培训，提高创业意识和能力。

第三，要加大中小城市和县城的户籍制度改革力度，稳步推进农民工市民化进程，改变我国“半城镇化”状况。我国户籍制度改革走的是渐进式道路。从 20 世纪 80 年代改革至今，小城镇的户籍制度改革基本完成，而大中城市的改革进程依然缓慢。当前中小城市的户籍改革应当是一个阻力较小的方向。“十二五”规划也明确“中小城市和

---

① 农民工回乡创业问题研究课题组：《农民工回乡创业现状的调查与政策建议》，《人民日报》2009 年 2 月 5 日。

小城镇要根据实际放宽落户条件”。下一步要在中小城市和县城逐步消除农业人口与非农人口、常住外来人口与本地户籍人口的社会福利差别，稳步推进农民工市民化进程。同时，针对我国农民工群体出现分化的现状，要高度关注新生代农民工群体，在帮助他们增强自身能力素质的同时使他们率先实现市民化。

第四，要强化中小城市和县城的公共服务功能，加快推进基本公共服务的均等化。当前中小城市和县城的吸引力不强，一个重要原因就是中小城市和县城的公共服务功能相对落后。“十二五”规划提出：要完善就业、收入分配、社会保障、医疗卫生、住房等保障和改善民生的制度安排，推进基本公共服务均等化。基本公共服务均等化意味着较大的财政投入力度。当前，基本公共服务均等化可以率先在一批有实力和有能力的中小城市和县城实现。同时，对于经济实力相对较弱的地区，要加大中央和省级财政的转移支付力度，提高一般性财政转移支付比例，完善财政制度，积极推进省直接管理县财政改革。

第五，加强基础设施建设，积极提高中小城市和县城的承载力。当前仍有不少中小城市和县城在城市建设上偏重于经济功能，忽视基础设施建设。或者在城市建设时大搞形象工程，劳民伤财，而城市本身尚缺乏必要的生活基础设施，垃圾污水处理能力不高，公共绿地休闲设施不足，网络普及率整体水平较低。针对这种情况，要明确基础设施属于生产性建设的性质，高度重视城市基础设施建设和完善。科学合理城市编制规划，对交通、能源、信息、供排水、绿化环境等进行系统的设计、建设和管理，增强协调性。要加大城市公共基础社会投入力度，创新基础设施建设投融资渠道，积极吸引民间资本参与，形成多元化的投资主体。要创新城市基础设施运营方式，提高基础设施供给效率。

第三节　产业结构演进、城镇化发展与未来投资机会

产业结构演进与城镇化发展是经济发展的两大主题。目前我国正处于工业化的中后期，城镇化发展也刚刚跨过50%，正处于加速发展的阶段。未来伴随着产业结构的演进和城镇化的进一步深化，不同的行业将会出现一些新的或者结构性的机会。结合前文的研究，下面对未来可能存在的行业投资机会进行梳理。

一　梳理未来行业投资机会的思路

总体来讲，某一行业是否存在投资机会既要看行业本身是否具有较好的成长性，也要看行业的外部环境是否足以支撑行业成长。通过前文对产业结构演进与城镇化发展的研究，下面将“按图索骥”，以中国产业结构演进的方向、城镇化发展的进程为两条脉络，从以下三个维度梳理未来可能存在的行业投资机会：

（1）从行业本身来看，那些符合产业结构与城镇化未来发展趋势的行业将具有较好的增长前景，相对其他行业能够实现相对较快的增长；

（2）从政策动向来看，通过对有关政策导向的梳理，寻找那些可能存在一定政策红利的行业；

（3）从投资实践来看，通过对近年投资市场的走势及动向进行统计分析，进而寻找那些资金关注的热点领域。

需要注意的是，以上三个维度并非是并列的。行业本身的成长性是根本，政策动向只是外在影响因素，而资金流向是对可能存在的投资机会的一种反馈。所以，在下面的分析中，首先按照产业结构与城

镇化所揭示的发展趋势粗线条地梳理行业投资方向，其次从政策的角度对这些大投资方向进一步细化，最后对照近年市场上的投资热点以及投资变化情况对前面梳理出的投资机会进行验证。

二 基于产业结构演进、城镇化发展对未来行业投资机会的分析

（一）产业结构演进与城镇化发展形成的投资方向

从产业结构演进的角度来看，未来主要有两条大的投资主线：

一是战略性新兴产业。从当前发达国家产业发展的动向来看，新兴产业正在推动发达国家产业的升级，成为后金融危机大变局时代结构调整的重要方向。一方面，发展新兴产业是发达国家在金融危机过后寻找未来新的经济增长点的过程。过往的历史经验也表明，重大经济危机往往成为酝酿重大技术变革的重要契机。在科技进步的推动下，一批新兴产业在应对危机的过程中孕育和成长，并成为经济新的增长点。另一方面，从更加广泛的意义上来，发展新兴产业是人类应对发展瓶颈的共同需要。不论是能源的瓶颈还是环境的瓶颈，只有通过技术的突破和创新才能打破原有的增长极限，开辟新的增长空间，而这将带动一批新兴产业的发展。对我国而言，在当前经济结构调整的关键时期，新兴产业发展决定了我国未来中长期经济增长的潜力，发展这些战略性新兴产业更是如箭在弦上。所以，在未来 10 年或者 20 年，战略性新兴产业都是永恒的投资主线。

二是现代服务业。目前，我国正处于工业化的中后期，按照产业结构演进的一般规律，未来一段时期产业结构将逐步向以第三产业为主转变，服务业将出现较快的发展。从我国目前产业结构的状况来看，第三产业比重偏低的问题比较突出，在 GDP 中的比重为 43.1%，不仅

低于发达国家70%左右的水平，而且低于中等收入国家平均55%的水平。这也表明，未来服务业发展的潜力将非常较大。在服务业内部，不同的行业之间也存在一定的分化。总体上来看，服务业中生产性服务业和社会服务业将保持相对较快的增长。以美国为例，美国服务业在GDP中的比重在1980~2000年间保持了较快增长。其中，贡献最大的主要是金融、保险、房地产及租赁，专业和商业服务等生产性服务业，以及教育服务、卫生保健和社会救助等社会服务业（见图6-10）。

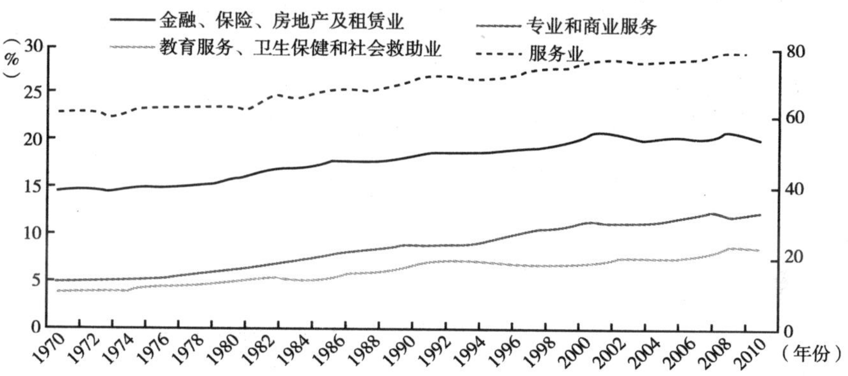

图6-10 美国服务业占GDP变化情况

资料来源：Wind。

从城镇化发展的角度来看，未来也将形成两条大的投资主线：

一是内需消费领域。城镇化的发展对中国未来经济的最大意义就在于消费。城镇化带来的新增城市人口本身就意味着庞大的消费总量。更重要的是，伴随着城镇化发展，经济发展必然会经历一些转变，其中一个重要的变化就是农村剩余劳动力不再绝对剩余，这也就意味着刘易斯拐点的到来。本章第一节已经讨论我国刘易斯拐点的问题。目前，我国已经迎来刘易斯拐点。其背后蕴涵的经济含义是制造业工人的工资将要出现较快的上涨。日本大概在20世纪60年代末70年代初经历了刘易斯拐点。与之相伴随发生的是，日本制造业平均工资水平从20世纪60年代后期开始加速增长，1966～1976年平均增速都在10%以上。在此期间，日本劳动者收入占国民收入比重也从之前一直比较稳定的45%左右开始显著上升，并达到60%左右（见图6－11）。这就开启了消费时代的大门。因而，未来一段时期，我国居民的财富效应将进一步推动消费升级；同时，人口老龄化也将助推消费结构的进一步升级。总体上来看，未来消费领域的热点将集中在三个方面：（1）生存发展型、享受型消费。总体上，伴随着我国居民消费水平的提高，食品、衣服等生存型消费占比逐渐降低，交通通信、医疗保健、居住支出等耐用消费品以及旅游、传媒、娱乐等服务性消费占比进一步提高。（2）传统消费的高端化与品牌化。伴随着收入的增长，人们对高品质商品的需求、对消费环境和购物体验的要求不断提升，优质食品、品牌服饰、奢侈品消费以及购物中心、高档百货的发展有望加快。（3）"银发消费"。我国当前处于人口老龄化的初期，人口老龄化对消费的影响表现出正效应。同时，老年产品也将实现相对较快的增长，比如医疗服务、健康护理等服务消费需求日益旺盛。

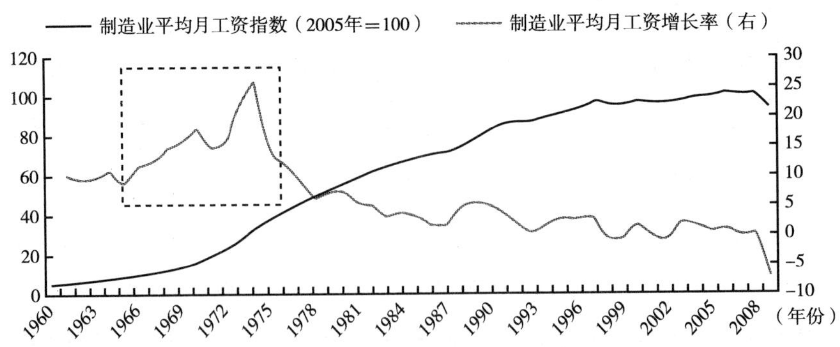

图6－11　日本制造业平均月工资增长情况

资料来源：中经网统计数据库。

二是城镇化建设。按照目前50%左右的城镇化率水平计算，我国城镇化仍处于快速发展阶段。未来城镇化将进一步向广度和深度发展，即在城镇化率水平进一步提升的同时城市功能不断完善，城镇化质量不断提高。从行业来看，直接受益于城镇化发展的就是房地产业，即住宅地产和商业地产。相比较而言，商业地产的投资机会更加看好。国际经验表明，人均GDP在3000～8000美元是商业地产的起步期，8000美元之后，城市化率为50%～70%，商业地产进入黄金发展阶段。同时，我国大量二三线城市面临规模扩张和改造升级的需要，可以推动商业地产放量增长。

（二）从近期政策动向梳理的行业投资机会

"十二五"规划勾勒出了我国2011～2015年社会经济发展的路径与图景，对未来几年的产业发展具有较强的导向作用。同时，在"十二五"规划框架下，具体行业的五年规划及相关政策也陆续出台，进一步明确了重点发展的细分行业。下面根据"十二五"规划的总体政策导向以及对相关政策动向，从战略性新兴产业、现代服务业、内需消费以及城镇化建设四个方面做进一步梳理。

1. 战略性新兴产业

《中共中央关于制定"十二五"规划的建议》提出要"培育发展战略性新兴产业"，"积极有序发展新一代信息技术、节能环保、新能源、生物、高端装备制造、新材料、新能源汽车等产业"。随后，国务院发布了《国务院关于加快培育和发展战略性新兴产业的决定》以及《"十二五"国家战略性新兴产业发展规划》，对以上七个产业的发展思路进一步细化，并提出发展目标。"十二五"期间乃至未来15～20年，七个战略新兴产业将是发展重点，具有广阔的发展前景。

表 6-4 战略性新兴产业的发展目标

时间	目标
到 2015 年	战略性新兴产业形成健康发展、协调推进的基本格局，对产业结构升级的推动作用显著增强，增加值占国内生产总值的比重力争达到 8% 左右。
到 2020 年	战略性新兴产业增加值占国内生产总值的比重力争达到 15% 左右，吸纳、带动就业能力显著提高。节能环保、新一代信息技术、生物、高端装备制造产业成为国民经济的支柱产业，新能源、新材料、新能源汽车产业成为国民经济的先导产业。
到 2030 年左右	战略性新兴产业的整体创新能力和产业发展水平达到世界先进水平，为经济社会可持续发展提供强有力的支撑。

资料来源：《国务院关于加快培育和发展战略性新兴产业的决定》，2010 年 10 月。

根据已出台的有关行业的“十二五”发展规划，我们梳理了七大战略性新兴产业中政策予以重点支持的细分行业，详见表 6-5。

表 6-5 七大战略性新兴产业的重点发展领域

行业	发展重点	已颁布的规划
节能环保产业	• 节能产业：锅炉窑炉、电机及拖动设备、余热余压利用装备、节能监测技术和装备等高效节能技术和装备；家用电器与办公设备、高效照明产品、节能汽车、新型节能建材等高效节能产品；以合同能源管理为主要模式的节能服务业 • 资源循环利用产业：矿产资源综合利用、固体废物综合利用、再制造、再生资源利用、餐厨废弃物资源化利用、农林废物资源化利用、水资源节约与利用 • 环保产业：污水、垃圾处理，脱硫脱硝，高浓度有机废水治理，土壤修复，监测设备等；环保材料、环保药剂；环保服务	“十二五”节能环保产业发展规划 “十二五”节能减排综合性工作方案 环保装备“十二五”发展规划 工业清洁生产推行“十二五”规划 大宗工业固体废物综合利用“十二五”规划

续表

行业	发展重点	已颁布的规划
新一代信息技术	• 网络信息基础设施建设：宽带建设、3G建设、下一代互联网建设、三网融合建设等 • 信息服务：移动互联网业务发展、互联网业务发展、物联网应用、云计算应用、软件应用等 • 核心基础产业：高性能集成电路开发和先进生产线建设、新型显示器件工艺技术水平、半导体照明发展等	软件和信息技术服务业"十二五"发展规划 国家宽带网络科技发展"十二五"专项规划 中国云科技发展"十二五"专项规划 物联网"十二五"发展规划 集成电路产业"十二五"发展规划
生物产业	• 生物医药：用于重大疾病防治的生物技术药物、新型疫苗和诊断试剂、化学药物、现代中药等药物品种 • 生物医学工程产品：先进医疗设备、医用材料等生物医学工程产品 • 生物农业：生物育种以及生物农药、生物兽药、动物疫苗、生物肥料、绿色植物生长调节剂等绿色农用生物产品 • 生物制造：重大化工产品的生物制造、生物制造的关键技术 • 海洋生物技术及产品：海洋渔业、水产养殖相关领域 • 生物环保技术及产品：废气废水生物净化、污染物降解、生物脱硫	"十二五"生物技术发展规划 "十二五"现代生物制造科技发展专项规划 促进生物产业加快发展的若干政策
高端装备制造业	• 航空装备：重点加快大型客机、支线飞机、通用飞机和航空配套装备的发展 • 卫星及其应用：航天运输系统、应用卫星系统、卫星地面系统、卫星应用系统 • 轨道交通装备：动车组及客运列车、重载及快捷货运列车、城市轨道交通装备、工程及养路机械装备、信号及综合监控与运营管理系统、关键零部件 • 海洋工程装备：积极培育海洋波浪能、潮汐能、海流（潮流）能、天然气水合物、海底金属矿产开发装备相关产业 • 智能制造装备：重点突破关键智能技术、核心智能测控装置与部件，开发智能基础制造装备和重大智能制造成套装备	高端装备制造业"十二五"发展规划 装备制造业调整和振兴规划 工业转型升级规划（2011～2015年） "十二五"产业技术创新规划

续表

行业	发展重点	已颁布的规划
新能源产业	重点发展新一代核能、太阳能热利用和光伏光热发电、风电技术装备、智能电网、生物质能。相应,风电设备、太阳能光伏电池、多晶硅生产、生物质能装备等领域的发展将获得政策鼓励和支持	太阳能光伏产业“十二五”发展规划 太阳能发电科技发展“十二五”专项规划 风力发电科技发展“十二五”专项规划
新材料产业	●特种金属功能材料:稀土功能材料、稀有金属材料、半导体材料等 ●高端金属结构材料:高品质特殊钢、新型轻合金材料 ●先进高分子材料:特种橡胶、工程塑料等 ●新型无机非金属材料:先进陶瓷、特种玻璃等 ●高性能复合材料:树脂基复合材料、碳/碳复合材料、陶瓷基复合材料、金属基复合材料 ●前沿新材料:纳米材料、生物材料、智能材料、超导材料	新材料产业“十二五”发展规划 新材料产业“十二五”重点产品目录
新能源汽车产业	发展重点在动力电池、驱动电机等关键零部件生产,充电设施建设以及插电式混合动力汽车、纯电动汽车和燃料电池汽车生产	节能与新能源汽车产业发展规划(2012~2020年) 工业转型升级规划(2011~2015年) “十二五”产业技术创新规划

2. 现代服务业

“十二五”规划纲要指出,要“把推动服务业大发展作为产业结构优化升级的战略重点,营造有利于服务业发展的政策和体制环境,拓展新领域,发展新业态,培育新热点,推进服务业规模化、品牌化、网络化经营,不断提高服务业比重和水平”。“十二五”规划纲要提出重点发展的现代服务业包括生产性服务业和生活性服务业。生产性服务业重点发展行业包括金融服务业、现代物流业、高技术服务业、商业服务业。生活性服务业重点发展行业包括商贸服务业、旅游业、家庭服务业、体育产业。根据已发布的《现代服务业科技发展“十二五”专项规划》,生产性服务业、新兴服务业、科技服务业等领域给予了重点关注(见表6-6)。

表 6－6　现代服务业重点发展行业

类别	重点发展行业
生产性服务业	电子商务 现代物流 系统外包
新兴服务业	数字文化 数字医疗与健康 数字生活 培训与知识服务 就业与社会保障服务
科技服务业	研发设计服务业 成果转移转化服务业 创新创业服务业 科技金融服务业 科技咨询服务业

3. 内需消费领域

“十二五”规划中的重大政策导向之一就是要“建立扩大消费需求的长效机制”。通过推进城镇化、调整收入分配格局、完善基本公共服务体系等多种举措促进消费。“十二五”规划还提出，“要加强市场流通体系建设，发展新型消费业态，拓展新兴服务消费，完善鼓励消费的政策，改善消费环境，保护消费者权益，积极促进消费结构升级。要合理引导消费行为，发展节能环保型消费品，倡导与我国国情相适应的文明、节约、绿色、低碳消费模式。”从目前的政策导向来看，总体上通过收入分配政策、社会保障措施以及直接刺激消费的政策来提高消费能力、增强消费意愿、进一步扩大消费。具体来看，2011 年 10 月商务部、财政部、中国人民银行联合发布《关于“十二五”时期做好扩大消费工作的意见》，文件提出要“促进便利消费、实惠消费、热点消费、循环消费和安全消费”（详见表 6－7）。这些领域的消费有望在政策支持下实现相对较快的增长。

表 6－7　政策支持的重点消费领域

类别	具体要求	重点领域
便利消费	完善农村流通网络	•加强乡村连锁店信息化改造和配送中心建设 •增加医药、电信、邮政、金融等产品和服务，提升综合服务能力 •鼓励有条件的地区发展乡镇商贸服务中心
	发展社区便民服务	•发展社区商业中心 •在新兴城镇、大型居民区，规划建设社区综合服务中心
	培育新型消费模式	•促进网络购物、电话购物、手机购物、电视购物、自动售货机等无店铺销售形式发展 •发展折扣店、奥特莱斯等业态 •促进刷卡消费、信用消费发展，发展租赁消费
实惠消费	发展现代流通方式	•鼓励连锁经营向多行业、多业态延伸，推进特许加盟等连锁方式发展 •支持企业物流配送中心建设，以大型配送中心为主体，发展第三方物流 •加强商贸物流园区建设，完善冷链、配送等基础设施
热点消费	培育商品消费热点	•巩固汽车、家电、家居用品、消费电子等热点商品消费，支持向新能源、新材料、高科技方向发展 •扩大环保建材、节能家电、节水洁具、清洁能源等资源节约和绿色环保型商品消费 •鼓励发展地方名特优产品，特别是丝绸、陶瓷等具有民族特色和传统文化的商品消费 •科学引导金银珠宝、高档家具、收藏品等投资保值类商品消费
	培育服务消费热点	•规范促进餐饮住宿、家政服务、文化健身、休闲娱乐等服务消费发展 •加强新型消费服务设施建设，建设汽车宿营地、游艇码头、加油、加气、充电站等设施 •推动商业与文化、教育、体育、旅游服务业的融合发展，支持文化产业园、艺术街区、国际品牌街、酒吧餐饮街等发展
循环消费	完善循环流通网络	•推动建立再生资源回收体系。
	推进商业节能减排	•大力推广节电、节水、环保技术的应用 •培育一批节能环保商店、绿色市场、绿色饭店、绿色园区示范企业
	倡导绿色消费理念	•大力倡导文明、节约、绿色、低碳的科学消费理念
安全消费	完善流通追溯体系	•以肉类、蔬菜、酒类等商品为重点，逐步建立全过程追溯体系

4. 城镇化建设

“十二五”规划纲要指出，要积极稳妥推进城镇化，构建城市化战略格局，稳步推进农业转移人口转为城镇居民，增强城镇综合承载能力。李克强同志在2011年12月的全国发展和改革工作座谈会上也强调：“扩大内需的最大潜力在城镇化。”2012年《国务院办公厅关于积极稳妥推进户籍管理制度改革的通知》正式发布，分类明确户口迁移政策，首次放开地级市户籍。但对于房地产行业而言，目前针对住房市场进行了相对严厉的调控措施，2010～2011年底，先后颁布了国十一条、新国十条、新国五条、新国八条，并试点开征房产税。但对商业地产而言，近几年还鲜有直接针对商业地产的调控政策。

（三）近年投资市场行业分布情况及热点投资领域

通过对2007～2011年各行业私募股权投资案例数量的统计分析，可以得到以下结论：

（1）从行业分布来看，互联网行业最受市场追捧，其投资数量明显高于其他行业。2011年，投资数量排名前十的行业分别是：互联网、机械制造、清洁技术、生物技术与医疗健康、化工原料及加工、电子及光电设备、电信及增值业务、IT、农林牧渔、能源及矿产（见图6－12）。

（2）从近几年行业分布的变化情况来看，总体上行业分布基本稳定，仅少数行业投资数量的占比有所变化。比如，生物技术与医疗健康行业的投资数量在2011年不如机械制造行业和清洁技术行业多，与2007～2010年形成反差。占比下降的还有IT行业、娱乐传媒、房地产。而市场显著上升的有：农林牧渔（2.55个百分点）、互联网（2.42个百分点）、电信及增值业务（2.09个百分点）、机械制造（1.79个百分点）、清洁技术（1.21个百分点）（见表6－8）。

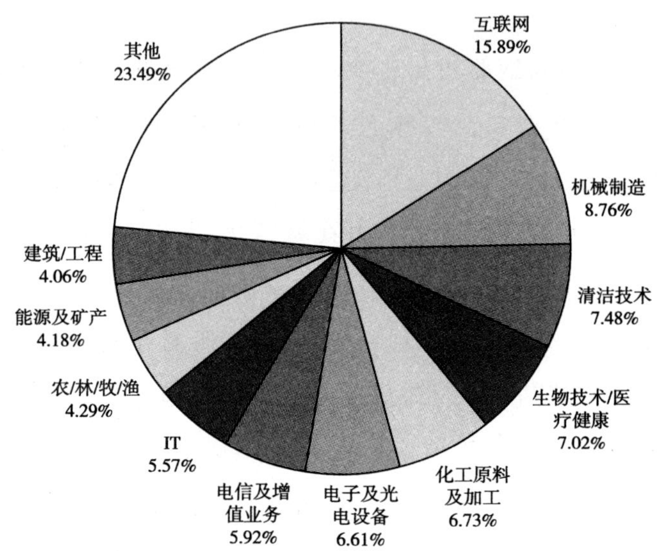

图 6－12　2011 年各行业投资数量占比情况

资料来源：清科研究中心

表 6－8　2007～2011 年各行业投资数量占比情况

单位：%

	2011 年	2010 年	2009 年	2008 年	2007 年	占比变化
投资数量总计(个)	1724	1545	898	811	864	
互联网	15.89	12.94	12.03	12.33	13.47	⇧ 2.42
机械制造	8.76	8.03	8.57	5.67	6.97	⇧ 1.79
清洁技术	7.48	8.48	9.69	7.64	6.27	⇧ 1.21
生物技术/医疗健康	7.02	10.36	9.13	9.12	8.01	⇩ －0.99
化工原料及加工	6.73	5.44	4.23	5.3	6.04	⇨ 0.69
电子及光电设备	6.61	6.99	7.68	6.78	6.62	⇨ －0.01
电信及增值业务	5.92	4.98	5.23	4.32	3.83	⇧ 2.09
IT	5.57	6.21	9.02	6.66	8.01	⇩ －2.44
农/林/牧/渔	4.29	3.56	2.56	2.1	1.74	⇧ 2.55
能源及矿产	4.18	3.5	3.01	4.69	3.72	⇨ 0.46
建筑/工程	4.06	3.11	2.78	3.45	3.48	⇨ 0.58
其他	3.19	4.27	3.67	3.82	4.41	⇩ －1.22

续表

	2011 年	2010 年	2009 年	2008 年	2007 年	占比变化
娱乐传媒	2.78	3.04	3.67	5.55	4.99	⇩ -2.21
汽车	2.55	2.2	2.45	1.85	2.32	⇨ 0.23
连锁及零售	2.38	3.17	2.12	4.07	3.37	⇩ -0.99
金融	2.38	2.65	2.67	2.71	2.21	⇨ 0.17
食品 & 饮料	2.15	3.5	3.79	3.58	2.67	⇨ -0.52
纺织及服装	2.15	1.55	1.45	1.97	1.74	⇨ 0.41
房地产	1.68	3.43	2.34	2.1	3.6	⇩ -1.92
教育与培训	1.45	0.52	1.22	2.1	1.74	⇨ -0.29
物流	1.1	0.39	0.33	0.86	0.93	⇨ 0.17
广播电视及数字电视	0.87	0.71	0.78	0.62	1.39	⇨ -0.52
半导体	0.81	0.97	1.56	2.71	2.44	⇩ -1.63

资料来源：清科研究中心。

（3）通过对大行业下的细分子行业进行排序研究，我们从 100 多个子行业中选取了排名前 30 的行业（见表 6-9）。选取的依据主要：一是，排名 30 以后的子行业每年的投资数量非常少，基本都是个位数；二是，2007～2011 年投资数量的年均增长率，排名 30 以后的子行业受到基数低的影响，增长率参考意义不大。从中可以看出，电子商务、电器机械及器材制造、环保、新材料、医药、无线互联网服务、光电、电子设备、农药及肥料、农业、有色金融矿采选、娱乐休闲、汽车制造、金融服务、纺织服装、食品制造业等细分行业的投资数量今年增速较快。其中，农业投资数量的增长最为显著，从 2007 年的 6 个增加到 2011 年的 41 个，年均增长率达到 61.68%；其次为电子商务，从 32 个增加到 133 个；增加相对显著的细分行业还有无线互联网服务、环保、金融服务等。在 100 多个子行业中，投资数量下降相对比较显著的是户外传媒，从 2007 年的 22 个一直下降至 2011 年的 1 个。

表 6-9 2007~2011 年细分行业的投资数量情况

单位：个

大行业	子行业	2011	2010	2009	2008	2007	4 年年均增长率（%）
互联网	电子商务	133	85	35	30	32	42.78
	网络服务	112	85	59	59	69	12.87*
	网络营销	24	28	14	11	15	12.47*
机械制造	电器机械及器材制造	62	41	38	21	27	23.1
清洁技术	环保	50	47	24	20	14	37.47
	新能源	49	46	42	28	30	13.05*
	新材料	20	30	15	11	10	18.92
生物与医疗健康	医药	73	73	41	35	29	25.96
	医疗设备	15	27	14	16	18	-4.46*
电信及增值业务	无线互联网服务	72	51	29	20	18	41.42
	光电	49	54	17	17	17	30.3
	电子设备	36	23	14	14	12	31.61
	电信设备及终端	11	20	8	7	8	8.29*
化工原料及加工	化工原料生产	49	30	14	17	27	16.07*
	新材料	27	12	2	8	14	17.84*
	农药及肥料	12	12	5	8	4	31.61
IT	软件	39	45	43	33	36	2.02*
	IT 服务	36	33	22	15	25	9.54*
	硬件	13	8	9	4	6	21.32
农/林/牧/渔	农业	41	29	13	10	6	61.68
	畜牧业	15	12	5	5	5	31.61
能源及矿产	冶炼/加工	17	16	9	15	9	17.23*
	有色金属矿采选	16	5	1	7	5	33.75
建筑/工程	建材	26	22	12	21	20	6.78*
	房屋和土木工程	11	6	0	1	0	#
娱乐传媒	娱乐与休闲	12	10	8	9	6	18.92
汽车	汽车制造	24	22	16	8	9	27.79
金融	金融服务	21	17	10	12	6	36.78
纺织及服装	纺织及服装	37	24	13	16	15	25.32
连锁及零售	零售	24	31	9	14	15	12.47*
食品 & 饮料	食品制造业	14	22	14	13	7	18.92
	饮料制造业	13	11	6	6	7	16.74*
房地产	房地产开发经营	24	47	17	13	24	0.00*

注：* 为增长率低于平均水平（2007~2011 年投资梳理平均增长率为 18.85%）。

资料来源于清科研究中心。

通过以上分析，未来可以围绕战略性新兴产业、现代服务业、内需消费以及城镇化建设四条投资主线来寻找机会。其中，战略性新兴产业可以重点关注信息技术、节能环保、生物医药、新能源汽车等领域。现代服务业可以重点关注物流业、金融服务。消费领域建议重点关注农业、医疗健康、网络服务、无限互联网服务、娱乐传媒等领域。城镇化建设方面建议重点关注商业地产。

参考文献

1. Redford. Labour Migration in England 1800 – 1850. Edited and revised by W. H. Chaloner. New York: Augustus Kelley, 1968.
2. Adna Weber. The Growth of Cities in the Nineteenth Century. New York: Macmillan Publishing Co. , 1889, p. 1.
3. Berliner, J. International Migration: A Comparative Disciplinary View, in International Migration: A Comparative Perspective, edited by Alan Brown and Egon Neuberger. New York: Academic Press, 1977, pp. 443 – 461.
4. Berry, B. J. L. On urbanization and counterurbanization. In B. J. L. Berry (Ed.), Urbanization and counterurbanization, 1976, pp. 7 – 14, Beverly Hills: Sage Publications.
5. Bert F. Hoselitz, the City, the Factory, and Economic Growth, American Economic Review, May 1955, p. 167.
6. Black, Duncan and Vernon Henderson, A Theory of Urban Growth, Journal of Political Economy, 1999, 107, (2), pp. 252 – 284.
7. Breese, G. , Urbanization in Newly Developing Countries, Englewood Cliffs, NJ: Prentice-Hall, 1966, pp. 5.

8. Castells, M., The information city, Blackwell Press, 1989.

9. Chenery, H. B. Structural Change and Development Policy, Oxford University Press, 1979, pp. 108.

10. D. W. Jorgenson. Surplus Agricultural Labour and the Development of a. Dual Economy. Oxford Economic Papers, 1967, 19, pp. 288 – 312.

11. Davis, K., Golden, H, Urbanization and the Development of Pre-industrial Areas. Economic Development and Cultural Change, 1954, No. 1, October, pp. 6 – 24.

12. Duncan Black and J. Vernon Henderson, Urban Growth, Working Paper no. 6008, Cambridge, Mass. NBER, April 1997.

13. Duranton, G. & Puga, D. Micro-foundations of urban agglomeration economies. In Henderson & Thisse (Eds.) Handbook of Urban and Regional Economics, 2004, Vol. 4, pp. 2063 – 2118, Elsevier North-Holland: Amsterdam.

14. E. J. Ravensten. The law of migration. Journal of the Royal Statistical Society. 1885, pp. 167 – 227.

15. Edgar M. Hoover, The Location of Economic Activity, New York: McGraw-Hill Book Co., 1948.

16. Frey, W. H., Migration and Metropolitan Decline in Developed Countries: A Comparative Study, Population and Development Review, Vol. 14, No. 4 (Dec., 1988), pp. 595 – 628.

17. Friedrich Engels. The Condition of the Working Class in England. Translated from the German edition, with an introduction by E. J. Hobsbawn. St. Albans, Hert.: Panther, 1974.

18. Fujita, M., P. Krugman and A. J. Venables. The spatial Economy:

Cities, Regions, and International Trade, The MIT Press, 1999.

19. Fujita, Masahisa and Krugman, Paul, When is the Economy Monocentric: con Thnen and Chamberlin Unified, Regional Science & Urban Economics, 1995, 25, pp. 505 - 528.

20. Gerald A. Carlino, Satyajit Chatterjee, Robert M. Hunt. Urban density and the rate of invention, Journal of Urban Economics, 2007, (61), pp. 389 - 419.

21. Glaeser, E. L., Scheinkman, J. A. and Shleifer, A. Economic growth in a cross-section of cities, Journal of Monetary Economics, 1995, 36 (1), pp. 117 - 143.

22. Gur Ofer, Industrial Structure, Urbanization, and the Growth Strategy of Socialist Countries, The Quarterly Journal of Economics, 1976, Vol. 90, No. 2, pp. 219 - 244.

23. Haig, R. M. Toward an Understanding of Metropolis, Ⅰ and Ⅱ. Quarterly Journal of economics, 1926, 40, (2) and (3).

24. Haig, R. M. Toward an Understanding of Metropolis, Ⅰ and Ⅱ. Quarterly Journal of economics, 1926, 40, (2) and (3).

25. Hall, Max, ed., Made in Nezv York. Cambridge, MA: Harvard University Press, 1959, pp. 12 - 13.

26. Hazel Moir, Relationships between Urbanization Levels and the Industrial Structure of the Labor Force, Economic Development and Cultural Change, Vol. 25, No. 1 (Oct., 1976), pp. 123 - 135.

27. Henderson J. V, Kuncoro A, Turner M. Industrial development in cities. Journal of Political Economy, 1995, 103, pp. 1067 - 1090.

28. Henderson J. V. Efficiency of Resource Usage and City Size, Journal of

Urban Economics, 1986, 19, pp. 47 - 70.

29. Henderson J. V. Marshall's Scale Economies, Journal of Urban Economics, 2003, 53, pp. 1 - 28.

30. Hoover, E. M. Spatial Price Discrimination. Review of Economic Studies. 1937, Vol. 4, pp182 - 91.

31. Hope Tisdale. The Process of Urbanization. Social Forces, 1942, Vol, 20, p. 311 - 316.

32. ILO. Employment, Incomes and Equity; A Strategy for Increasing Productive Employment in Kenya. Geneva, 1972.

33. J. Fei and G. Ranis. Theory of Economic Development. American Economic Review, 1961, 57, pp. 65 - 70.

34. J. R. Harris, M. P. Todaro. Migration, Unemployment and Development: A Two-Sector Analysis, American Economic Review, 1970, Vol. 60 March, pp. 126 - 42.

35. Jacobs,J. The Economy of Cities. New York: Vintage, 1969.

36. Jaffe, A. B. M. Trajtenberg, and R. Henderson. Geographic Localization of Knowledge Spillovers as Evidenced by Patent Citations. Quarterly Journal of Economics, 1993, 108, pp. 577 - 598.

37. Johan Klaesson, Hanna Larsson. Wages, Productivity and Industry Composition: agglomeration economies in Swedish regions, June 2009, CESIS Electronic Working Paper Series, Paper No. 203.

38. John M. Quigley. Urban Diversity and Economic Growth. The Journal of Economic Perspectives, Vol. 12, No. 2, 1998, pp. 127 - 138.

39. Kelley, Allen and Jeffrey Williamson. What Drives Third World City Growth? A Dynamic General Equilibrium Approach. Princeton:

Princeton University Press, 1984, pp. 179.

40. Konrad, G. and Szelényi, I. , Social Conflicts of Underurbanization, in M. Harloe, ed. , Captive. Cities. Chichester, UK: John Wiley & Sons, 1977, 157 - 173

41. Krugman, P. , Increasing Returns and Economic Geography, Journal of Political Economy, 1991, 99, pp. 483 - 499.

42. Larry F. Diehl. Major Aspects of Urbanization in the Philadelphia Metropolitan Area. The Journal of Land & Public Utility Economics, Vol. 19, No. 3 (Aug. , 1943), pp. 316 - 328.

43. Laurence, J. C. Ma. Anti-urbanism in China. Proceedings of the Association of American Geographers, 1976, 8, pp. 114 - 118.

44. Lewis W. A. Economic Development with Unlimited Supplies of Labor. Manchester School of Economic and Social Studies, 1954, 22, pp. 141 - 145.

45. Maier G. History, spatial structure, and regional growth lessons for policy making, in Theories of Endogenous Regional Growth Eds B Johansson, C Karlsson, R Stough (Springer, Heidelberg), 2000, pp. 111 - 134.

46. Maryann P. Feldman, David B. Audretsch. Innovation in cities: Science-based diversity, specialization and localized competition, European Economic Review, 1999, 43, pp. 409 - 429.

47. Mcgee, T G. , The Urbanization Process in the Third World. London: Bell, 1971.

48. McKenzie R. D. the Metropolitan Community. New York: McGraw-Hill. 1933, pp. 53 - 65.

49. Nakamura, R. Agglomeration economies in urban manufacturing industries: a case of Japanese cities, Journal of Urban Economics, 1985, 17, pp. 108 - 124.

50. Northam, R. M. Urban Geography. New York: John Wiley&Sons, 1975.

51. Nurkse, R. Excessive Population and Capital Construction, Malaysian Economic Review, 1957, Oct.

52. Ohlin, B. Interregional and International Trade. Cambridge, MA: Harvard University Press, 1933.

53. Quigley, J. M. Urbanization, Agglomeration, and Economic Development. In Michael Spence, Patricia Clarke Annez, Robert M. Buckley. Urbanization and Growth. The World Bank, 2009, pp. 115 - 132.

54. Rogers, A. Matrix Analysis of Interregional Population Growth and Distribution. Berkeley, California: University of California Press, 1968.

55. Rudolf Heberle, Social Consequences of the In- dustrialization of Southern Cities, Social Forces, October 1948, p. 29.

56. Scitovsky T. two concepts of external economies. Journal of political economy, 1954, 62, pp. 143 - 151.

57. Sharpe, Andrew, the Productivity renaissance in the U. S. service sector, International Productivity Monitor, 2000, 1, pp. 6 - 8.

58. Shefer, D. Localization economies in SMSAs: A production function analysis, Journal of Regional Science, 1973, 13, pp. 55 - 64.

59. Shigeru Ishikawa. Structure Change, in The New Palgrave: A

Dictionary of Economics, Edited by John Eatwell, Murray Milgate and Peter Newman in four volumes, the Macmillan Press, 1987.

60. Singer, H. W. The Distribution of Gains between Investing and Borrowing Countries, American Economic Review, 1950, M ay, pp. 474 - 479.

61. Starrett, D. Market Allocations of Location Choice in a Model with Free Mobility. Journal of Economic Theory, 1978, Vol. 17, pp. 21 - 37.

62. Stuart S. Rosenthal and William C. Strange. Evidence on the nature and sources of agglomeration economies. In Henderson & Thisse (Eds.) Handbook of Urban and Regional Economics, 2004, vol. 4, pp. 2119 - 2171. Elsevier North-Holland: Amsterdam.

63. Syrquin M. Modern Economic (Endogenous) Growth and Development, in Coricelli, F, and others (eds), New Theories in Growth and Development, St. Martin's Press, 1998.

64. Syrquin M. Patterns of Structural Change. H. B. Chenery, T. N. Srinivasan, eds. Handbook of Development Economics. Vol. I, Elsevier Science Publishers, 1988. pp. 206.

65. Syrquin M. Structural Transformation and the New Growth Theory, in L. L. Pasinetti and R. M. Solow (eds), Economic Growth and Structure of Long-Term Development, The Macmillan Press, 1994.

66. Todaro M. P. A Model of Labor Migration and Urban Unemployment in Less Development Countries. American Economic Review, 1969, 59, pp. 139 - 147.

67. Tony Champion, Urbanization, Suburbanization, Counterurbanization and Reurbanization, in Ronan. Paddison. Handbook of Urban Studies,

Sage Publications, 2001.

68. United Nations Population Division. Patterns of Urban and Rural Population Growth. Forthcoming, 1979.

69. Viner J. cost curves and supply curves. zeitschrift für national? konomie, 1931, 3, pp. 23 – 46, reprinted in aea readings (1952).

70. Walter Isard, Location and Space-Economy, New York: John Wiley and Sons, 1956.

71. Walter J Matherly. the Urban Development of the South. Southern Economic Journal (pre – 1986); Feb 1935; 1, 4; ABI/INFORM Global, pp. 3 – 26.

72. Weber. A. über den Standort der Industrien. Tübingen. 1909. J. C. B Mohr. English translation: The Theory of the Location Industries. Chicago: Chicago University Press, 1929.

73. William H. Frey and Alden Speare, Jr. , The Revival of Metropolitan Population Growth in the United States: An Assessment of Findings from the 1990 Census, Population and Development Review, Vol. 18, No. 1 (Mar. , 1992), pp. 129 – 146.

74. Williamson, J. G. Migration selectivity, urbanization, and industrial revolutions. Population And Development Review, 1988, (14), pp. 287 – 314.

75. Zhang, yongsheng, Irrelevance of the Size of the Firm: Theory and Evidence, Ph. D. Dissertation, Department of Economics, Renmin University, 2000.

76. 安格斯·麦迪森（Angus Maddison）：《世界经济二百年回顾》，李德伟、盖建玲译，北京：改革出版社，1997。

77. 巴顿：《城市经济学》，北京：商务印书馆，1984。
78. 蔡昉：《中国城市限制外地民工就业的政治经济学分析》，《中国人口科学》2000 年第 4 期。
79. 曹萍：《新型工业化、新型城市化与城乡统筹发展》，《当代经济研究》2004 年第 6 期。
80. 陈柳钦：《基于产业发展的城市化动力机理分析》，《重庆社会科学》2005 年第 5 期，第 9～15 页。
81. 成德宁：《城市化与经济发展——理论、模式与政策》，科学出版社，2004。
82. 程开明：《城市化与经济增长的互动机制及理论模型述评》，《经济评论》2007 年第 4 期，第 143～150 页。
83. 赤松要：《我国产业发展的雁行形态》，《一桥论丛》38 卷，第 5 号，1957。《世界经济论》，第 10 章，国元书房，1965。
84. 大卫·摩拉维茨：《评述发展中国家工业化的就业含义》，《现代国外经济学论文选》第八辑，商务印书馆，1984 年 7 月，第 156 页。
85. 丹尼尔·贝尔著《后工业社会的来临》，高铦译，商务印书馆，1984。
86. 范登堡：《欧洲城市兴衰研究》，英国牛津珀加蒙出版社，1982，引自陈一筠主编《城市化与城市社会学》，光明日报出版社，1986，第 94～105 页。
87. 方甲：《产业结构问题研究》，中国人民大学出版社，1997。
88. 冯云廷：《城市聚集经济》，大连：东北财经大学出版社，2001。
89. 干春晖、余典范：《城市化与产业结构的战略性调整和升级》，《上海财经大学学报》2003 年第 4 期，第 3～10 页。
90. 工业化与城市化协调发展研究课题组（郭克莎执笔）：《工业化与

城市化关系的经济学分析》，《中国社会科学》2002 年第 2 期，第 44～55 页。

91. 辜胜阻：《非农化与城镇化研究》，浙江：浙江人民出版社，1991。

92. 辜胜阻、刘传江：《人口流动与农村城镇化战略管理》，武汉：华中科技大学出版社，2000。

93. 辜胜阻、郑凌云：《人口逆淘汰与城镇化制度安排关系》，《中国人口科学》2002 年第 5 期。

94. 赫希曼：《经济发展战略》，北京：经济科学出版社，1991，第55～56 页。

95. 洪银兴：《城市功能意义的城市化及其产业支持》，《经济学家》2003 年第 2 期，第 29～36 页。

96. 胡鞍钢：《中国存在"四农"问题》，《经济研究资料》2005 年第 3 期。

97. 贾塔克（Ghatak，S.）：《发展经济学》，卢中原等译，商务印书馆，1989。

98. 简新华：《产业经济学》，武汉大学出版社，2001。

99. 简新华：《论中国特色的城镇化道路》，载《发展经济学研究》（第四辑），经济科学出版社，2007。

100. 简新华：《论中国的重新重工业化》，《中国经济问题》2005 年第 5 期。

101. 姜爱林：《城镇化、工业化与信息化的互动关系研究》，《经济研究参考》2002 年第 85 期。

102. 蒋满元：《经济构构演变与城市化互动机制的逻辑模型及问题探讨》，《求实》2007 年第 3 期，第 32～35 页。

103. 金碚：《中国工业化 60 年的经验与启示》，《求是》2009 年第

18 期。

104. 金泓汎：《应用发展经济学通论》，中国经济出版社，2005。

105. 经济增长前沿课题组：《经济增长、结构调整的累积效应与资本形成——当前经济增长态势分析》，《经济研究》2003 年第 8 期。

106. 景普秋、张复明：《工业化与城镇化互动发展的理论模型初探》，《经济学动态,》2004 年第 8 期，第 63 ~ 66 页。

107. 库兹涅茨：《现代经济增长》，北京经济学院出版社，1989。

108. 拉瓦蒂：《城市革命》，陈一筠：《城市化与城市社会学》，北京：光明日报出版社，1986。

109. 李金滟、宋德勇：《新经济地理视角中的城市集聚理论述评》，《经济学动态》2008 年第 11 期，第 89 ~ 94 页。

110. 李京文、郑友敬：《技术进步与产业结构》系列专著，经济科学出版社，1989。

111. 李铁立、李诚固：《区域产业结构演变的城市化响应及反馈机制》，《城市问题》2003 年第 5 期，第 50 ~ 55 页。

112. 李艳梅、张雷：《中国城市化发展与重工业扩张的协整分析》，《经济地理》2008 年第 2 期，第 201 ~ 204 页。

113. 李耀新：《生产要素密集型产业论》，中国计划出版社，1995，第 6 ~ 30 页。

114. 李悦、李平：《产业经济学》，东北财经大学出版社，2002，第 78 ~ 79 页。

115. 李悦：《产业经济学》，中国人民大学出版社，2008。

116. 林白鹏等：《中国消费结构与产业结构关联研究》，中国财政经济出版社，1993。

117. 刘传江：《论城市化的生成机制》，《经济评论》1998 年第 5 期，第 56 ~ 61 页。

118. 刘传江、程建林：《第二代农民工市民化：现状分析与进程测度》，《人口研究》2008 年第 5 期。

119. 刘伟：《工业化进程中的产业结构研究》，中国人民大学出版社，1995，第 17 ~ 18 页。

120. 刘艳军、李诚固、李如生、董会和：《区域产业结构演变的城市化响应机理研究》，《人文地理》2008 年第 5 期，第 73 ~ 77 页。

121. 陆学艺：《农村发展新阶段的新形势和新任务——关于开展以发展小城镇为中心的建设社会主义新农村运动的建议》，《中国农村经济》2000 年第 6 期。

122. 吕铁、周叔莲：《中国产业结构升级与经济增长方式转变》，《管理世界》1999 年第 1 期，第 113 ~ 138 页。

123. 罗斯托：《从起飞到持续增长的经济学》，四川人民出版社，1988。

124. 罗斯托：《战后二十五年的经济史和国际经济组织的任务》，《经济史杂志》，1970 年 3 月。

125. 马歇尔：《经济学原理》，北京：商务印书馆，1974。

126. 马颖、陈波：《发展经济学结构转型分析方法的演进与评价》，《经济理论与经济管理》2006 年第 3 期，第 5 ~ 10 页。

127. 曼纽尔·卡斯泰尔：《信息化城市》，江苏人民出版社，2001，第 4 页。

128. 缪尔达尔：《穷国与富国》，1957，第 228 页，转引自谭崇台主编《发展经济学》（研究生教学用书），山西经济出版社，2001，第 125 ~ 139 页。

129. 钱陈、史晋川：《城市化、结构变动与农业发展——基于城乡两部门的动态一般均衡分析》，《经济学》（季刊）2006年第六卷第1期，第57～74页。

130. 钱纳里：《结构转换：经济发展的实质研究程序》，载耶鲁大学经济增长中心第25届发展经济学年会论文精选：《发展经济学的新格局——进步与展望》，北京：经济科学出版社，1987，第14～15页。

131. 钱纳里、L. 泰勒：《发展型式：国家间比较与长期比较》，《经济学与统计学评论》，1968年11月号。转引自郭熙宝《经济发展理论与政策》，武汉大学出版社，2000，第103～104页。

132. 钱纳里、鲁宾逊、赛尔奎因：《工业化和经济增长的比较研究》，上海三联书店，1989。

133. 钱纳里、赛尔昆：《发展的型式（1950～1970）》，北京：经济科学出版社，1988。

134. 沈玉良：《制度变迁与结构变动》，上海财经大学出版社，1998。

135. 史忠良、刘劲松：《网络经济环境下产业结构演进探析》，《中国工业经济》2002年第7期，第34～39页。

136. 谭崇台：《西方经济发展思想史》，武汉大学出版社，1993。

137. 谭崇台：《发展经济学》，山西经济出版社，2001。

138. 汪斌：《全球化浪潮中当代产业结构的国际化研究》，中国社会科学出版社，2004。

139. 王嗣钧：《城镇化区域比较研究论文集》，杭州大学出版社，1992，第270页。

140. 邬义钧：《新经济与产业结构优化问题研究》，载夏大慰：《面对新经济时代的产业经济研究》，上海财经大学出版社，2001，第413～422页。

141. 许成安、曾媛：《外部资本利用与我国的城市化发展》，《经济学动态》2006 年第 7 期，第 59 ~ 62 页。

142. 亚当·斯密著《国民财富的性质和原因的研究》，郭大为、王亚南译，商务印书馆，1972，第 370 页。

143. 杨荣南、张雪莲：《台湾省产业结构演进与城市化初探》，《经济地理》1996 年第 3 期，第 62 ~ 67 页。

144. 杨小凯：《发展经济学：超边际与边际分析》，社会科学文献出版社，2003。

145. 杨治：《产业经济学导论》，中国人民大学出版社，1985。

146. 曾芬钰：《城市化与产业结构优化》，《当代经济研究》2002 年第 9 期。

147. 张培刚：《农业与工业化》，华中工学院出版社，1984。

148. 钟水映、李晶、刘孟芳：《产业结构与城市化：美国的“去工业化”和“再城市化”现象及其启示》，《人口与经济》2003 年第 2 期，第 8 ~ 13 页。

149. 周维富：《中国工业化与城市化协调发展论》，博士论文，中国社会科学院研究生院，2002。

150. 朱铁臻：《中国特色的新型城市化道路》，《北京规划建设》2008 年第 5 期。

后　记

论当今之世界经济，则言必谈中国；论中国经济之未来，则言必谈工业化、城镇化。改革开放以来，工业化和城镇化已经牵引中国经济高速行驶了三十多年。如今，中国经济已经几乎成为一门显学。金融历史学家尼尔·弗格森在他最近的著作《文明》一书中就预言："我们正处于东西方经济运势的拐点，近500年的历史到此将面临一个分水岭。"高耸入云的大吊塔和热火朝天的建筑工地在中国比比皆是，消费的概念也早已口口相传。而这背后的逻辑就是未来工业化、城镇化的表现依然不俗。但同时，不论是社会各界关于人口问题的激烈争论，还是有关实业空心化问题的报道讨论，抑或是对于世界经济前景的悲观展望，这些现实问题也让我们感觉到，中国的工业化、城镇化不能再按照过去的模式运转，否则经济的列车将驶离正常的轨道。那么，两者应当如何发展才能继续助推中国经济前行，这需要进行一番系统深入的思考。本书正是针对这一问题进行的一点研究和探索。

本书是在博士毕业论文的基础上改写而成的。我对城镇化、产业结构等发展问题的关注起源于在武汉大学求学的九载春秋。武汉大学的发展经济学底蕴深厚，九年的浸染不仅让我有了系统的理论学习，而且能够近距离地接近思想大家的熏陶。及至研究生阶段，我有幸拜读于辜胜阻先生门下，开始在老师的指导下结合我国经济发展中的实际问题进行系统深入研究。辜胜阻先生注重调查研究，我也有幸赴北京、江苏、广东、湖北、湖南、四川、黑龙江、宁夏等地进行调研考察。这些实地调研的经历，让我对产业结构问题以及城镇化发展有了更加深刻的认识。

进入中国建投工作以后，在开展一些行业分析和产业研究的过程中，总是无法回避中国工业化与城镇化的大背景，也时常需要对产业升级、城镇化发展的内在逻辑以及未来趋势进行论证和研讨。这些研究工作进一步深化和丰富了我在产业结构演进与城镇化发展方面的积累和认识，并逐渐对一些问题形成了自己的看法和判断。

拙作能够出版得益于公司领导对研究工作的高度重视和大力支持。正是有了“中国建投研究丛书”这个平台，我才有机会以文会友，将自己的所思所想与大家讨论交流。同时，庄乾志主任、张志前主任以及涂俊博士、高文志博士不仅在工作上给予了大量的指导和帮助，而且对本书的出版也十分关心，对书稿的修改提出了很好的意见和建议。在这里，衷心地感谢公司领导的支持、身边同事们的帮助，否则本书难以及时出版。

拙作即将付梓之际，还要感谢恩师辜胜阻先生及李珍师母多年来给予的关怀与指导，感谢武汉大学经济研究所的老师以及同门师兄弟给予的无私帮助。还有我的家人，他们总是让我以工作、学习为重，默默地承担了很多我的分内之事，使我能够全身心地投入写作，衷心地感谢他们。

产业结构演进与城镇化发展本身都是非常宏大的题目，而且也涉及多个学科背景、多种研究方法。限于本人的知识结构和所掌握的文献资料，本书难免存在不妥之处，个人观点也可能存在纰漏，衷心希望能够得到广大读者的谅解和指正。

易善策

2012 年 11 月于北京

图书在版编目（CIP）数据

产业结构演进与城镇化/易善策著. —北京：社会科学文献出版社，2013.1
（中国建投研究丛书）
ISBN 978-7-5097-4184-9

Ⅰ.①产… Ⅱ.①易… Ⅲ.①产业结构调整-研究-中国②城市化-研究-中国 Ⅳ.①F121.3 ②F299.21

中国版本图书馆 CIP 数据核字（2012）第 315991 号

·中国建投研究丛书·
产业结构演进与城镇化

著　　者 / 易善策

出 版 人 / 谢寿光
出 版 者 / 社会科学文献出版社
地　　址 / 北京市西城区北三环中路甲 29 号院 3 号楼华龙大厦
邮政编码 / 100029

责任部门 / 经济与管理出版中心（010）59367226　　责任编辑 / 许秀江
电子信箱 / caijingbu@ssap.cn　　责任校对 / 刘宏桥
项目统筹 / 恽　薇　　责任印制 / 岳　阳
经　　销 / 社会科学文献出版社市场营销中心（010）59367081　59367089
读者服务 / 读者服务中心（010）59367028

印　　装 / 北京季蜂印刷有限公司
开　　本 / 787mm×1092mm　1/16　　印　　张 / 19.75
版　　次 / 2013 年 1 月第 1 版　　字　　数 / 246 千字
印　　次 / 2013 年 1 月第 1 次印刷
书　　号 / ISBN 978-7-5097-4184-9
定　　价 / 59.00 元